《警察院校大学生心理健康教育》教材编审委员会

警察院校
大学生心理健康教育

周 晖◎主编

JINGCHA YUANXIAO DAXUESHENG
XINLI JIANKANG JIAOYU

蘭州大學出版社
LANZHOU UNIVERSITY PRESS

图书在版编目（ＣＩＰ）数据

警察院校大学生心理健康教育 / 周晖主编. -- 兰州：兰州大学出版社，2022.9
ISBN 978-7-311-06382-5

Ⅰ. ①警… Ⅱ. ①周… Ⅲ. ①大学生—心理健康—健康教育—高等学校—教材 Ⅳ. ①G444

中国版本图书馆CIP数据核字(2022)第164630号

责任编辑　张爱民
封面设计　史春燕

书　　名	警察院校大学生心理健康教育
作　　者	周　晖　主编
出版发行	兰州大学出版社　（地址：兰州市天水南路222号　730000）
电　　话	0931-8912613（总编办公室）　0931-8617156（营销中心） 0931-8914298（读者服务部）
网　　址	http://press.lzu.edu.cn
电子信箱	press@lzu.edu.cn
印　　刷	甘肃发展印刷公司
开　　本	787 mm×1092 mm　1/16
印　　张	17.25
字　　数	371千
版　　次	2022年9月第1版
印　　次	2022年9月第1次印刷
书　　号	ISBN 978-7-311-06382-5
定　　价	42.00元

（图书若有破损、缺页、掉页可随时与本社联系）

前　言

2021年3月23日，习近平总书记在福建考察时强调："现代化最重要的指标还是人民健康，这是人民幸福生活的基础。把这件事抓牢，人民至上、生命至上应该是全党全社会必须牢牢树立的一个理念。"[①]党的十八大以来，国家印发了《"健康中国2030"规划纲要》，发出建设健康中国的号召。教育部发布了《高等学校学生心理健康教育指导纲要》（教党〔2018〕41号）、《高等学校课程思政建设指导纲要》（教高〔2020〕3号），上述文件凸显了国家对大学生身心健康的高度关注与关爱。

目前，在校大学生基本是"00"后青年，新一代大学生更加自主，面临的心理压力越来越大。大学生中18.5%有抑郁倾向，4.2%有抑郁高风险倾向；8.4%有焦虑倾向；睡眠不足的问题在大学生中比较普遍，43.8%的大学生表示最近一周中有几天睡眠不足，7.9%的大学生表示超过半数时间，而4.4%的大学生表示几乎每天睡眠不足。大学生中心理健康意识较低、亟须提高的为4%，心理健康意识处于中等、有待进一步提升的为39%。大学生对心理健康知识的需求明显增多，排前三的依次是：人际交往、自我调节及职业指导。

警察院校大学生职业发展面临特殊考验，一方面是职业特殊考验，因为警察50%的任务是与非犯罪活动打交道，主要是服务人民，如解决家庭纠纷、邻里纠纷、自杀、帮助老年人和小孩解决困难，等等。然而，这些工作对象的性质可能会发生转变，例如，人员冲突中可能含有潜在犯罪（如袭击），或者对警务人员或其他人的安全构成严重威胁（如持刀的精神障碍患者），或者仅仅是争吵而已。公安工作的性质和警察应肩负的职责决定了警察必须承受比常人更大的压力，警察院校大学生若没有过硬的心理素质作为支撑，将难以保障将来自身的身心健康，影响未来警察形象、工作效率，甚至给自身带来危险。除此之外，警察院校大学生还面临军事化警务管理的特殊考验，大学期间基本实行封闭管理，这对警察院校大学生的健康成长是一个不小的挑战。

针对新时代大学生健康需求的现实，国家更加注重全面健康素质的培养，教育部发文强调："高校学生心理健康教育课程是集知识传授、心理体验与行为训练为一体的公共课程。课程旨在使学生明确心理健康的标准及意义，增强自我心理保健意识和心理危机预防意识，掌握并应用心理健康知识，培养自我认知能力、人际沟通能力、自我调节能力，切实提高心理素质，促进学生全面发展。通过课程教学，使学生在知识、技能和自我认知三个层面达到以下目标。

①学习强国网站："我们的事业，就是总书记说的那个'1'".https://www.xuexi.cn/lgpage/detail/index.html?id=10892183595681639564&item_id=10892183595681639564

知识层面:通过本课程的教学,使学生了解心理学的有关理论和基本概念,明确心理健康的标准及意义,了解大学阶段人的心理发展特征及异常表现,掌握自我调适的基本知识。

技能层面:通过本课程的教学,使学生掌握自我探索技能,心理调适技能及心理发展技能。如学习发展技能、环境适应技能、压力管理技能、沟通技能、问题解决技能、自我管理技能、人际交往技能和生涯规划技能等。

"自我认知层面:通过本课程的教学,使学生树立心理健康发展的自主意识,了解自身的心理特点和性格特征,能够对自己的身体条件、心理状况、行为能力等进行客观评价,正确认识自己、接纳自己,在遇到心理问题时能够进行自我调适或寻求帮助,积极探索适合自己并适应社会的生活状态。"

实现上述目标,就要按照"德心共育,课程思政深度融合,知行合一,激发情感认同和促进行为养成"的思想政治教育与心理健康教育协同创新工作思路,充分挖掘运用以红色文化精神谱系为代表的新时代大学生思想政治教育资源,通过"实测咨询—实训培养—实战干预"三位一体,实施"3F"模式,即针对大学生现实困难和职业场景(Fact)为实训演练的切入点,调动学生对红色革命经典文化感知和情绪体验(Feeling),为学生打下爱国、奉献、忠诚(Fidelity)于党和人民信念的红色底子。

心理健康课程思政的教学思路:深入开展心理健康课程思政调查研究和教学方法手段创新与实践,通过线上线下混合、翻转课堂情景剧、团体心理辅导,增强师生共同的现场感,以及现场感情关爱投入的温度,激发与红色故事中的主人公相类似情绪情感的体验与情感的认同,与红色精神深度地融合,在潜移默化中为大学生的职业素养养成植入红色基因,塑造警察院校大学生对党忠诚、服务人民的精神内核,回答教育三问,即"培养什么人、怎样培养人、为谁培养人"的问题,实现心理健康课程思政为党育人、为国育才的教学目标。

结合警察院校学生未来职业发展,应当构建"实测咨询—实训培养—实战干预"全程心理育人体系。一是通过上课前对学生进行心理健康测量,及时分类,及时咨询,尽早发现学生心理问题,汇总后融入教学内容准备,便于课程教学中有的放矢;二是课程教学中强化实训,通过入学军训、心理调适、课堂实训、课后第二课堂等方式提高学生的心理素质;三是通过实战中心理危机同步干预,形成课前-课中-课后"三实"接续发力的心理育人模式。

心理健康教育教学需要更加突出以学生成长为中心,强化能力培养实训,增强教师对教学活动的设计感。教师从思考如何"教"好转变到如何让学生"学"好。具体方法:一是教师发现教学问题,教学问题来源于学生,教师指导学生开展相关问题的调查,教学问题是学生日常生活中常见的对学生身心健康造成困扰的真实问题;二是学生全程参与教学活动,通过觉察训练和体验活动,激发学生思考和对知识的运用;三是注重学生课堂教学的获得感,每一节课均有主题讨论及问题解决的方法总结;四是在教学的各个环节均设置学生分享交流环节，学生通过充分的课前准备，课中主题讨论，课后拓展阅读、调查访谈，实习经验交流等方式锻炼学生的语言表达能力和自信心；五是利用线上线下结合的方式与学生互动交流，随时收集学生对于教学活动的反馈和意见建议，进行教学反思，及时调整教学策略，聚焦学习的重点与难点，提升学生的学习兴趣。

针对警察院校大学生心理健康的“教与学”两方面目标，精讲知识、突出训练、自我成长是三大核心，按照教育部、公安部和司法部等部委的指导要求，重庆警察学院依托市级一流课程《大学生心理健康教育》和市教改项目《建设在线开放课程与“金课”建设》（编号203379）以及市公安局软科学项目（R2020-06），协同全国警察院校，在公安部民警心理健康服务专家人才库专家的支持下，共同编写了本教材。

本教材具有三大特点：

一是教材设计注重科学创新。按照心理学科学原理，注重探索以学生为中心的课程教学组织新模式。根据线上线下混合式课程教学需要，积极开展课程内容重构，结合校本红色精神课程思政需要和公安特色优势构建科学的知识体系，配置必要合理的教学资源。

二是教材线上资源配套丰富。利用重庆高校在线开放课程平台（www.cqooc.com）和超星平台（https://www.xueyinonline.com/detail/203766420），学生利用手机在线学习响应度高。全面设置课程介绍、负责人介绍、教学大纲、授课视频、演示文稿、教学课件、课程公告、测验和作业、考试等教学活动资源完备，有满足高校教学和学生自主学习需要的参考资料。内容导向正确，体现现代教育思想。

三是线下活动活泼风趣。线下教学活动具有生动有趣的体验性，内容完整、有效，严格按计划实施。有效促进师生之间、学生之间体验共享、互动交流和自主式与协作式学习。教师及时开展线上线下指导与测评，促进学生在快乐中体验，体验中沉浸，沉浸中领悟。

本教材理论框架总体按照《教育部普通高等学校学生心理健康教育课程教学基本要求》设定，及时关注近两年高校学生心理健康热点问题，结合警察院校学生职业训练心理特点进行章节编排。具体撰写分工如下：第一章周晖、第二章周渝希、第三章周晖、第四章杨淑霞、第五章郑雪茹、第六章赵海华、第七章杨淑霞、第八章彭文会、第九章郑雪茹、第十章郝明亮、第十一章彭文会、第十二章周晖、第十三章陈思信、袁斐。教材统稿周晖。

在教材编写过程中，我们参考了国内外专家学者同行的文献资料和研究成果，在此表示诚挚感谢！教材中存在的疏漏和不足，敬请专家同行和广大读者批评指正。

编者

2022年8月

目　录

基础编

自我编

调适编

基础编

第一章　警察院校学生心理健康导论

◆**思维导图**

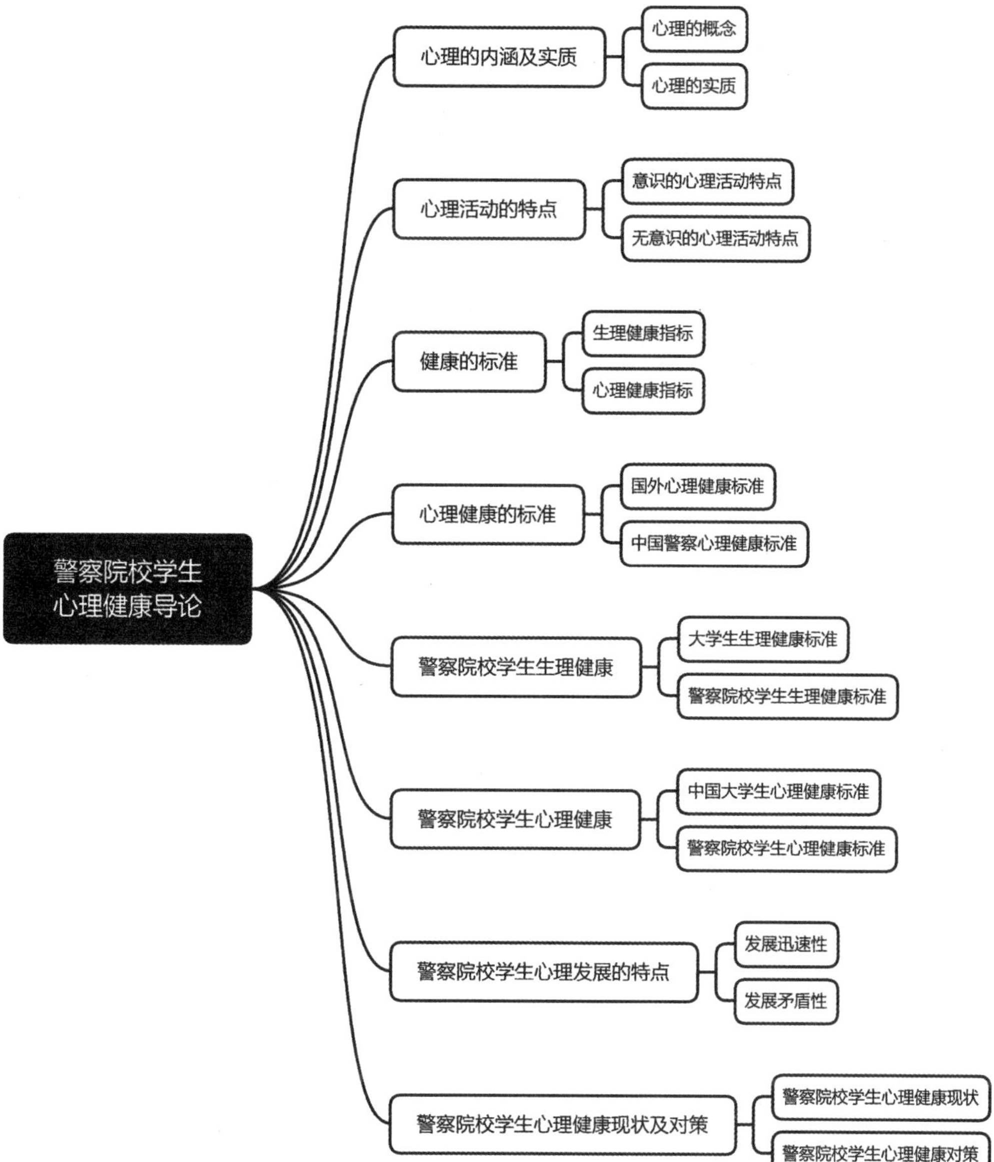

◆**课程思政**

2013年8月31日，习近平总书记指示："全民健身是全体人民增强体魄、健康生活的基础和保障，人民身体健康是全面建成小康社会的重要内涵，是每一个人成长和实现幸福生活的重要基础。"①2015年11月25日，习近平总书记强调："始终把广大人民群众健康安全摆在首要位置"。②

◆**课前测量**

大学生心理健康量表（UPI）

量表简介：UPI是University Personality Inventory的简称，是为了早期发现早期治疗有心理问题的学生而编制的大学生精神卫生、人格健康调查表。该表1966年由日本大学的心理咨询专家与精神科医生集体编制而成。1991年，由日本学生相谈学会会长松原达哉与樊富珉翻译介绍给国内。1993年，由樊富珉、王建中主持"全国UPI应用课题研究，对UPI的有关条目、筛选标准，实施过程等进行了较为系统的修订，目前，国内已有几十所大学的心理咨询机构常备并每年使用，为我国高校应用最早也最为广泛的心理普查量表之一，主要以大学新生为对象，入学时作为心理健康调查而使用。有利于对有心理问题的学生的早期发现，并提供及时的帮助和必要的治疗，同时起到心理健康的宣传作用，有助于学生了解心理问题的表现，增强心理保健的意识。

测验说明（指导语）：以下问题是为了了解并增进你的身心健康而设计的调查。

（**注意：**①请你按照题号顺序阅读，注意只有两种选择，请认真地填写。在最近的一年中你常常感觉到或体验到的项目上做"是"的选择，没有感觉过的项目的题号上划"否"。

②为了使你顺利完成大学学业，身心健康地去迎接新生活，请根据自己的情况做真实选择。

③按照题目顺序做，全部作答，不漏题。）

1.食欲不振　　是　否

2.恶心、胃口难受、肚子疼　　是　否

3.容易拉肚子或便秘　　是　否

4.关注心悸和脉搏　　是　否

5.身体健康状况良好　　是　否

6.牢骚和不满多　　是　否

7.父母期望过高　　是　否

①学习强国网站：建设体育强国，习近平总书记始终高度重视.https://www.xuexi.cn/lgpage/detail/index.html?id=3234964886713396460&item_id=3234964886713396460.

②学习强国网站：习近平对埃博拉出血热疫情防控总结表彰作出重要指示.https://www.xuexi.cn/7bc94ba004ac3be725cdf167c40b0851/e43e220633a65f9b6d8b53712cba9caa.html.

8.自己的过去和家庭是不幸的 是 否
9.过于担心将来的事情 是 否
10.不想见人 是 否
11.觉得自己不是自己 是 否
12.缺乏热情和积极性 是 否
13.悲观 是 否
14.思想不集中 是 否
15.情绪起伏过大 是 否
16.常常失眠 是 否
17.头疼 是 否
18.脖子、肩膀酸痛 是 否
19.胸疼憋闷 是 否
20.总是朝气蓬勃的 是 否
21.气量小 是 否
22.爱操心 是 否
23.焦躁不安 是 否
24.容易动怒 是 否
25.活着没意思 是 否
26.对任何事都没有兴趣 是 否
27.记忆力减退 是 否
28.缺乏耐力 是 否
29.缺乏决断能力 是 否
30.过于依赖别人 是 否
31.为脸红而苦恼 是 否
32.口吃,声音发颤 是 否
33.身体忽冷忽热 是 否
34.注意排尿和性器官 是 否
35.心情开朗 是 否
36.莫名其妙地不安 是 否
37.一个人独处时感到不安 是 否
38.缺乏自信心 是 否
39.办事畏首畏尾 是 否
40.容易被人误解 是 否
41.不相信别人 是 否
42.过于猜疑 是 否
43.厌恶交往 是 否

44.感到自卑 是 否
45.杞人忧天 是 否
46.身体倦乏 是 否
47.一着急就出冷汗 是 否
48.站起来就头晕 是 否
49.有过失去意识,抽筋 是 否
50.人缘好受欢迎 是 否
51.过于拘泥 是 否
52.为犹豫不决而苦恼 是 否
53.对脏很在乎 是 否
54.摆脱不了毫无意义的想法 是 否
55.觉得自己有怪气味 是 否
56.别人在自己背后说坏话 是 否
57.总注意周围的人 是 否
58.在乎别人视线 是 否
59.觉得别人轻视自己 是 否
60.情绪容易被破坏 是 否
61.至今为止,你感到在自身健康方面有问题吗? 有 没有
62.曾经觉得心理卫生方面有问题吗? 有 没有
63.至今为止,你曾经接受过心理卫生的咨询和治疗吗? 有 没有
64.如果你有健康或心理卫生方面想要咨询的问题,请写在下面的文本框内。

UPI测验完成后,需要计算的只有一个指标,即总分。UPI问卷采用是非式选择,肯定选择的题记1分,否定选择的题记0分,UPI总分的计算规则是将除测伪题以外的其他56个题的得分求和。因此,UPI总分最高为56分,最低为0分。

UPI的筛选标准如下所示:

第一类筛选标准:

总分≥25

符合第一类筛选标准属于A类学生,被试者可能有比较明显的心理问题,进一步诊断后,被认为确有心理卫生问题的,建议持续心理咨询。(注:第25题做肯定的选择或辅助题61,62,63,64中同时至少两题做肯定选择,也符合第一类筛选标准。)

第二类筛选标准:

20≤总分<25

符合第二类筛选标准属于B类学生,被试没有严重的心理卫生问题,建议持续关注(注:如第8,16,26题中有一题做肯定的选择或辅助题61,62,63,64题中有一题做肯定的

选择也符合第二类学生筛选标准)。

第三类筛选标准:

总分<20

符合第三类筛选标准属于C类学生(注:不属于A也不属于B的其他学生),被试无明显心理方面的问题。

健康是人类生存的基础和发展的前提,也是人类群体社会文明的基础,是实现人的自由全面发展的起点,是个体人生幸福的源泉。没有健康就没有一切,人的全面发展和人生幸福,存在众多衡量标准,健康永远排在第一位。有个比喻很形象:人能拥有的物质和名誉等等是无数个"0",只有健康才是"1",如果没有这个"1",人生就等于"0",所以,健康是每个人的安身立命之本。

第一节　心理及其活动特点

一、心理内涵及实质

(一)心理的概念

人的心理是客观现实在人的头脑中的主观反映,该反映是人脑对客观现实从感性到理性形成的映像,表现为感觉、知觉、表象、想象、记忆、思维等。客观事物作用于人脑产生映像的过程就是我们常说的心理过程,心理过程主要有认知过程、情感过程和意志过程。

心理的源泉和内容是客观现实,而社会现实对人的心理现象的产生又起着决定性作用,没有社会环境就不能产生人的心理。19世纪20年代,印度发现的一个8岁狼孩,不会说话、走路,只会爬行、吃生肉、嚎叫,与狼在一块玩,智力相当于6个月大的婴儿。经过专家训练,2年后才学会直立,6年后才会行走,7年学会了45个单词,18岁时死去,智力相当于4岁孩子。狼孩从生理上看是人,但没有在人的环境里生活,不能产生人的心理。

伴随着中国现代化迅速发展,国人越来越关注自己的心理健康,怎样做一个心理健康的人呢?要回答这个问题,首先必须弄清什么是心理,心理是客观的还是主观的。

古语讲"心之官则思",中国古人长期认为心理是心脏活动产生的现象,因为这两者在表象上有一致性。例如人在恐惧害怕时心脏会加快跳动,人在平静状态下,心跳脉搏就很平稳。古希腊医生阿尔克米翁(Alcmaeon)发现眼睛后部与大脑相连,发现了视神经。希波克拉底也认为,人的情绪和感觉均源自于脑,大脑是人类神智的载体。相反,著名哲学家亚里士多德则认为神智在心而不在脑。1543年,安德烈亚斯·维萨留斯发表《人体构造》,详细描述人类的脑室,认为心理不是心脏产生的,而是脑的机能。此后,随着现代生理学和神经科学的进步,人们对大脑和神经的认识更加深入全面。

不同的社会文化产生不同的心理。如对"龙"的图案,中国人和外国人的心理反映就完全相反。中国人都自称是龙的传人,在成语之中有人中之龙、龙凤呈祥、龙腾虎跃,生龙活虎、望子成龙等。每当春节，华夏大地到处张灯结彩，老百姓都会耍狮子、舞龙灯，庆祝春天的节日。这其中，人们喜欢龙，崇拜龙是很自然的心理现象，因为龙代表着飞翔在天空，是自由、力量、吉祥的象征。在外国人尤其是西方人眼中，龙的图案的社会含义则是恰恰相反，龙被认为是喷火伤人的怪物。

人的心理发展与社会发展密切相关，技术进步和社会发展促进人的心理发展水平的提高，几十年前，大多数胎儿出生后都是闭着眼睛的。新世纪以来，注重胎教的年轻父母越来越多，许多胎儿一出生就能够睁开双眼看大千世界。网络和智能手机普及以来，许多孩子通过摸索试错成为爷爷奶奶的"老师"。

（二）心理的实质

心理的实质是人脑对客观现实的反映。人的心理既是客观的，也是主观的，人对现实的反映是主观和客观的统一；心理活动的信息来源于外部世界，心理过程是人脑对外部信息进行内部加工的过程；人的心理必定通过外部行为表现出来，从外部观察可以看出人的心理变化。这是辩证唯物主义对心理本质的理解，也是心理学的哲学基础。人的认识符合客观事物的发展变化规律，是保持心理健康的基本前提。

心理活动虽然由客观现实产生和推动，但人的心理活动又有很强的主观能动性。心理活动的能动性主要表现在人对现实的反映是主动的、有意识的，不是消极被动的，而且人能够反映事物的本质规律，预见事物的发展进程，有计划有目的地改造客观现实。心理活动具有主观性是因为心理活动要由一定的主体进行，每个人的心理活动都带有独特的个人色彩，对事物会有不同的看法，这正像我们常说的在一千个读者心中有一千个哈姆雷特。

同一个人在不同时期，由于心理状态不同，对同一事物的反映也不同。一个爱好体育运动的大学生，平时只要有体育比赛就争着上场，在场上生龙活虎、身手矫健、乐于交往。当他遭遇恋爱失败，封闭自己，对体育比赛也提不起兴趣，郁郁寡欢。当他走出失恋的阴影后，又重新回到了运动场上，他又成为那个乐观开朗的大学生。正是由于心理活动总是会通过行为表现出来，所以我们可以从行为来推测分析人的心理。

二、心理活动的特点

（一）意识的心理活动特点

意识是客观世界在大脑中的主观映像，是人脑这种高度发展的物质的特殊机能和属性。意识属于人的高级心理，是人类与动物心理的本质区别。意识具有对象性，意识的对象不仅指向外界事物，还包括对人自身心理活动的理解，即人也将自己的意识纳入意识活动的对象和评价的对象，所以，人的意识既包括对外部事物的意识，也包括自我意识。广义的意识指人的主观世界，全部心理活动的总和。狭义的意识指在人大脑中瞬间呈现的能够自我觉察到的心理活动内容。人类的意识是人类祖先在长期的劳动过程中，在彼此社会性的联系的发展过程中，与语言一起产生的。它既是人类大脑长期发展的结果，又是社会历史发展的产物。意识能被人自我主体所知觉，并能够用语言思维加以表述；意识是明显的，较为清晰的，自觉的。人类意识作为反映客观现实的最高形式，具有概括性、目的性（预见性）、主观能动性、社会制约性等特点。

（二）无意识（潜意识）的心理活动特点

无意识或潜意识是人脑主体对客体的一种特殊的反映形式，是人们认识客观事物的一种不可缺少的形式。例如边走路边看手机的人，他的注意力集中在看手机上，但人照样走路。可见，走路人的走路意识是存在的，但并没有被他本人意识明确地察觉到，这是一种习惯性无意识，这种无意识没有进入意识领域，它是不自觉地进行的。无意识是人们对认识对象不自觉的，未加注意的，不由自主的，不知不觉的，模糊不清的认识。概括讲，潜意识或无意识是认识阈限之下的认识或一种未被意识到的认识。因此，无意识或潜意识不等于无（没有）意识，它在认识中能起到很重要的作用。

意识是人脑对客观世界自觉能动地反映，是一种理性认识。这种观点是正确的，但又不完全。因为这种观点只揭示了人的意识中的显意识部分，而忽略了意识中尚未被意识到的那些潜在的部分。实际上，古代中西思想家就对无意识做出过猜测，如春秋战国时代孟子的“性善论”、荀子的“性恶论”、告子的“性无善恶论”，就包含有对无意识的猜想。又如古希腊时期，柏拉图就把心灵或灵魂分为理性的和非理性的，非理性的灵魂又有高低级之分。18世纪，康德提出无意识乃是人的精神世界的“半个世界”。19世纪末至20世纪初，精神分析学派开始对无意识或潜意识进行了系统的研究。

精神分析理论提出了心理学无意识体系，把人的心理分为三个层级：“一是无意识（深层），指被压抑的，无从知觉的本能和欲望，即动力性无意识，也称潜意识；二是前意识（中层）指无意识中经过努力可转变为意识的经验，即潜在性无意识；三是意识（表层）指同外界接触所能直接觉察到的心理的表面部分。由于无意识暗中支配意识，意识压抑本能冲动常常是无意识的，前意识又是无意识的一种，因而无意识是三者中最基本的过程，是人的思想和行为的决策者。”①无意识的主要表现在于无意识不能被人们所知觉，通常无法用言语来描述它的状况。无意识是潜在的、模糊的、不自觉的。

精神分析学派创始人弗洛伊德所说的“无意识”，实际上就是“潜意识”。他提出，人类心理的基本部分和基本的能源中心，是不为我们的意识所觉察的，潜伏在心理结构之深层的潜意识方面。在这里，包含着许多有悖于风俗、习惯、道德、法律等等的个人的原始冲动，本能、出生后和本能有关的欲望以及各种创伤事件，由于有悖于社会和文化或会引起个人心灵深处的极度不安，它们被压抑到意识阈限之下，而成为不被意识到的潜意识。但是，不被意识到，并不等于不存在。弗洛伊德认为：“心理结构主要是潜意识。”“潜意识是精神生活的一般基础。潜意识是个较大的圆圈，它包括了‘意识’这个小圆圈；每一个意识都具有一种潜意识的原始阶段；而潜意识虽然也许停留在那个原始阶段上，但却具有完全的精神功能，潜意识乃是真正的‘精神实质’。”②

在现实生活中，许多人明知自已有拖延症、游戏网瘾、好逸恶劳等不良行为，但却无

①自然辩证法百科全书[M]北京：中国大百科全书出版社，1994.560.

②夏光明等主编.弗洛伊德文集，性爱与文明[M]合肥：安徽文艺出版社，1996.161

法自我纠正；又如警察院校大学生心理健康出现各种问题，原因虽然多种多样，但其中被人们忽视而又最为主要的原因，就是学生头脑中的潜意识在发挥作用。所以弗洛伊德才说："总而言之，不管是错误行为，偶发行为或最轻微的和最严重的精神病，他们的共同点就在于我们都可以将之追溯到那些最可厌的和被压抑了的心理因素。"[①]这个"心理因素"正是潜意识。

第二节 健康与心理健康标准

健康是人类的第一需要。日常生活中，人们一般认为，健康就是没有疾病。这就是传统生物医学模式的认识。随着医学发展和进步，医学模式由传统的生物医学模式发展为更为全面的"社会-心理-生物"医学模式。1948年，世界卫生组织（WHO）在《世界卫生组织宣言》中明确：健康不仅是没有疾病和虚弱现象，而且是一种个体身体的、心理的、社会适应的健全状态。1978年9月，国际初级卫生保健大会《阿拉木图宣言》提出：健康是基本人权，达到尽可能健康水平是世界范围内一项最重要的社会性目标。而健康的目标是追求一种更积极的状态，更高层次的适应与发展，是身心健康、社会幸福的完满状态。1989年世界卫生组织进一步将健康定义为：健康不仅是没有疾病，而且包括躯体健康、心理健康、社会适应良好和道德健康。因此，健康既是指生理健康，也包含心理健康、社会适应和道德等身心全面良好的状态。

一、健康的标准

全世界公认的关于健康的指标：

1.生气勃勃，富有进取心；

2.性格开朗，充满活力；

3.正常身高与体重；

4.保持正常的体温、脉搏和呼吸（体温37℃；脉搏72次/分钟；呼吸：婴儿45次/分钟，6岁25次/分钟，15～25岁18次/分钟，年龄稍大会增加）；

5.食欲旺盛；

6.明亮的眼睛和粉红的眼膜；

7.不易得病，对流行病有足够的耐受力；

8.正常的大小便；

9.淡红色舌头，无厚的舌苔；

10.健康的牙龈和口腔黏膜；

11.光滑的皮肤柔韧而富有弹性，肤色健康；

12.光滑带光泽的头发；

---

①杨永德.论无意识在认识中的地位和作用[J]人文杂志，1989(5).

13.指甲坚固而带微红色。

二、心理健康的标准

(一)国外心理健康标准

心理健康的标准众多,认可度较高的是美国人本主义心理学家马斯洛(H.A.Maslow)和密特曼(Mittelman)提出的心理健康十项标准:

1.有充分的安全感。

2.对自己有充分的了解,并能对自己的能力作出适当的评价。

3.生活理想和目标切合实际。

4.与周围环境保持良好的接触。

5.能保持自身人格的完整和和谐。

6.具有从经验中学习的能力。

7.保持良好人际关系。

8.适度的情绪发展与控制。

9.在集体要求的前提下,较好地发挥自己的个性。

10.在社会规范的前提下,恰当满足个人的基本需要。

(二)中国警察心理健康标准

中国人民公安大学心理学教授张振声参考国外警察的心理健康标准,结合中国人民警察的实际,提出了中国警察心理健康标准,即中国警察心理健康的“七要标准”。

1.要具有正常的智力。

2.要有积极的自我观念,正确地认识自己。

3.要能协调和控制情绪,保持良好心境。

4.要有坚强的意志,工作的复杂性和艰巨性决定了心理健康的警察要具备坚韧不拔的毅力和百折不挠的精神。

5.要保持和谐的人际关系。

6.要有良好的适应能力,警察应该对自然环境和社会环境具备较强的适应能力。

7.要具有完整的人格。

第三节　警察院校学生生理健康与心理健康

一、生理健康标准

(一)大学生生理健康标准

《国家学生体质健康标准》评分细则(大学生组)

1.单项指标与权重

单项指标	权重(%)
体重指数(BMI)	15
肺活量	15
50米跑	20
坐位体前屈	10
立定跳远	10
引体向上(男)/1分钟仰卧起坐(女)	10
1000米跑(男)/800米跑(女)	20

注:体重指数(BMI)=体重(千克)/身高^2(米^2)

2.评分标准

(1)单项指标评分标准

表1-1 身高/体重指数(BMI)评分表(单位:千克/米^2)评分标准

等级	单项得分	男生评分标准	女生评分标准
正常	100	17.9 ~ 23.9	17.2 ~ 23.9
低体重	80	≤17.8	≤17.1
超重		24.0 ~ 27.9	24.0 ~ 27.9
肥胖	60	≥28.0	≥28.0

表1-2 肺活量单项评分标准(单位:毫升)

等级	单项得分	男生评分标准		女生评分标准	
		大一/大二	大三/大四	大一/大二	大三/大四
优秀	100	5040	5140	3400	3450
	95	4920	5020	3350	3400
	90	4800	4900	3300	3350
良好	85	4550	4650	3150	3200
	80	4300	4400	3000	3050
及格	78	4180	4280	2900	2950
	76	4060	4160	2800	2850
	74	3940	4040	2700	2750
	72	3820	3920	2600	2650
	70	3700	3800	2500	2550
	68	3580	3680	2400	2450
	66	3460	3560	2300	2350
	64	3340	3440	2200	2250
	62	3220	3320	2100	2150
	60	3100	3200	2000	2050
不及格	50	2940	3030	1960	2010
	40	2780	2860	1920	1970
	30	2620	2690	1880	1930
	20	2460	2520	1840	1890
	10	2300	2350	1800	1850

表1-3　50米跑单项评分标准(单位:秒)

等级	单项得分	男生评分标准		女生评分标准	
		大一/大二	大三/大四	大一/大二	大三/大四
优秀	100	6.7	6.6	7.5	7.4
	95	6.8	6.7	7.6	7.5
	90	6.9	6.8	7.7	7.6
良好	85	7.0	6.9	8.0	7.9
	80	7.1	7.0	8.3	8.2
及格	78	7.3	7.2	8.5	8.4
	76	7.5	7.4	8.7	8.6
	74	7.7	7.6	8.9	8.8
	72	7.9	7.8	9.1	9.0
	70	8.1	8.0	9.3	9.2
	68	8.3	8.2	9.5	9.4
	66	8.5	8.4	9.7	9.6
	64	8.7	8.6	9.9	9.8
	62	8.9	8.8	10.1	10.0
	60	9.1	9.0	10.3	10.2
不及格	50	9.3	9.2	10.5	10.4
	40	9.5	9.4	10.7	10.6
	30	9.7	9.6	10.9	10.8
	20	9.9	9.8	11.1	11.0
	10	10.1	10.0	11.3	11.2

表1-4　坐位体前屈单项评分标准(单位:厘米)

等级	单项得分	男生评分标准		女生评分标准	
		大一/大二	大三/大四	大一/大二	大三/大四
优秀	100	24.9	25.1	25.8	26.3
	95	23.1	23.3	24.0	24.4
	90	21.3	21.5	22.2	22.4
良好	85	19.5	19.9	20.6	21.0
	80	17.7	18.2	19.0	19.5
及格	78	16.3	16.8	17.7	18.2
	76	14.9	15.4	16.4	16.9
	74	13.5	14.0	15.1	15.6
	72	12.1	12.6	13.8	14.3
	70	10.7	11.2	12.5	13.0
	68	9.3	9.8	11.2	11.7
	66	7.9	8.4	9.9	10.4
	64	6.5	7.0	8.6	9.1
	62	5.1	5.6	7.3	7.8
	60	3.7	4.2	6.0	6.5

续表

等级	单项得分	男生评分标准		女生评分标准	
		大一/大二	大三/大四	大一/大二	大三/大四
不及格	50	2.7	3.2	5.2	5.7
	40	1.7	2.2	4.4	4.9
	30	0.7	1.2	3.6	4.1
	20	−0.3	0.2	2.8	3.3
	10	−1.3	−0.8	2.0	2.5

表1-5　立定跳远单项评分标准(单位:厘米)

等级	单项得分	男生评分标准		女生评分标准	
		大一/大二	大三/大四	大一/大二	大三/大四
优秀	100	273	275	207	208
	95	268	270	201	202
	90	263	265	195	196
良好	85	256	258	188	189
	80	248	250	181	182
及格	78	244	246	178	179
	76	240	242	175	176
	74	236	238	172	173
	72	232	234	169	170
	70	228	230	166	167
	68	224	226	163	164
	66	220	222	160	161
	64	216	218	157	158
	62	212	214	154	155
	60	208	210	151	152
不及格	50	203	205	146	147
	40	198	200	141	142
	30	193	195	136	137
	20	188	190	131	132
	10	183	185	126	127

表1-6　男生引体向上、女生一分钟仰卧起坐单项评分标准(单位:次)

等级	单项得分	男生引体向上评分标准		女生一分钟仰卧起坐评分标准	
		大一/大二	大三/大四	大一/大二	大三/大四
优秀	100	19	20	56	57
	95	18	19	54	55
	90	17	18	52	53
良好	85	16	17	49	50
	80	15	16	46	47

续表

等级	单项得分	男生引体向上评分标准		女生一分钟仰卧起坐评分标准	
		大一/大二	大三/大四	大一/大二	大三/大四
及格	78			44	45
	76	14	15	42	43
	74			40	41
	72	13	14	38	39
	70			36	37
	68	12	13	34	35
	66			32	33
	64	11	12	30	31
	62			28	29
	60	10	11	26	27
不及格	50	9	10	24	25
	40	8	9	22	23
	30	7	8	20	21
	20	6	7	18	19
	10	5	6	16	17

表1-7　耐力跑(男生1000米、女生800米)单项评分标准(单位:分·秒)

等级	单项得分	男生1000米评分标准		女生800米评分标准	
		大一/大二	大三/大四	大一/大二	大三/大四
优秀	100	3′17″	3′15″	3′18″	3′16″
	95	3′22″	3′20″	3′24″	3′22″
	90	3′27″	3′25″	3′30″	3′28″
良好	85	3′34″	3′32″	3′37″	3′35″
	80	3′42″	3′40″	3′44″	3′42″
及格	78	3′47″	3′45″	3′49″	3′47″
	76	3′52″	3′50″	3′54″	3′52″
	74	3′57″	3′55″	3′59″	3′57″
	72	4′02″	4′00″	4′04″	4′02″
	70	4′07″	4′05″	4′09″	4′07″
	68	4′12″	4′10″	4′14″	4′12″
	66	4′17″	4′15″	4′19″	4′17″
	64	4′22″	4′20″	4′24″	4′22″
	62	4′27″	4′25″	4′29″	4′27″
	60	4′32″	4′30″	4′34″	4′32″
不及格	50	4′52″	4′50″	4′44″	4′42″
	40	5′12″	5′10″	4′54″	4′52″
	30	5′32″	5′30″	5′04″	5′02″
	20	5′52″	5′50″	5′14″	5′12″
	10	6′12″	6′10″	5′24″	5′22″

（2）加分指标评分标准

表1-8　男生引体向上、女生一分钟仰卧起坐评分标准（单位：次）

加分	男生引体向上评分表		女生一分钟仰卧起坐评分表	
	大一/大二	大三/大四	大一/大二	大三/大四
10	10	10	13	13
9	9	9	12	12
8	8	8	11	11
7	7	7	10	10
6	6	6	9	9
5	5	5	8	8
4	4	4	7	7
3	3	3	6	6
2	2	2	4	4
1	1	1	2	2

注：引体向上、一分钟仰卧起坐均为高优指标，学生成绩超过单项评分100分后，以超过的次数所对应的分数进行加分。

表1-9　男生1000米、女生800米跑评分标准（单位：分·秒）

加分	男生1000米跑评分标		女生800米跑评分标准	
	大一大二	大三大四	大一大二	大三大四
10	-35"	-35"	-50"	-50"
9	-32"	-32"	-45"	-45"
8	-29"	-29"	-40"	-40"
7	-26"	-26"	-35"	-35"
6	-23"	-23"	-30"	-30"
5	-20"	-20"	-25"	-25"
4	-16"	-16"	-20"	-20"
3	-12"	-12"	-15"	-15"
2	-8"	-8"	-10"	-10"
1	-4"	-4"	-5"	-5"

注：1000米跑、800米跑均为低优指标，学生成绩低于单项评分100分后，以减少的秒数所对应的分数进行加分。

（二）警察院校大学生生理健康标准

警察院校大学生身体健康标准是参照国家录用人民警察的有关规定确定的。具体内容可参见《公务员录用体检通用标准（试行）》（人社部发〔2016〕140号）、《公务员录用体检特殊标准（试行）》（人社部发〔2010〕82号）。

1.警察院校大学生身体健康体检通用标准：

（1）身高：男性170厘米及以上，女性160厘米及以上；

（2）体重：男性体重指数（单位：千克/米2）在17.3至27.3之间（含本数，计算时四舍五入保留小数点后一位，下同），女性在17.1至25.7之间；

(3)视力:任何一眼裸眼视力均达4.8及以上;

(4)色觉:无色盲、色弱;

(5)外观:无少白头,无胸廓畸形,无脊柱侧弯、驼背,膝内翻股骨内踝间距离和膝外翻胫骨内踝间距离不超过7厘米,无足底弓完全消失的扁平足,身体无影响功能的瘢痕,面颈部无瘢痕,无下肢静脉曲张,无腋臭,共同性内、外斜视不超过15度,无唇、腭裂或唇裂术后有明显瘢痕;

(6)无其他不宜录取的情形。

2.警察院校大学生体能测评项目及合格标准

(体测项目4项必须全部参加,其中3项及以上达标为合格)

性别	测评项目	可测次数	合格标准
男子	50米	1	9"2以内(含9"2)
	1000米	1	4'35"以内(含4'35")
	引体向上	1	1分钟内完成9次以上(含9次)
	立定跳远	3	2.05米以上(含2.05米)
女子	50米	1	10"4以内(含10"4)
	800米	1	4'36"以内(含4'36")
	仰卧起坐	1	1分钟内完成25次以上(含25次)
	立定跳远	3	1.5米以上(含1.5米)

二、心理健康标准

(一)普通大学生心理健康标准

1.能否保持对学习较浓厚的兴趣和求知欲。

2.能否保持正确的自我意识,并悦纳自我。

3.是否具有协调和控制情绪的能力,能保持良好的心境。

4.是否具有良好的环境适应能力。

5.是否具有良好的人际交往能力,人际关系和谐。

6.是否具有完整统一的人格品质。

7.是否具有符合年龄特征的心理行为。

(二)警察院校大学生心理健康标准

1.要具有正常的智力。

2.要有积极的自我观念,正确地认识自己。

3.要能协调和控制情绪,保持良好心境。

4.要有坚强的意志,工作的复杂性和艰巨性决定了心理健康的警察要具备坚韧不拔的毅力和百折不挠的精神。

5.要保持和谐的人际关系。

6.要有良好的适应能力,警察应该对自然环境和社会环境具备较强的适应能力。

7.要具有完整的人格。

第四节　警察院校学生心理发展的特点

一、心理发展趋于成熟

当前,警察院校大学生多数在18~23岁这个年龄段,其个体生理发展已经基本达到成人水平,但心理仍然处于由半成熟走向成熟的特殊时期,认知能力和思维能力稳步提高,观察能力更加敏捷而准确,能够透过表象,准确把握一些事物的本质。记忆方式由机械记忆逐渐发展为理解记忆,对于需要识记的知识能够用逻辑思维和理解的方式准确记忆。另一方面,根据中国心理学家提出的自我意识发展三阶段模式,即生理自我、社会自我和心理自我发展阶段。大学生的自我意识正处于逐渐走向统合成熟期。大学生情绪和情感更加丰富多彩。进入警察院校,大学生远离父母和家人开始独立生活,使他们深刻体会到亲情和友情的重要性。相比中学阶段,他们有了更多机会进行人际交往,许多学生由于不再受家长和老师的劝阻,开始涉足恋爱,异性交往使大学生情感体验更丰富,也强烈地影响着大学生的心理状态。

二、心理发展的矛盾性

警察院校大学生考入大学之后,一般会认为自己已经是大学生,所有的事情都可以独立自主。但是因为经济上尚不能依靠自我劳动来获取收入,使得他们仍然依靠家庭供养,经济上出现依赖与独立的矛盾;其次,大学生对社会生活的认识比较肤浅,其社会判断与行为容易脱离社会现实,人际关系会有幼稚与成熟的矛盾;再次,大学生生理上的急剧变化,遇到较强烈的刺激时,还不能很好地控制自己,情绪不够稳定,存在情绪情感冲动与克制的矛盾;最后,大学生综合能力不足,无法有效处理复杂事件,存在自卑与自信的矛盾。

第五节　警察院校学生心理健康现状与对策

一、心理健康现状

警察院校大学生的心理健康问题事关未来国家安全保卫者的健康,一直受到政法机关、医疗机构、警察院校的关注。据中国刑事警察学院调查数据反映,59%的同学对心理健康这一概念较为了解,但仍有41%的同学不太了解,说明我们仍要加强对学生心理健康知识的教育;面对学习、适应环境、人际交往等较容易引发学生心理健康问题的因素,50%以上的同学出现了焦虑、郁闷、茫然等不良情绪。其他公安院校在对本校学生进行心理健康状况测试时发现,公安院校学生在强迫、偏执、敌对、精神病等4项指标与国内青年常模相比差异达到极其显著性水平（P<0.01）。2013年，河南警察学院对527名学生心理健康状况的调查结果显示，《SCL-90症状自评量表》中的多项指标得分均高于国内青年常模，其中偏执、敌对、精神病3项因子水平差异达到极其显著性水平（P<0.01），测算出有一定程度心理问题的有126人，占总数的22.6%。综合数据表明，当前警察院校大学生的心理健康状况令人担忧。

二、心理健康对策

按照人民警察“五位一体”心理健康服务模式，构建集“心理健康测量、心理健康教育、心理健康训练、心理咨询治疗、心理危机干预”为一体的警察院校大学生心理健康教育培养体系。总体以科学的健康管理为指导，以科学测量系统和高素质师资队伍为保障，按照预防为主，主动应对的原则，有针对性地对学生开展心理健康测量、心理健康教育、心理健康团辅、心理咨询治疗和心理危机干预工作，通过理论教学与实训教学有机融合，实现警察院校大学生心理素质有效提升的目标。

（一）建立心理评估系统，规范学生心理健康档案

按照教育部规定“所有学生必须接受心理健康测评，建立心理档案”。警察院校应当使用教育部心理测评系统，在新生中开展心理测量工作，并为每名学生建立心理健康档案。后期，应当建立常规心理健康评估系统，定期评估学生心理健康水平，也可进行学生人格评估，并及时将结果反馈给学生本人。通过测量增强学生自我了解，推动学生寻求心理帮助的积极性，促进心理健康教育、心理健康团辅、心理咨询治疗。同时，通过测量对存在心理问题和出现心理危机的学生给予心理健康服务。

（二）开展心理健康教育，培养学生健康观念

健康第一，警察院校应当积极开展学生心理健康教育系列活动，以丰富的内容、多样的渠道、新颖的形式，深入广泛开展学生心理健康教育工作。一是宣传引导。为配合新生入学教育，每年定期以板报、海报、橱窗、小册、广播、校园网络、讲座、学生刊物等形式开展心理健康教育宣传活动，普及心理健康知识。二是教育引导。开设“大学生心理健康教育”课程，课程应当集知识传授、心理体验与行为训练为一体，课程教学的主要任务是宣传普及心理健康知识，帮助学生认识健康心理对成长成才的重要意义；介绍增进心理健康的方法和途径，培养学生良好的心理品质和自尊、自爱、自律、自强的优良品格；解析心理现象，了解常见心理问题产生的主要原因及其表现，以科学的态度对待心理问题；教会心理调适方法，消除心理困惑，增强承受挫折的能力，珍爱生命、关心集体、悦纳自己、善待他人。同时，可以定期或不定期邀请校内外专家为学生举办心理健康教育系列讲座。三是活动引导。警察院校应当把学生心理健康教育活动纳入校园文化活动体系。联合学院团委和大学生心理健康教育社团如学生心理协会等，每年在“5.25”大学生心理健康日开展心理健康教育活动，开展“心理健康之家建设”“心理电影赏析”“趣味心理运动会”“心理征文”等丰富多彩的心理健康主题宣传教育活动。

（三）定期开展混合式心理训练，提升心理素质

警察院校应当以提高学生心理健康素质、衔接学生未来警察职业心理品质、心理适应能力和开发心理潜能为目标，逐步形成训练设施先进、训练内容丰富、训练手段高效、训练模式双向、训练考核多元综合、以教师为主导、学生为主体，分阶段、模块化，实训教学与理论教学有机结合，个体训练与团队训练相结合，科学性与趣味性相结合的警察职业特色鲜明的警察院校心理健康实训教学体系。

1.线上训练法。首先，在线设定完整的心理训练课程。针对某项心理能力，精讲基础性的概念和理论，然后讲解训练中的实用方法和技巧，最后结合警察职业的实际情况在线进行有针对性的深入讨论和实例讲解。在课程形式上应当采用互动性很强的多媒体课件形式，同步配音，尽可能提供丰富的图文信息和形象生动的动画，提高理论教学的趣味性和接受度。参训的学生根据线上课程系统的指导学习课程即可，达到随时随地便捷，拓展心理训练的时间和空间。其次，设定与教学课程紧密结合的在线训练系统。针对心理训练内容中的观察力、记忆力、思维力、意志力、情绪情感调控等，要求参训学生运用相应的心理能力完成特定的任务，让心理训练的体验在实践过程中不断得到提高，迅速巩固学到的理论知识和方法，最大限度地提升在线心理训练效能。在实施中需要注意训练项目难度设置，做到引导学生由易到难、循序渐进地锻炼自己的心理能力。

2.线下训练法。线下训练中，应当充分引导学生在相应的情境中做出应对和行为选择，体验相应情绪情感，肯定其积极情绪，引导其体验消极情绪、克服消极情绪并促进自我提高。线下方法有三个具体要求：一是创设真实可信、难易适度、针对性强的体验情境。二是注重自我体验，让受训学生自己去感悟、判断和选择。教师通过对线下项目训练过程的掌控和完成后的回顾交流、点评分享等步骤，通过团体心理效应激发学生的体验和感悟。三是注意情绪引导。训练中，适当地针对学生对积极情绪和消极情绪的体验进行引导，起到对训练效果的巩固作用。

3.比赛训练法。心理训练的目的是不断提高自我能力，超越自我，因此比赛也是心理训练常用方法。当训练者完成一定的训练目标，就能够在训练成就区获得对应的奖励表彰；教师可以在每个区队班级中进行成绩排序，也可以开展班与班的成绩比对，对比结果可以现场或通过多媒体手段实时展示给学生查看。这种比赛训练方法，可以极大地激发学生的训练兴趣和热情，有助于提高训练效果，同时，也可以培养学生的团队精神和合作意识。

4.针对性开展心理健康咨询

心理健康咨询按照心理问题的性质分为适应性咨询、发展性咨询与障碍性咨询相结合，按照人数分为团体辅导与个别辅导，心理咨询方式可分为面谈咨询、电话或在线软件咨询相结合，按照时间安排分为预约咨询与应急咨询，警察院校应当建立兼顾上述方法的心理咨询体系，为学生提供及时、有效的心理咨询服务。需要强调的是，当发现存在严重心理障碍和心理疾病的学生时，应当按照《中华人民共和国精神卫生法》规定及时转介

到专业卫生医疗机构进行治疗，有条件的警察院校应当与当地的精神卫生机构建立绿色通道，以保障患心理疾病的学生得到专业的治疗。

5.维护生命健康，强化心理危机干预机制

警察院校应当按照"及早预防、及时疏导、有效干预、生命至上"的工作思路，制定结合本校实际情况的心理危机应急预案和心理危机干预实施办法，并重点开展以下工作：

（1）开展预防教育。不定期开展生命教育讲座，在《大学生心理健康教育》课堂教学中宣传健康理念，在展板板报栏目、宣传小册、学生刊物、校园广播中宣传心理健康知识，不定期召开心理健康主题班会和相关的团体辅导活动，引导学生珍惜生命，提高应对挫折、解决心理问题和处理心理危机的能力。

（2）实施早期预警。对心理危机早发现、早通报、早评估、早治疗，畅通信息渠道，力争快速反应，尽最大可能将危机消除在萌芽状态。应当在学生危机干预工作中实施如下制度（机制）：普查排查制度、信息通报制度、重点关注制度、风险评估制度、备案制度、保密制度，以及宿舍、区队班级、辅导员（班主任）、心理咨询中心等组成的分级预警机制。应当在每年9月对新生开展心理健康普查，建立规范性心理档案，对测量结果进行统计分析形成报告报主管院长和学生工作处，并向相关学生工作系部领导、大队长、心理联络员通报心理普查结果及近期需要重点关注的学生。尽快安排心理咨询老师对测量结果显示属于疑似高危学生一一开展心理咨询面谈。实行心理委员月报制度，每月25日由各区队班级心理委员向学院心理健康教育咨询中心汇报所在区队班级当月学生心理健康状况。

（3）实施危机干预。学生出现心理危机事件，学院应当启动重大突发事件应急预案，立即成立"心理危机干预工作领导小组"，逐步建立危机干预工作的支持系统、治疗系统、阻控系统、监护系统和救助系统，实现快速反应，尽可能降低危机事件带来的后果。对于发生极端危机事件，学院应密切配合公安机关现场勘查工作；做好家属沟通、安抚与善后工作；积极与媒体沟通，避免负面报道和谣言传播，通过多种途径寻找解决问题的突破口，做好善后工作。同时，应当重视已发危机事件对周围同学的影响，防止次生危机事件的发生。

（4）完善后期跟踪。对经过干预基本化解心理危机的学生，学院应当妥善安排其学习生活，帮助其建立良好的支持系统。安排区队班级心理委员和学生骨干、室友做好关心陪护，掌握其心理变化动态。辅导员、心理咨询老师定期与其谈心、辅导、评估，以巩固干预成效。

上述五方面工作根据传授知识、提高素质、培养能力为一体的素质教育目标设计。总体以心理状态及心理疾病为目标的"心理测量"作为心理服务资源和工具；以传授心理健康基础知识和自我心理调适基本知识为目标的"心理教育"作为开展心理服务的基础；以提高心理素质和心理活动效率、培养健全人格为目标的"心理训练"作为提升心理服务质量的关键；以提高适应能力为目标的"心理咨询"和以提高应对心理危机能力为目标的

“危机干预”作为心理服务的救济与补充。五方面工作各自发挥作用,相互促进,共同构成有机整体系统。

◆**课程实训**

实训一:心理健康测试(SCL-90)自测

下表列出了有些人可能会有的问题,请仔细阅读每一条,然后根据最近一周来自己的实际感觉,选择最符合您的一种情况,填在后面的测验答卷纸中相应题号的评分栏中。其中“没有”是指自觉并无该项症状(问题),记0分;“较轻”是指自觉有该项症状,但对你并无实际影响或影响轻微,记1分;“中度”是指自觉有该项症状,对你有一定的影响,记2分;“相当重”是指自觉常有该项症状,对你有相当程度的影响,记3分;“严重”是指自觉该症状的频度和强度都十分严重,对你的影响严重,记4分。

序号	项目	没有	较轻	中度	较重	严重	自评
1	头痛	0	1	2	3	4	
2	神经过敏,心中不踏实	0	1	2	3	4	
3	头脑中有不必要的想法或字句盘旋	0	1	2	3	4	
4	头昏或昏倒	0	1	2	3	4	
5	对异性的兴趣减退	0	1	2	3	4	
6	对旁人责备求全	0	1	2	3	4	
7	感到别人能控制您的思想	0	1	2	3	4	
8	责怪别人制造麻烦	0	1	2	3	4	
9	忘记性大	0	1	2	3	4	
10	担心自己的衣饰整齐及仪态的端正	0	1	2	3	4	
11	容易烦恼和激动	0	1	2	3	4	
12	胸痛	0	1	2	3	4	
13	害怕空旷的场所或街道	0	1	2	3	4	
14	感到自己的精力下降,活动减慢	0	1	2	3	4	
15	想结束自己的生命	0	1	2	3	4	
16	听到旁人听不到的声音	0	1	2	3	4	
17	发抖	0	1	2	3	4	
18	感到大多数人都不可信任	0	1	2	3	4	
19	胃口不好	0	1	2	3	4	
20	容易哭泣	0	1	2	3	4	
21	同异性相处时感到害羞不自在	0	1	2	3	4	
22	感到受骗、中了圈套或有人想抓住您	0	1	2	3	4	
23	无缘无故地突然感到害怕	0	1	2	3	4	
24	自己不能控制地大发脾气	0	1	2	3	4	
25	怕单独出门	0	1	2	3	4	
26	经常责怪自己	0	1	2	3	4	
27	腰痛	0	1	2	3	4	
28	感到难以完成任务	0	1	2	3	4	

续表

序号	项目	没有	较轻	中度	较重	严重	自评
29	感到孤独	0	1	2	3	4	
30	感到苦闷	0	1	2	3	4	
31	过分担忧	0	1	2	3	4	
32	对事物不感兴趣	0	1	2	3	4	
33	感到害怕	0	1	2	3	4	
34	您的感情容易受到伤害	0	1	2	3	4	
35	旁人能知道您的私下想法	0	1	2	3	4	
36	感到别人不理解您、不同情您	0	1	2	3	4	
37	感到人们对您不友好、不喜欢您	0	1	2	3	4	
38	做事必须做得很慢以保证做得正确	0	1	2	3	4	
39	心跳得很厉害	0	1	2	3	4	
40	恶心或胃部不舒服	0	1	2	3	4	
41	感到比不上他人	0	1	2	3	4	
42	肌肉酸痛	0	1	2	3	4	
43	感到有人在监视您、谈论您	0	1	2	3	4	
44	难以入睡	0	1	2	3	4	
45	做事必须反复检查	0	1	2	3	4	
46	难以作出决定	0	1	2	3	4	
47	怕乘电车、公共汽车、地铁或火车	0	1	2	3	4	
48	呼吸有困难	0	1	2	3	4	
49	一阵阵发冷或发热	0	1	2	3	4	
50	因为感到害怕而避开某些东西、场合或活动	0	1	2	3	4	
51	脑子变空了	0	1	2	3	4	
52	身体发麻或刺痛	0	1	2	3	4	
53	喉咙有梗塞感	0	1	2	3	4	
54	感到没有前途没有希望	0	1	2	3	4	
55	不能集中注意	0	1	2	3	4	
56	感到身体的某一部分软弱无力	0	1	2	3	4	
57	感到紧张或容易紧张	0	1	2	3	4	
58	感到手或脚发重	0	1	2	3	4	
59	想到死亡的事	0	1	2	3	4	
60	吃得太多	0	1	2	3	4	
61	当别人看着您或谈论您时感到不自在	0	1	2	3	4	
62	有一些不属于您自己的想法	0	1	2	3	4	
63	有想打人或伤害他人的冲动	0	1	2	3	4	
64	醒得太早	0	1	2	3	4	
65	必须反复洗手、点数目或触摸某些东西	0	1	2	3	4	
66	睡得不稳不深	0	1	2	3	4	
67	有想摔坏或破坏东西的冲动	0	1	2	3	4	
68	有一些别人没有的想法或念头	0	1	2	3	4	
69	感到对别人神经过敏	0	1	2	3	4	
70	在商店或电影院等人多的地方感到不自在	0	1	2	3	4	
71	感到任何事情都很困难	0	1	2	3	4	
72	一阵阵恐惧或惊恐	0	1	2	3	4	

续表

序号	项目	没有	较轻	中度	较重	严重	自评
73	感到在公共场合吃东西很不舒服	0	1	2	3	4	
74	常与人争论	0	1	2	3	4	
75	独自一人时神经很紧张	0	1	2	3	4	
76	别人对您的成绩没有作出恰当的评价	0	1	2	3	4	
77	即使和别人在一起也感到孤单	0	1	2	3	4	
78	感到坐立不安、心神不定	0	1	2	3	4	
79	感到自己没有什么价值	0	1	2	3	4	
80	感到熟悉的东西变成陌生或不像是真的	0	1	2	3	4	
81	大叫或摔东西	0	1	2	3	4	
82	害怕会在公共场合昏倒	0	1	2	3	4	
83	感到别人想占您的便宜	0	1	2	3	4	
84	为一些有关“性”的想法而很苦恼	0	1	2	3	4	
85	您认为应该因为自己的过错而受到惩罚	0	1	2	3	4	
86	感到要赶快把事情做完	0	1	2	3	4	
87	感到自己的身体有严重问题	0	1	2	3	4	
88	从未感到和其他人很亲近	0	1	2	3	4	
89	感到自己有罪	0	1	2	3	4	
90	感到自己的脑子有毛病	0	1	2	3	4	

因子项目及其评析标准

(1)躯体化:包括1、4、12、27、40、42、48、49、52、53、56和58,共12项。

主要反映身体不适感,包括心血管、胃肠道、呼吸和其他系统的不适,和头痛、背痛、肌肉酸痛,以及焦虑等躯体不适表现。

该分量表的得分在0~48分之间。得分在24分以上,表明个体在身体上有较明显的不适感,并常伴有头痛、肌肉酸痛等症状。得分在12分以下,躯体症状表现不明显。总的说来,得分越高,躯体的不适感越强;得分越低,症状体验越不明显。

(2)强迫症状:包括3、9、10、28、38、45、46、51、55和65,共10项。

主要指那些明知没有必要,但又无法摆脱的无意义的思想、冲动和行为,还有一些比较一般的认知障碍的行为征象也在这一因子中反映。

该分量表的得分在0~40分之间。得分在20分以上,强迫症状较明显。得分在10分以下,强迫症状不明显。总的说来,得分越高,表明个体越无法摆脱一些无意义的行为、思想和冲动,并可能表现出一些认知障碍的行为征兆。得分越低,表明个体在此种症状上表现越不明显,没有出现强迫行为。

(3)人际关系敏感:包括6、21、34、36、37、41、61、69和73,共9项。

主要是指某些人际的不自在与自卑感,特别是与其他人相比较时更加突出。在人际交往中的自卑感,心神不安,明显的不自在,以及人际交流中的不良自我暗示,消极的期待等是这方面症状的典型原因。

该分量表的得分在0~36分之间。得分在18分以上,表明个体人际关系较为敏感,人际交往中自卑感较强,并伴有行为症状(如坐立不安,退缩等)。得分在9分以下,表明个体在人际关系上较为正常。总的说来，得分越高，个体在人际交往中表现的问题就越多，自卑感强，自我中心越突出，并且已表现出消极的期待。得分越低，个体在人际关系上越能应付自如，人际交流自信、胸有成竹，并抱有积极的期待。

（4）抑郁：包括5、14、15、20、22、26、29、30、31、32、54、71和79，共13项。

苦闷的情感与心境为代表性症状，还以生活兴趣的减退、动力缺乏、活力丧失等为特征。表现出失望、悲观以及与抑郁相联系的认知和躯体方面的感受，另外，还包括有关死亡的思想和自杀观念。

该分量表的得分在0～52分之间。得分在26分以上，表明个体的抑郁程度较强，生活缺乏足够的兴趣，缺乏运动活力，极端情况下，可能会有想死亡的思想和自杀的观念。得分在13分以下，表明个体抑郁程度较弱，生活态度乐观积极，充满活力，心境愉快。总的说来，得分越高，抑郁程度越明显，得分越低，抑郁程度越不明显。

（5）焦虑：包括2、17、23、33、39、57、72、78、80和86，共10个项目。

一般指那些烦躁，坐立不安，神经过敏，紧张以及由此产生的躯体征象，如震颤等。

该分量表的得分在0～40分之间。得分在20分以上，表明个体较易焦虑，易表现出烦躁、不安静和神经过敏，极端时可能导致惊恐发作。得分在10分以下，表明个体不易焦虑，易表现出安定的状态。总的说来，得分越高，焦虑表现越明显。得分越低，越不会导致焦虑。

（6）敌对：包括11、24、63、67、74和81，共6项。

主要从三方面来反映敌对的表现：思想、感情及行为。其项目包括厌烦的感觉，摔物，争论，直到不可控制的脾气爆发等各方面。

该分量表的得分在0～24分之间。得分在12分以上，表明个体易表现出敌对的思想、情感和行为。得分在6分以下表明个体容易表现出友好的思想、情感和行为。总的说来，得分越高，个体越容易敌对，好争论，脾气难以控制。得分越低，个体的脾气越温和，待人友好，不喜欢争论，无破坏行为。

（7）恐惧：包括13、25、47、50、70、75和82，共7项。

恐惧的对象包括出门旅行、空旷场地、人群或公共场所和交通工具。此外，还有社交恐惧。

该分量表的得分在0～28分之间。得分在14分以上，表明个体恐惧症状较为明显，常表现出社交、广场和人群恐惧，得分在7分以下，表明个体的恐惧症状不明显。总的说来，得分越高，个体越容易对一些场所和物体发生恐惧，并伴有明显的躯体症状。得分越低，个体越不易产生恐惧心理，越能正常地交往和活动。

（8）偏执：包括8、18、43、68、76和83，共6项。

主要指投射性思维、敌对、猜疑、妄想、被动体验和夸大等。

该分量表的得分在0～24分之间。得分在12分以上，表明个体的偏执症状明显，较易猜疑和敌对，得分在6分以下，表明个体的偏执症状不明显。总的说来，得分越高，个体越易偏执，表现出投射性的思维和妄想，得分越低，个体思维越不易走极端。

(9)精神病性：包括7、16、35、62、77、84、85、87、88和90，共10项。

反映各式各样的急性症状和行为，即限定不严的精神病性过程的症状表现。

该分量表的得分在0～40分之间。得分在20分以上，表明个体的精神病性症状较为明显，得分在10分以下，表明个体的精神病性症状不明显。总的说来，得分越高，越多地表现出精神病性症状和行为。得分越低，就越少表现出这些症状和行为。

(10)其他项目(睡眠、饮食等)：包括19、44、59、60、64、66及89，共7个项目。

该分量表是第10个因子，主要反映睡眠、饮食方面的情况，作为附加项目或其他来处理，目的在于使各因子分之和等于总分。

实训二：心理团体辅导训练

团辅名称："我的区队我的家——区队建设"团体心理辅导

团辅目标：增强区队成员的归属感和信任感，培养学生的合作精神，提高区队凝聚力，促进区队和谐健康发展。

团辅领导者：心理健康课程教师、辅导员

团辅的对象：大一新生

团辅的规模：自然班或专业班60～100人

团辅的时间：结合心理健康课程或班会

团辅的次数：1次，2课时

团辅的场地：教室、学校团体辅导室

(一)团辅方案设计(见下表)

"我的区队我的家——区队建设"团体心理辅导计划书(总方案)

活动名称	活动目标	活动主要内容	预计时间
一、相逢是首歌	相互认识，破冰	1.大风吹 2.滚雪球	5分钟 10分钟
二、缘来一家人	感受集体氛围、个人与集体的关系、团体对个人的重要性，初建归属感	1.轻柔体操 2.无家可归	15分钟 15分钟
三、温暖你我他	发现他人的优点和他人帮助的重要性，初建信任感	1.优点轰炸 2.信任之旅	15分钟 15分钟
四、我的区队我来建	认识到沟通的重要性，凝聚力初步形成	1.情有千千结	20分钟
五、相亲相爱一家人	增强区队凝聚力	1.同舟共济 2.许愿树：写下对区队的美好愿望和祝福	20分钟 5分钟

（二）内容与流程

活动名称	活动内容及流程	操作提示
一、相逢是首歌 1.大风吹 （5分钟）	1.让所有成员围成一圈或坐成一圈。 2.领导者喊口令：大风刮啊刮，刮到……（说一个特征，如戴眼镜的、穿裙子的等）。有该特征的成员站起来或举手，做错动作的同学表演一个节目。	
2.滚雪球 （10分钟）	1.随机成组，每组8～10人。组内每人用一句话介绍自己，一句话包括姓名、院系、性格等。 2.在依次介绍中，每个人介绍自己之前的所有信息，格式如："我是来自某某院系性格怎样的某某左边的来自某某院系性格怎样的某某……"最后一位同学顺利完成后，全组为他鼓掌。 3.要求每组出一位代表将全组成员的情况向全团体成员做介绍。	
二、缘来一家人 1.轻柔体操 （15分钟）	1.根据先前的分组，每组成员围成圆圈，面对圆心，领导者也在队伍里，要求有足够的活动空间。 2.领导者先带头做一个动作，要求成员不评价不思考，模仿做三遍。然后每个人依次做一个自己想出来的动作，大家一起模仿。	
2.无家可归 （15分钟）	1.根据先前的分组，每组成员手拉手，体验大家在一起的感觉。然后，领导者说"变！3人一组"，成员必须按照要求重新组合。 2.分享感受：没有找到"家"的成员谈感受；找到"家"的成员谈体会。 3.领导者可以多次变换人数，让成员有机会去改变自己的行为，积极融入团体，让组员体验有家的感觉、体验团体的支持，从而更加愿意与团体在一起。	
三、温暖你我他 1.优点轰炸 （15分钟）	1.根据先前的分组，每组成员围圈坐。 2.请一位成员坐或站在团体中央，其他人轮流说出他的优点及欣赏之处（性格、相貌、处事……）。 3.然后被称赞的成员说出哪些优点是自己以前察觉的，哪些是不知道的。 4.每个成员都要轮流到中央，其他组员说出这名组员的优点。 5.分享感受：被人称赞时的感受如何；怎样用心去发现他人的长处；怎样做一个乐于欣赏他人的人。	

活动名称	活动内容及流程	操作提示
2.信任之旅 (15分钟)	1.全体团体成员两人一组,一位做“盲人”,一位做帮助“盲人”的人。“盲人”蒙上眼睛,原地转3圈,暂时失去方向感,然后在帮助人的搀扶下,沿着选定的路线,带领“盲人”行走。其间不能讲话,只能用手势、动作帮助“盲人”体验各种感觉。 2.分享感受:对于“盲人”,当你什么都看不见时有什么感觉,使你想起什么;你对你的伙伴的帮助是否满意,为什么;被带领时发生了什么印象深刻的事情;你对自己或他人有什么新发现;对于助人者,你怎样理解你的伙伴。 3.互换角色,再来一遍,再分享感受。	
四、我的区队我来建 情有千千结 (20分钟)	1.根据先前的8~10人一组的分组,大家手拉手,领导者提醒他们记住左右是何人,要求每组成员在各自的小圈范围跟着音乐随意走动。 2.当音乐一停止,大家原地停住,不得移动,牵住原左右之人的手,不可放开,要求大家设法解开这个“人结”。 3.分享感受:在解开“人结”时遇到哪些困难;是怎样克服的;在团队合作中应注意什么。	
五、相亲相爱一家人 1.同舟共济 (20分钟)	1.根据先前的分组,每组成员把一张报纸展开放在空地上,这张报纸就是滔滔洪水之中的一条小船,该组同学都站上去,至少停留10秒。不能让任何一个成员落水。 2.雨一直下,洪水又渐渐地往上涨,逃生的小舟变得更小了,这一阶段成功后,把报纸对折,不能让任何一个成员落水,至少停留10秒。 3.有成员落水的组就算失败,得出最后的优胜组,一直到最小的纸。 4.分享感受:通过这个活动你有什么感想;我们一个人能坚持到最后吗;是谁支撑了你;你又支撑了谁。	
2.许愿树 (5分钟)	1.所有成员写下对区队的美好愿望和祝福。 2.总结。	

课后作业

1.警察院校学生心理健康标准有哪些指标?

2.请谈谈你参加本节课程心理健康团体辅导训练之后的感悟。

第二章　警察院校学生心理咨询

◆**思维导图**

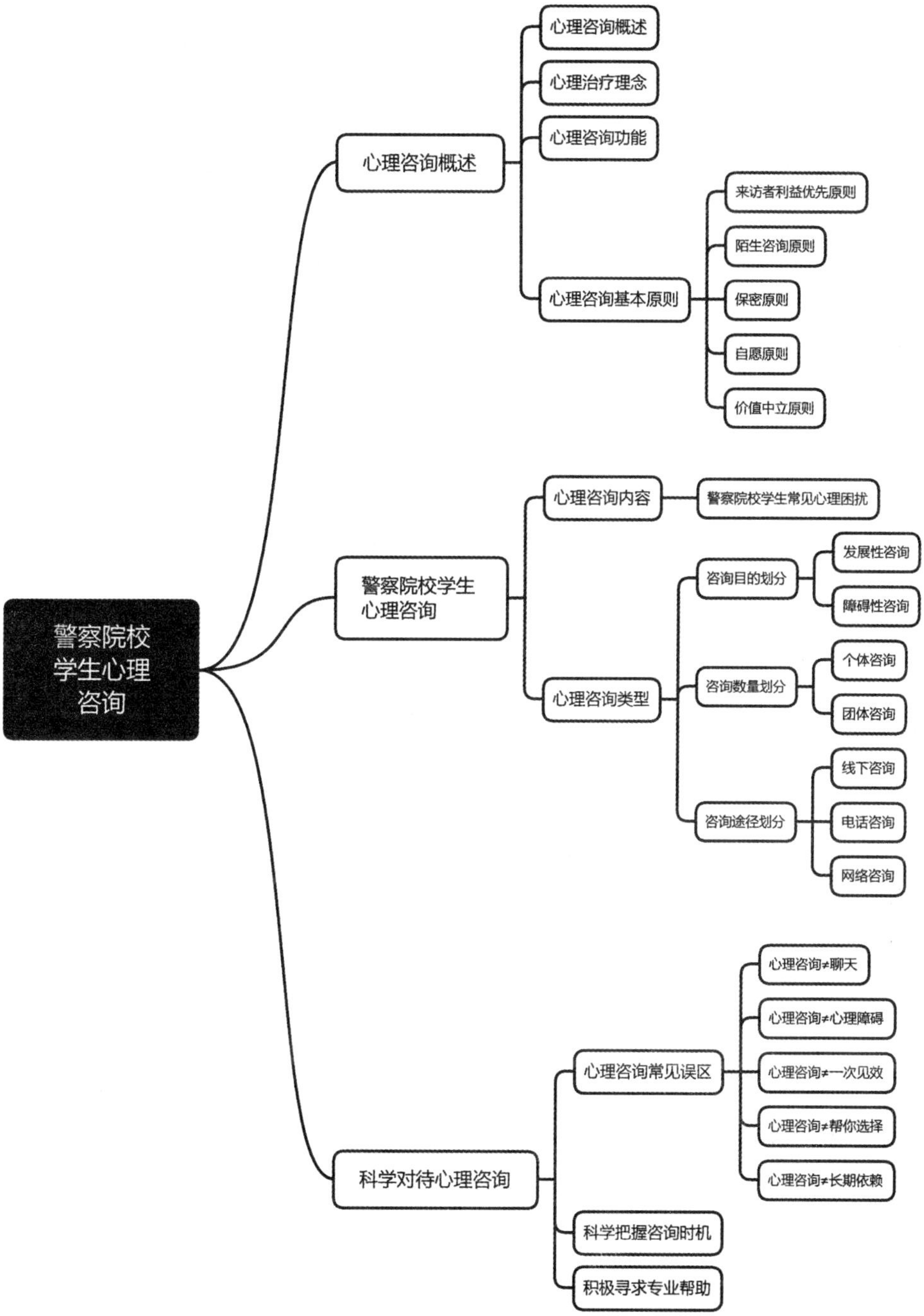

◆**课程思政**

我是中国人民警察,我宣誓:坚决拥护中国共产党的绝对领导,矢志献身崇高的人民公安事业,对党忠诚、服务人民、执法公正、纪律严明,为捍卫政治安全、维护社会安定、保障人民安宁而英勇奋斗!

——公安机关人民警察誓词

2017年5月19日,习近平总书记对人民警察队伍提出“四句话、十六字”总要求 。2020年8月26日,习总书记向中国人民警察队伍授旗并致训词。这在我国公安事业发展史上具有划时代、里程碑式的意义。[①]习总书记说:“实践证明,我国人民警察是一支党和人民完全可以信赖的有坚强战斗力的队伍”。

◆**课前测量**

大学生心理求助态度测量

指导语:亲爱的同学们,本次问卷主要探寻“你对寻求专业性心理咨询的态度”,请认真阅读每个题目,根据你赞同和不赞同的程度,从每道题后面的备选项中,选择一个你认为最恰当的选项,并在相应的方框里打“√”,请勿漏选,所选答案没有对错之分,根据你真实的感受作答即可。

题目	非常同意	同意	不确定	不同意	非常不同意
1.无论出现任何心理问题,都应该自己解决。					
2.如果去找心理咨询师谈论私人问题,担心一些个人隐私会泄露。					
3.寻求专业帮助的人,常被认为脑子有毛病。					
*4.心理求助是一种积极的应对方式。					
5.心理问题会像其他问题一样,随着时间推移而自动消失。					
6.需求咨询师的帮助,表明自己没有能力处理问题。					
7.只有在心理问题比较严重,而自己又无法解决的情况下,才会考虑求助咨询师。					
8.很难想象问题会严重到要去寻求心理帮助的地步。					
9.遇到心理困扰会去找咨询师求助,是缺乏自信、懦弱的表现。					
*10.寻求专业心理帮助,可以缓解消极情绪、减轻心理负担。					

①学习强国网站:习近平总书记2020年8月26日向中国人民警察队伍授旗并致训词.https://www.xuexi.cn/lgpage/detail/index.html?id=11359167725170454260&item_id=11359167725170454260.

题目	非常同意	同意	不确定	不同意	非常不同意
11.宁愿忍受某些心理冲突，也不愿经受心理咨询的痛苦折磨。					
*12.有些事情跟家人和朋友不方便说，找咨询师倾诉一下是最好的办法。					
*13.不认为在咨询中心求助是不可告人的秘密。					
*14.心理咨询可以帮助人更全面地认识自己，增强自己的适应能力。					
15.讨厌那些想了解个人问题的人，无论他是否受过专业训练。					
*16.如果别人询问我有关心理健康的问题，我会推荐他去寻求专业的心理帮助。					
17.寻求心理帮助会受到同学们的议论和轻视，有损自尊心。					
18.如果确认自己患有心理障碍，会主动寻求专业人员的帮助。					
*19.心理咨询可以帮助人更好地开发自己的潜能。					
20.身边的一些人通过心理咨询与治疗获得了帮助。					

计分方式：

（1）题号上无*的，进行正向计分，“非常同意”=1分、“同意”=2分、“不确定”=3分、“不同意”=4分、“非常不同意”=5分。

（2）题号上有*的题目反向计分，即“非常同意”=5分、“同意”=4分、“不确定”=3分、“不同意”=2分、“非常不同意”=1分。

（3）把每个题目对应选项得分相加，即得到总分。总分越高，则表示在心理健康服务方面寻求专业性帮助的态度越积极。

温馨提示：

各位同学，此项测试仅作为了解自己对于心理健康服务的态度，如果存在疑问请询问心理咨询专业人员。

第一节　心理咨询的概念和功能

一、什么是心理咨询

在20世纪50年代，心理咨询（counseling）被美国心理学会的咨询心理学分会定义为，“帮助个体克服其个人成长中的障碍——不管这些障碍出现在什么地方，并帮助他们最大限度地开发其个人的潜能”（Division of Counseling Psychology，APA，1956）。这个定义更多地侧重于咨询的目标。

帕特森(C.H.patterson)曾提出两个咨询定义。在前一个定义里,他对咨询的表述是"发生在一种人际相互关系中的过程,构成这一关系的是一位治疗者和一名或是更多的当事人。在这个关系中,治疗者试图运用以系统的人格知识为基础的心理学方法来改进后者的心理健康水平"(Patterson,1959)。而在后一个定义中,他说"咨询是一种人际关系,在这种关系中咨询人员提供一定的心理气氛或条件,使对象发生变化,做出选择,解决自己的问题,并且形成一个有责任感的独立个性,从而成为更好的人和更好的社会成员"(Patterson,1967)。在后一个定义中,对于心理咨询效果的发生有了更加具体的描述,并且特别对咨询目标和帮助方式做出了说明。

知识科普2-1

"咨访关系"为什么是影响心理咨询效果的重要因素

不论是心理咨询的实证研究,还是心理咨询师的工作经验,都会强调咨询师和咨询者的关系质量,是影响心理咨询效果的重要因素。其重要性超过咨询技术、咨询经验等因素。

为什么关系这样的无形因素,能带来咨询者的改变?

即使关系能带来改变,来访者离开咨询室,直接的咨访关系联结强度便减弱。为什么通常1周1次、1次50分钟的咨询时间接触,从时间上看,远远不及咨询者的家人、朋友、同事相处时间,却能带来促进咨询者改变的影响?咨访关系,推动咨询者改变的力量,究竟来自哪里?

我们举个例子,当1岁左右的孩子,刚开始学习走路可能会觉得有些害怕。害怕摔倒,害怕身体失去重心。怎么样让孩子能够更加勇敢地迈出脚步?部分父母会对孩子承诺"宝贝不要害怕,爸爸妈妈保护你"或"宝贝你要摔倒时,爸爸妈妈会接住你",我们的家长在尝试向孩子做承诺。但是对于一个刚开始学走路的孩子,不知道走路时如何协调身体平衡,抬起一只脚,身体失去平衡的摇晃,可能对于小婴儿像天旋地转一样的可怕,所以对于感觉不到安全的小婴儿来说,言语的承诺没有任何作用,因为承诺没法增加孩子的安全感,让他有勇气迈出步伐。

而小朋友最终是如何克服学习走路过程体验到的害怕,提高安全感,学会走路的呢?

他会试探性地抬脚,但是当他不安的时候他会立刻放下来,直到又有勇气抬脚。一开始,孩子可能只是迈出一点点,继续感到安全后,才会迈出更大的步伐。每次,孩子可能都是在原有感到安全的范围内,尝试增多一些走路的努力。如果感到不安,退回;感到安全,增加范围。如此反复前进、后退,最终孩子感到安全的探索范围越来越大。

而咨询师和来访者的关系,对心理咨询效果的影响,就是提高了来访者的心理安全感,帮助来访者有勇气做出改变。

来访者在咨询氛围中感受到自由、接纳、理解、支持等,修复和增强了来访者的安全感。咨询过程,像孩子学走路的尝试过程,良好的咨访关系,扩大了来访者的心理安全范围。

心理安全范围的扩展,像吃饭吸收食物营养一样,吸收进内在心灵。即使离开咨询室,安全感的提升,会像空气一样跟随咨询者产生积极影响,推动来访者做出改变。安全感是一种"感受",没法靠讲道理安慰、说服来增加。安全感的增加,像孩子学走路一样,需要一点点试探。在原有的安全范围,如果做出一些改变,扩大范围,发现没有危险,才会继续扩大范围;如果得到的反馈是不好的,可能会退回去。

寻求心理咨询帮助的人,常存在一种情况:做出某种改变,对自身有利,但很难做出改变。不是改变本身难度很大,而是很难迈出改变的第一步。如同跨过门槛,门槛不高,但是抬脚很困难。如果能够抬脚,跨过门槛则很容易。良好的咨访关系促进来访者安全感的增加,有助于来访者愿意重新开启改变的尝试。迈出第一步,以后的改善便更容易。

假如有一天,你选择走进心理咨询室,你希望是一位怎样的咨询师来接待你呢?请用几个关键词进行描述。

罗杰斯(C.R.Rogers)对于心理咨询的定义是:“心理咨询是一个过程,期间咨询师与当事人的关系能给予后者一种安全感,使其可以从容地开放自己,甚至可以正视自己过去曾否定的经验,然后把那些经验融合于已经转变了的自己,进而做出统合”(Rogers,1942)。这个定义中更多的以来访者为中心,从来访者的角度看待整个咨询的进程和结果。

布洛切(D.Blocher)则认为咨询旨在“帮助个人认识自己以及自己对环境中影响自己行为的因素的反应方式,帮助他确定其行为方式的个人意义,并设法为进一步的行动弄清楚目标和价值……同时咨询促进个人的效能和控制,做自己生活的主人”(D.Blocher,1987)。

林崇德则将心理咨询产生效果的首要条件归因为咨询师与来访者之间的一种人际关系。在透着信任、关怀和理解的关系气氛中,来访者可以安全地、无顾虑地进行自我探索,把平时有意识或无意识地掩盖着的自己的真实需要、动机和内心冲突表现出来,发掘出来。在整个向好的过程中,来访者并不是被动而改变的,而是主动探索、领悟,有较强的自我省察、强烈地改变的动力。咨询师会设法启动、支持、陪伴当事人的自我探索和自我新生的过程,并且在必要的时候给予提示、解释或指导,但事实上咨询师并不能代替来访者去做这些事情。

实际上我们应该有一种感受,那就是尽管看起来不同心理学流派的心理咨询师,他们看待咨询的个例的角度不一样,但是实际上也有一些共同点,比如“心理咨询是一种构建人际关系的过程”“心理咨询是运用相关的理论和方法,促使来访者认知、行为发生改变的过程”“心理咨询是助人的”。我们最终可以将心理咨询的内涵理解为:助人者(心理咨询师等)运用心理咨询技术,帮助来访者发现自己的问题根源,挖掘来访者自身渴望解决问题的动力和能够解决问题潜在的能力,并改善其原有认知结构和行为模式,从而更好地适应当下环境,促进其全面发展及开发潜能。

知识科普2-2

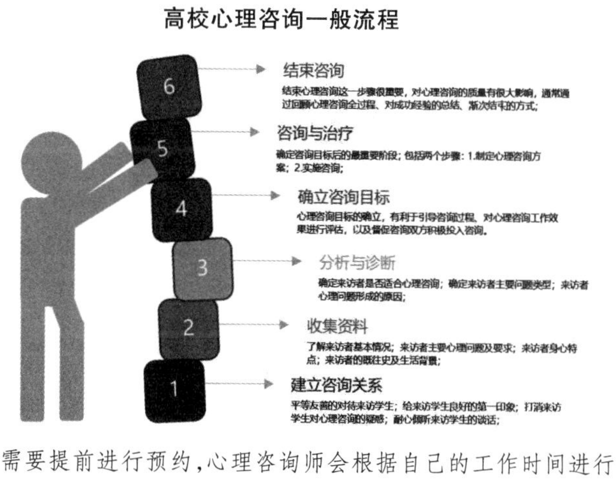

原则上心理咨询需要提前进行预约,心理咨询师会根据自己的工作时间进行预约安排,许多来访者比较疑惑的就是是否每次都会由新的咨询师接待自己,实际上由于建立咨询关系和收集资料都是十分不容易的,所以除特殊情况下,如来访者提出“更换心理咨询师”或“咨询师离开工作岗位”,则由首次负责的咨询师进行持续工作。

值得注意的是，心理咨询和心理治疗是两个经常被混淆的概念。两者可以被看作是同一个服务过程的不同阶段，可以同时交替使用，但是仍然存在一些不同。一是服务对象和任务不同。心理咨询的服务对象是正常人，涉及一些生活日常的问题，来访者主要表现为对某些事物的疑惑和不适，程度较轻。心理咨询的任务主要是促进来访者的成长和发展，为其正常的发展进程消除心理困惑。而心理治疗的服务对象则是存在心理异常的病人，其表现为心理障碍和疾病，程度较为严重，心理治疗的目的是为了弥补病人已经受到的损害，更多的治疗目的是为了缓解痛苦，而不是消除。二是解决问题的层次不同。心理咨询涉及关于就业、学习、工作、生活、人际交往等多个方面的问题，通过改善来访者的认知，使其能够正确的面对现实。而心理治疗则涉及内在的人格问题，更多地与无意识层面打交道。

表2-1　心理咨询与心理治疗对比表格

	心理咨询	心理治疗
服务人员	(1)咨询师(counselor)；(2)临床心理学家；(3)社会工作者。	(1)精神科医生；(2)临床心理学家。
服务对象	在适应和发展上发生困难的正常人。	(1)(康复期的)精神病人；(2)神经症病人；(3)人格障碍者或品行障碍者；(4)遭受心理创伤的人。
服务目标	消除或缓解心理困扰，学习新的应对方式，提高社会和环境适应能力。	消除或缓解精神症状和心理痛苦，促进心理康复和人格成熟。
服务特征	发展性、教育性、指导性和支持性。	治疗性，可以单独或与药物治疗结合。
服务时间	通常为短程服务。	短程和长程服务。
服务内容	心理和行为的评估、心理健康教育、心理健康相关的辅导和咨询。	对严重心理和行为问题的评估、教育、咨询和矫正，以及对精神障碍的评估和心理治疗。
提供机构	机关、企事业单位、福利组织的心理健康服务机构等。	医疗机构。

活学活用2-1

李某某同学是大二的学生，前一段时间李某某的男朋友提出分手，李某某因此一直闷闷不乐，情绪低落。最近同学们发现李某某的行为有些异常，不参加集体活动，经常一个人在宿舍待着、发呆，晚上翻来覆去地睡不着。

1. 请问如果你了解到李某某同学的情况，你会如何处理呢？

2. 请问李某某同学的情况你认为心理咨询或心理治疗哪种更适合她呢？为什么呢？

二、心理咨询的功能

关于心理咨询能起到什么作用也是大家很关心的。总的来说,专业的心理咨询的作用主要体现在它对个体的人格塑造、潜能开发以及促进全面发展上。具体而言,心理咨询有以下几个方面的功能:

1.有助于来访者情绪宣泄

心理问题的最终产生,在一定程度上是因为负面情绪不断累积的结果,因此及时的排除负面情绪,可以缓解严重心理问题的产生。咨询中,咨询师通过为来访者提供一个安全自由的环境,鼓励其正视自己想要变好的期待,尝试宣泄自己压抑的情绪,从而帮其辨明问题根源及协商解决问题的对策,改善当下的情绪状态。

2.有助于来访者有效面对现实

人们通过认知和实践活动将客观世界与内部世界连接起来。但是当人们面对真实生活困境时却容易根据自己内心的需求而希望外部世界改变,由于采取了不成熟的方式应对,导致长期无法适应当下环境,进而产生各类心理困扰。所以在心理咨询中,咨询师会陪伴来访者学会积极地面对生活和现实,接纳当下的自我,帮助来访者认识和评估当下内部的冲突,提高积极有效应对挫折的能力和重建良好心态的信心。

3.有助于来访者有效应对现实

很多心理问题的产生源于来访者对自我的不理解、不接纳。伴随着心理咨询中与咨询师建立稳定的工作联盟后,来访者可以更清晰地认识自己的需要、价值观、态度、动机、个性特征等等。同时根据自己的特点进行人际交往、自我发展的合理设计,获得更为丰富的人生体验和幸福快乐的积极成长。

4.有助于来访者构建合理的行为模式

受到不合理行为模式的困扰的来访者,若是想要改善自己的现状,就需要建立新的、合理的行为模式,而通过心理咨询获得咨询师的协助则是一个更直接的方式。解决心理问题的关键,不在于来访者能否控制自己的思想和欲望,而在于来访者是否具有合理的认知,以及发自内心想要改变的动机,进而能否将合理的思想和观念付诸行动。在建立新的行为模式时,仍然有可能会出现不能很顺利进行的时刻,在咨询师的陪伴下也能够在一定程度上促使和坚定来访者改变的心意。

三、心理咨询的基本原则

心理咨询师除了在专业的理论背景下使用专业的咨询技术开展工作,同时也是在伦理守则的监督下开展工作,这不仅是咨询双方建立和维系信赖关系的基础,又关乎心理咨询工作有效开展以及心理咨询工作的信誉。

知识科普2-3

《中国心理学会临床与咨询心理学工作伦理守则》(第二版)总则

善行:心理师的工作目的是使寻求专业服务者从其提供的专业服务中获益。心理师应保障寻求专业服务者的权利,努力使其得到适当的服务并避免伤害。

责任:心理师应保持其服务工作的专业水准,认清自己的专业、伦理及法律责任,维护专业信誉,并承担相应的社会责任。

诚信:心理师在工作中应做到诚实守信,在临床实践、研究及发表、教学工作以及各类媒体的宣传推广中保持真实性。

公正:心理师应公平、公正地对待专业相关的工作及人员,采取谨慎的态度防止自己潜在的偏见、能力局限、技术限制等导致的不适当行为。

尊重:心理师应尊重每位寻求专业服务者,尊重其隐私权、保密性和自我决定的权利。

(一)来访者利益优先原则

咨询师遵守专业伦理准则的根本目的是更希望更好地维护来访者的权益。所以如果你想要前往心理咨询室,也请你相信你的咨询师在"行为能否使当事人利益最大化"这个问题上,始终会将你的利益和成长放在第一位。

因此在咨询室可能会出现这样的情况,"咨询师在评估来访者目前已经达到了咨询目标,或是来访者已经不能在咨询中获益,而提出终止咨访关系",这个并不是咨询师对关系的破坏,相反是为了来访者更好地成长,当咨询已经无法给予更多时,停止咨访关系,培养来访者的自主性,促进来访者的自我探索和成长,最终达到"助人自助"的终极目标。所以有一天你的咨询师告诉你,我们可以先暂停咨询了,那么恭喜你,至少在你寻求帮助的问题上你已经成长得非常不错了。

也希望正在阅读的你能够了解到,咨询师所做出的每一个选择和行为也是基于"来访者利益最大化"的基础去选择的,可能不仅仅局限于我们上文谈到的"关系中止",包括更多的两难问题中,具有职业伦理道德的咨询师都将优先考虑来访者的利益。

(二)陌生咨询原则

关于来访者和咨询师的关系,应该是很多人比较感兴趣的。其实咨询师-来访者的关系是一种独特的人际帮助关系。通过这种关系可以使来访者成长和改变。而作为这种关系的主导者,心理咨询伦理守则也明确提出咨询师应该明确专业关系的界限,自觉维护咨询关系的纯洁性,避免与来访者发生双重关系。双重关系和多重关系(dual and multiple relationships)是指咨询师与来访者之间既是咨询关系,同时或相继存在另一种(或几种)关系,诸如上下级、师生或生意关系等。从另外一个角度来说,也是基于对来访者的保护而出发设定的陌生咨询原则。

双重关系虽然不总是,但的确常常是有害的。当处于双重身份时,对咨访关系的损害首先是由于角色冲突。每一种社会角色都规定着相对应的角色期待和义务,当来访者因为除咨询师以外的身份而产生期待,致使对双方关系定位出现不清晰的情况,这不仅会使来访者对自己感到迷茫,也会使咨询师在开展咨询工作时,混淆问题,失去客观性,最终导致咨访效果受到影响,甚至导致咨访关系破裂,来访者受到伤害等。

因此,这也是为什么心理咨询师不能与自己的亲朋好友建立咨访关系的重要原因。

（三）保密原则

“我去和咨询师谈论的内容是否是保密的?”,相信这个问题是很多同学非常关心或者是感到担心的问题。在心理咨询中来访者要透露大量的个人信息,因此对来访者的有关资料保密不仅是咨询师的伦理原则,也牵扯到来访者对咨询师的信任,进而影响咨询效果。例如在公开场合谈论个案,泄露来访者信息,这不仅会失去来访者的信任,也对咨询关系造成严重并且常常是不可挽回的损害。然而,对于来访者资料保密并不是绝对保密的,在某些情况下为了心理咨询的学科发展,或者是为了来访者的最大利益,或是为了他人或公众的利益,得到了当事人书面许可,允许咨询师公开来访者的个人信息。依照法律和伦理准则,有以下几种情况属于保密例外范畴:

1.进行本专业的科学研究、教学中使用(包括演讲和著述)当事人的资料。在这样做时,必须确认交流是在纯专业情景下进行,并且“应适当隐去那些会据以辨认出服务对象的信息”(《中国心理学会临床与咨询心理学工作伦理守则》,第2章第6条)。

2.为了来访者的利益,需要与其他咨询师或者专家会商(consultation),或接受督导,有时也包括与来访者的父母或配偶交换意见,其中涉及透露当事人的有关信息,例如在高校中通常由辅导员来负责学生在校各类情况,咨询师评估有需要的情况下,可以向辅导员提出个别建议以及配合治疗的措施等。

3.咨询师在咨询过程中意识到来访者本人的生命安全受到威胁。例如来访者说他打算结束自己的生命。在这个情况下咨询师除稳定来访者情绪外,因为无法随时随地确认来访者的安全情况,咨询师是需要迅速通知到来访者家人、监护人或有关机构,同时做好个案记录。

4.来访者有明确意图伤害他人,或危害社会安全。此类情况下咨询师必须打破保密原则,以保护有关人员或社会公众利益为先。例如,社会心理服务工作人员深入社区了解到某重性精神疾病患者因病情复发,在与心理服务工作人员谈话中透露对小区某某居民有严重敌意倾向,并自述有计划要去“报复”,在这种情况下则有必要及时告知所有具有风险的人员,并且及时地进行就医建议及处理,提前预防来访者对他人造成伤害的风险。

5.儿童来访者在接受咨询的过程中透露被虐待、遗弃,或成年来访者自己袒露存在虐待、遗弃子女的行为。根据《中华人民共和国未成年人权益保护法》(2006)第二章第十条,是需要及时报告相关负责组织的。

活学活用2-2

突破保密例外时,你希望咨询师和你探讨沟通该问题吗?

(四)自愿原则

到心理咨询室求询的来访者必须出于完全自愿,这是确立咨访关系的先决条件。所以在心理咨询中也称之为"来者不拒,去者不追"。并没有哪一位咨询师可以打包票说自己的咨询工作个案百分百不会出现脱落,因为除了心理咨询师的专业程度等,还有一个影响咨访关系存续很重要的因素就是来访者的动力如何,如果没有咨询愿望和要求的人,被强制要求前往心理咨询室,即使在咨询室内也是不愿意配合和无法改善的,那么无论咨询师的技术多么高超,咨询效果都甚微。所以直到来访者因为自己困扰的问题达到一种主动希望寻求改变时,才会积极针对问题进行求助。

"来者不拒",指的是对前来咨询的来访者应该一视同仁,积极提供可能的帮助;"去者不追",指在咨询服务过程中,来访者突然不愿意继续维持心理咨询,咨询师也不会勉强来访者继续进行咨询服务过程,即使认为来访者目前仍然需要一段时间的持续成长,在告知自己的专业意见后由来访者进行自主选择,心理咨询师要尊重来访者的所做决定。

(五)价值中立原则

咨询师在咨询的过程中应该始终保持中立,确保客观和公正,不以道德的标准和私人的关系影响咨询,对来访者给予无条件的积极关注,尽力帮助每位来访者,澄清当下所遇到的客观环境,最终走出困境。并且每个人的人生经历造就了不一样的人生价值观,甚至会出现有一些咨询师的价值观和来访者价值观对立,但在咨询中都不能将自己的价值观强加于来访者身上。最常见的一个来访者提问就是"你觉得我应该如何选择呢?",十分急迫希望知道的"谁可以帮我选一选?"

而心理咨询师在这个时候,要更加注重了解来访者的选项,帮助来访者了解清楚每一个选项背后对于来访者的意义和价值,或是选择后需要承担的后果或付出的辛苦,最终选择的结果并不是由咨询师进行选择,而是把选择权交给来访者。让来访者选择自己认为最能接受的结果以及最适合自己的道路。来访者无论选择什么,咨询师都会在你的身边陪伴和支持你,尊重你的每一个选择。

(六)助人自助原则

心理咨询最高的境界就是"助人自助",授人以鱼不如授人以渔。心理咨询如上述所说大家会有一种感受,那就是心理咨询师好像"没有很实质地帮来访者直接解决问题",而是通过双方互动和引导,让来访者走出困境,找到改善困境的方法,自我调节认知,实现身心成长,挖掘个人潜能,达到人格完善。因此表面上看起来是来访者"学习"的过程,其实何尝不是咨询师"助人自助"的达成呢?

案例

谁替我做主

来访者：老师，我和我女朋友相处时，总是觉得十分的压抑和痛苦。她不能理解我的心情还总是误解我，不相信我。但是我又说不过她，所以感觉到很委屈，不知道我自己是不是被PUA了，但是我去年做手术在外地，也是她一直守在我身边照顾我，所以我又觉得她是十分爱我的，而且对我这么好，一想到这里我又觉得下不了分手的决心，我今天预约心理咨询就是想跟您说说我们的情况，然后您看能帮我拿个主意看看还有没有必要继续下去这段关系呢？

咨询师：听起来你已经为此纠结了一段时间了，希望自己可以摆脱这个情绪。但是这段感情是你和她两个人的事情，你的人生是你自己的人生，我想我可以在这里陪你一起去探索，帮助你了解自己内心的需要，了解和女友间发生了什么，你们之间彼此感觉到有阻碍的东西去洞见它，那么我相信你可以为自己找到一个最合适的选择。

来访者：老师，所以你不能帮我做选择吗，你看我都这样痛苦了，我实在无法自己做决定，我实在是太纠结了。

咨询师：听起来你有一些失望，有时候我们自己拿不定主意的时候我们希望有人可以来帮我们选择，但是就像我们前面所说，你的人生是你的人生和生活，没有人可以帮你去选择，因为所有的选择都需要你去承担结果，所以我为你做任何的选择都是不负责任的。这也阻碍了你自己的成长的可能性，我虽然不能帮你做任何的选择，但是我愿意陪伴你成长和探索，直到你愿意或者是能够有能力为自己做选择为止。你看这样可以吗？

第二节　警察院校学生心理咨询

大学生心理咨询一直是高校学生心理健康教育工作中的重点工作，近年来随着国家对公民心理健康服务工作体系的建设，教育部根据22部委联合印发的《关于加强心理健康服务的指导意见》的工作要求，印发了《高等学校学生心理健康教育指导纲要》，对在高校开展学生心理咨询，加强心理咨询服务提出了指导意见，高校逐渐完善了心理咨询室设置及心理咨询专职人员的配备，对于解决当下大学生心理矛盾冲突，提高心理素质及促进大学生健康成长提供了基础保障。

一、心理咨询的特点

根据上述章节对心理咨询的定义及原则的阐述，心理咨询作为一种在心理学有关理论指导下开展的活动，既是构建一种特殊的人际关系的过程，又是一个专业化助人自助的过程，从咨询的关系、从业人员、效果来看，一般具有三个特点。

（一）心理咨询的人际关系特点

1.咨访关系的建立和发展是以来访者迫切需要得到帮助、主动来访为前提的。

2.咨访关系是在特定地点和时间内建立的具有隐蔽性和保密性的特殊关系。

3.咨访关系是一种咨询联盟，它能给予来访者心灵上的震动，使他获得自我的重新认识与调适。

4.咨访关系由于没有一般人际关系所具有的利害冲突与日常瓜葛，没有那些陈旧的社会交互作用，因而这种关系是强有力的，也是非常有效的。

（二）心理咨询的专家化特点

心理咨询是以会谈的形式进行的，要求咨询师应用心理学的有关知识和技术来分析来访者的心理问题，提供心理学的帮助。可以说，心理咨询是一系列心理的活动过程。这里面包含了咨询师对来访者的同情与关注，包含着咨询师对来访者问题的分析与评估，也包含着咨询师应用各种心理咨询的理论和技术，如合理情绪、心理分析、行为矫正、当事人中心等方法来帮助来访者。所以咨询师必须是经过专业训练的。

（三）心理咨询的助人特点

心理咨询帮助人分析内心的心理矛盾冲突，探讨影响其情绪和行为的原因，协助他们自我改变。咨询中，对人们进行的帮助包括确立目标、提出解决的方案与措施、协助来访者的认识和行动的改变等。

二、心理咨询的内容与类型

（一）警察院校学生常见心理困扰

胡博闻在“公安院校大学生心理健康状况问题研究”一文中谈到，警察院校学生自进校以来，由于生活环境的转变和高标准、严要求的警务化管理，面临着适应新的学习生活、人际关系、情感就业等心理问题。

1.环境突然改变造成心理冲突

警察院校大学生从高中来到大学，面对着警务化管理的高标准和严要求，学习方式和生活作息的变化，在自我定位、人际交往、生活环境等方面都面临着全方位的调整适应。同时，由于部分大学生存在着过度依赖父母的现象，以至于适应环境的能力和自我调整能力较差，导致出现面对新环境“水土不服”的许多心理问题，具体表现为对未来生活的迷茫、对三点一线规律作息的厌倦、对挫折的焦虑郁闷。“00”后大学生由于多是独生子女，从小生活条件较好，集全家宠爱于一身，面对突如其来的集体生活，难以完成角色的转变，从而引发不良情绪。

2.人际交往不顺导致不良情绪

警察院校不同于其他高校，警察院校的环境更接近于一个小社会，面对性格各异的同学，习惯了高中象牙塔式生活的学生难以迅速适应与各种类型的人交往。复杂多变的人际关系和多种多样的社团环境会让学生质疑自己的习惯，从而与身边人产生心理隔阂。当同学们总以惯性思维思考如何处理人际关系时，便会产生偏执压抑等不良情绪，渐渐演变为孤独抑郁等更为严重的心理问题。

3.学习就业压力引发焦虑心理

警察院校对学生的学习要求与其他普通高校一样严格，因而也存在有些学生不重视日常学习、对考试不及格也不以为然等现象，加之多门课程不及格将面临无法取得学位的规定，这在一定程度上给平时不重视学习的学生造成了一定的焦虑心理。根据调查结果显示，59.18%的大学生因为学业问题担忧。还有许多学生仍采用高中固有方法学习大学课程，期末突击学习往往事倍功半。学业受挫导致学生焦虑紧张的心理加剧，与周围人的攀比更容易引发自卑心理。与此同时，全国院校统一联考制度的改革导致不同省市岗位的参差不齐引发岗位竞争激烈，给高年级学生造成了较大心理压力，容易引发焦虑心理。

（二）心理咨询的类型

1.按咨询目的划分，可分为发展性咨询与障碍性咨询

发展性咨询侧重于心理发展任务，强调促进人的心理成长；障碍性咨询则侧重于心理障碍层面的矫正治疗，以消除或减缓心理障碍为目标。障碍性咨询则重点解决的是已发展为心理障碍的问题。发展性咨询重视发展过程中可能出现的障碍问题的早期发现和预防，更多地强调防患于未然。障碍性咨询主要使用了矫正治疗性的方法，具有比较浓厚的医疗色彩。

2.按咨询数量分类，可分为个体咨询和团体咨询

个体咨询和团体咨询是心理咨询的两大支柱。两者各具独特的功能，为不同需要的人在不同的情况和层面上提供帮助。个体咨询（individual counseling）是指咨询者与来访者一对一地进行的心理咨询方式。在这种形式下，针对来访者的个性和特点及问题类型有针对性地进行指导。

而团体咨询（group counseling），也称为团体心理咨询，是在团体情境下进行的一种心理咨询形式。人类的生活方式离不开团体，在日常生活中每个人随时都要与各种人打交道，团体咨询帮助团体成员在共同的活动中促进彼此交往、相互作用，并由此产生了一系列诸如人际交往、暗示、模仿、社会知觉等社会心理现象，使成员们在团体中进行互动，探索自我，尝试改变行为，学习新的行为，改善人际关系，解决现实生活中的具体问题。总的来说，在关系中出现的问题，也需要在关系中成长和解决。

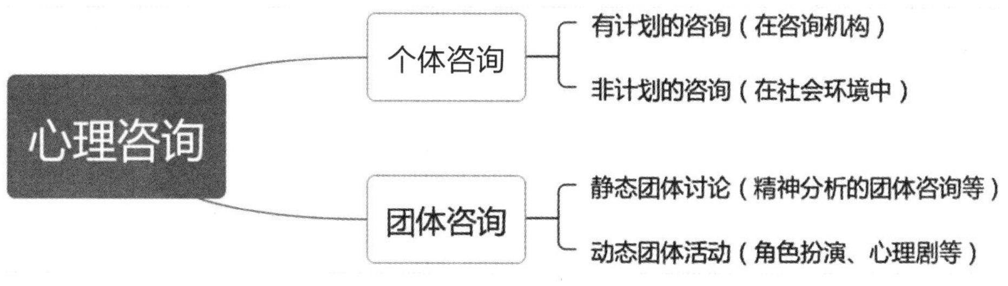

图2-1　心理咨询的主要形式

3.按咨询途径划分，可分为面对面咨询、电话咨询及网络咨询

面对面心理咨询是最常见的、最主要的、最有效的形式。其好处在于，针对性强，咨询师与来访者在咨询室内能更好地建立咨询工作联盟，对来访者的具体问题提供更有针对性的服务。咨询中，咨询师不仅可以通过面谈内容，还可以通过关注来访的表情、动作协助判断来访的心理问题。

电话咨询是咨询师通过电话给来访者提供劝慰和帮助的一种较方便、迅速的咨询形式，电话咨询在防止由于心理危机而酝酿的自杀与犯罪方面起到了良好的作用。尤其是自2020年新冠肺炎疫情发生以来，疫情居家管理期间，面对面心理咨询受到了一定的限

制，于是线上咨询也开始逐渐发展及规范起来，如由多个专业学校或医院开放的“启明星热线”等。但由于通话时间及电话传递的信息有限，因而要求咨询师具有反应敏捷，能够给求助者以信任感，能够控制局面等较高的职业素养。

心理服务热线推荐表

直辖市(4个)					
序号	所在地	热线名称	热线号码	热线工作时间	依托机构
1	北京	北京市心理援助热线	800-8101117（座机用户拨打）	24小时	北京心理危机研究与干预中心
2			010-82951332（手机用户拨打）		
3		清华心理幸福公益热线	4000-100-525	10:00-22:00	清华大学心理学系
4		中国科学院大学-启明灯	400-652-5580	24小时	中国科学院大学心理健康教育中心
5		晨帆心理热线（2017年前为华夏心理热线）	010-8646 0770	9:00-20:00	北京妇联、北京晨帆心理咨询中心
6		抗击疫情“安心”行动网络心理援助热线	支付宝搜索“抗击疫情心理援助平台”进入	24小时	中国心理学会、中科院心理所、支付宝公益基金会、阿里健康
7		红枫热线（红枫妇女热线或红枫心理热线）	400-9933200（疫情期间） 010-6833 3388 640-73800 640-33383	疫情期间热线每天9:00-21:00 其他热线周一至周五9:00-20:00	北京红枫妇女心理咨询服务中心、北京祖彩心理咨询服务
8	上海	上海市心理援助热线	021-12320-5	8:00-22:00 周二、四、六，全天24小时	上海市精神卫生中心
9	重庆	重庆市12320心理援助热线	023-12320-1 67995995（24小时）	24小时	重庆市精神卫生中心
10	天津	天津市心理援助热线	022-8818 8858	24小时	天津市安定医院

省市（36个）					
序号	所在地	热线名称	热线号码	热线工作时间	依托机构
11	安徽	安徽省心理危机干预热线	0551-6366 6903	24 小时	安徽省卫健委、合肥市第四人民医院（安徽省精神卫生中心）
12	福建	福建省心理援助热线	0591-8566 6661	24 小时	福建省福州神经精神病防治院
13	福建	厦门市心理援助热线	0592-539 5159	24 小时	厦门市仙岳医院
14	福建	泉州市心理援助热线	0595-2755 0809 181 5952 6768	24 小时	泉州市第三医院
15	甘肃	兰州市心理援助热线	0931-463 8858	8 : 00-22 : 00	兰州市第三人民医院
16	甘肃	天水市心理援助热线	0938-822 1199 0931-12320-5-2	24 小时	天水市第三人民医院
17	广东	春风心理热线	4006-333-858	9 : 00-21 : 00	深圳市春风应急干预服务中心
18	广东	广州市心理危机干预热线	020-8189 9120	24 小时	广州医科大学附属脑科医院
19	广东	佛山市心理援助热线	0757-8266 7888	24 小时	佛山市第三人民医院
20	河北	河北省心理援助热线	0312-96312	8:00-17:30	河北省精神卫生中心
21	河南	河南省心理援助热线	0373-709 5888	24 小时	河南省精神卫生中心
22	河南	奇才心理热线（疫情期间升级为："新冠病毒心理支持热线"，疫情结束后恢复奇才心理热线）	0371-8616 9595（白班） 0371-2299 3442（晚班）	9 : 00-12:00 14: 00-18:00 （白班） 19: 00-23 : 00 （晚班）	奇才心理（郑州雨奇心理咨询有限公司）、中国心理学会临床心理学注册工作委员会督导项目点（疫情期间参与）、河南省心理学会（疫情期间参与）

23	黑龙江	大庆市心理援助热线	0459-12320	24 小时	大庆市第三医院
24		哈尔滨市心理援助热线	0451-8248 0130	24 小时	哈尔滨市第一专科医院
25	湖南	湖南省公安民警战时心理服务热线	0731-8459 0192	8:30-12:00 14:30-17:30 18:30-21:30	湖南省公安厅政治部
26		常德市心理援助热线	0736-7870909	24小时	常德市精神卫生中心、常德市心理医院
27	吉林	长春市心理援助热线	0431-8968 5000 0431-8968 5333 0431-8270 8315 0431-12320-6	24 小时	长春市第六医院
28		吉林松花江防控疫情心理关爱热线	0432—6326 5666	9 : 00—21: 00	吉林市心理学会
29	江苏	陶老师热线	025-96111	24 小时	南京市教育局、南京 晓庄学院
30		江苏省心理危机干预热线、南京危机干预中心	025-8371 2977 025-12320-5	24 小时	南京脑科医院（江苏省精神卫生中心）
31	江西	九江市心理援助热线	0792-8338111	24小时	九江市第五人民医院
32	辽宁	大连市心理援助热线	041-8468 9595	24 小时	大连市第七人民医院
33		辽宁省心理咨询师协会心理援助热线	024-6799 9958	9:00-17:00（工作日）	辽宁省心理咨询师协会
34	青海	青海省心理援助热线	0971-8140371	24小时	青海省第三人民医院心理科
35	山东	潍坊医学院心理援助热线	0536-260 2333	9:00-17:00（工作日）	潍坊医学院心理学系，潍坊医学院附属医院临床心理科

36	山西	山西省心理援助热线	0351-872 6199	24 小时	太原市精神病医院
37		山西精卫心理援助热线	0351-8726199	周一至周五 8:00-12:00、14:30-17:30	山西省精神卫生中心
38	陕西	西安市心理援助热线	029-63609257	10:00-18:00、20:00-24:00	西安市精神卫生中心
39	云南	昆明市心理援助热线	0871-5011111	24小时	昆明市心理危机研究与干预中心
40	四川	成都市心理热线	028-8757 7510 028-96008	24 小时	成都市第四人民医院
41	海南	海南省心理援助热线	96363	8:00-17:30	海南省安宁医院
42	湖北省	武汉市心理援助热线	027-85844666	8:00-12:00、14:00-17:00	武汉市精神卫生中心
43	浙江	杭州市心理危机干预热线	0571-85029595	24小时	杭州市第七人民医院
自治区(4个)					
序号	**所在地**	**热线名称**	**热线号码**	**热线工作时间**	依托机构
44	广西	南宁心理援助热线	0771-3290 001	8:00-22:00	南宁市第五人民医院
45	内蒙古	内蒙古自治区 12320-5 心理援助热线	0471-12320-5	24 小时	内蒙古自治区精神卫生中心
46	宁夏	宁夏心理援助热线	0951-2160707	13:00-23:00	宁夏宁安医院
47	新疆	新疆石河子市心理援助热线	12345转心理援助热线09932851261	10:30-13:30、15:30-19:00	新疆石河子绿洲医院

上述热线均为中国心理热线服务调查项目组经过为期三个月的调研并组织专家组进行评审后，筛选出的19条有效可信、服务质量较高的心理热线，以及国家心理健康和精神卫生防治中心统计的部分专业热线。

网络咨询则是随着互联网技术的发展而逐渐兴起的一种新型咨询方式。对于那些由于个人身体条件、地域环境的限制不能直接且方便地寻求心理咨询的人，网络咨询显示出得天独厚的优势，可以通过视频全面地展示出来访者的面部表情及动作，但是网络心理咨询也和电话咨询一样有其不足，存在诸如受到信号、咨询关系建立困难，信息交流不充分引起误会等问题。但在实际生活中，如疫情居家隔离期间或是咨询师与来访者相隔两地时,网络咨询又是一个可以很好地实现沟通的方式。如2015年8月,天津港瑞海公司危险化学品仓库"8·12"爆炸事故发生后,除全力救治伤员外,国家同时扩大心理危机干预覆盖面,组建了心理危机干预队伍,对伤者进行心理危机筛查和跟踪随访干预工作,并根据实际情况逐步扩大覆盖面,同时发挥心理热线作用,设置固定心理咨询点,为公众提供及时的心理健康咨询服务。部分远在外地的专业咨询师,则通过视频的方式开展线上团体咨询,为经历了创伤事件的人们及时提供咨询服务。

三、心理咨询的意义

警察院校学生未来都将投身于国家的政法工作,如何在大学阶段培养出适应新时代需求、具有较高素质的未来人民警察是每个警察院校都在思考的问题。警察是高风险、高压力、超负荷的特殊职业。作为预备警官,警察院校的学生必须具备良好的心理素质,才能适应警察院校紧张的生活,并为以后所从事的职业做好准备。总的来说警察院校学生心理咨询的意义主要有以下几个方面:

(一)促进警察院校学生养成良好的职业心理素质

警察的职业,具有高压力性、高危险性、高应激性和高对抗性的特点。为维护社会稳定、打击犯罪,警察始终战斗在同各种违法犯罪活动进行斗争的最前沿,工作当中经常会遇到各种意想不到的人或者事件,随时可能面对受伤和流血甚至生死考验。尤其近年来,随着社会治安形势的变化,新冠肺炎疫情的反复,为公民提供社会服务的要求大量增加,警察的工作任务也愈加繁重。同时,公安机关内部实行了任职资格考试、竞争上岗、岗位考核、末位调整等各种激励机制,一系列改革措施在激发工作积极积极性、增强队伍战斗力的过程中,也大大增加了警察的个人压力和职业危机感。除此以外,一些非警务活动的因素,如社会认知偏见、社会舆论、群众误解、情感压力、家庭因素等等,都有可能影响到警察的心理健康。而警察的职业特殊性,使其具备过硬的心理素质和良好心理状态的重要性和必要性愈加凸显。

心理咨询则能在每个人感觉到困惑的时刻,给来访者一个安全的、完全被接纳的空间,咨询师将陪伴来访者在困惑中成长,变成更"坚实"的自我,以更好地应对这些问题。

(二)提升警察院校学生应对职业压力的基本能力

身心健康,乃警魂之本。警察的心理健康状况,直接关系到社会治安的质量。日益复杂的执法环境和繁重的警务工作,使警察承受着比常人更大的压力,面临更多的身心挑战。警察队伍中因职业心理亚健康状态而导致的问题逐渐增多,如果不能较好地调适心理状态,长此以往就可能导致工作效率低下,容易出现"冷、硬、横"的情形,不仅影响工作正常开展,更影响了警察的公众形象。

同样是从事警察工作,有的人可以正确面对现实,及时调整心态,变压力为动力,而有的人则被压力压垮,出现各种心理问题,行为失当。在实际生活中,许多警察承受着各种压力,经历着各种考验,为社会稳定和人民幸福做出了无私的奉献。归根结底他们业绩的取得,很大一方面取决于他们过硬的心理素质。实践表明,过硬的职业心理素质和良好的精神状态是警察依法履行职责、完成工作任务的重要保证,也是警察保持身心健康的关键所在。

课堂互动

请问作为警察院校学生,你认为在职业心理素质培养上应该达到哪些目标?为什么?

能够正确认识自我,有积极的自我观念;

有坚强意志和控制能力,较强的心理应激能力;

能协调和控制情绪;

人格完整;

有良好的社会适应能力;

能建立和保持和谐的人际关系。

第三节　科学对待心理咨询

一、心理咨询常见误区

(一)心理咨询就是聊天吗?那和我找朋友倾诉有什么不同呢?

心理咨询≠聊天,从形式上来说,心理咨询和日常沟通似乎都是进行人与人之间对话的过程,但它们还是有比较大的区别。

首先,当我们在进行心理咨询时,来访者的个人经历、想法、情绪是会谈过程中的中心内容,除了在一些特殊的咨询情境中,咨询师需要扮演教育者与指导者的身份以外,咨询师通常会鼓励来访者积极、深入的表达自己的观点、态度和感受,而咨询师也会以专业的方式理解和共情来访者所遭遇的困境和痛苦。简单来说,在心理咨询中来访者是整个会谈的中心人物。而在日常社交里,我们和朋友之间的交流很难把握仅仅将其中一方作为会谈主体,甚至在大多数情况下,两个人很有可能都希望在对话中表达自己个人化的态度,并且其中一方还有可能以自己的经验提出并不适用于对方的建议或评价,这就有可能使其中需要被关注的人缺少了应有的关注,从而减少表达的欲望。

其次,在心理咨询中表达的阻碍会更小一些,由于咨询师和来访者之间维持着特殊的专业关系,我们在表达一些隐蔽的、不愿被他人知道的想法时的忧虑和担心会更小一些,而在这种情况下,我们才更有可能减少阻碍,真实地面对自己内心的想法,做一些"有质量"的倾诉。

而就心理咨询本身而言,它和朋友之间的抱怨和倾诉不同的是,心理咨询是一个自我内省和探索的过程。在心理咨询中,我们会有大量的时间表达自己的情绪和感受,但在咨询师的引导下,探索这些情绪和感受的来源,是远比抱怨和倾诉更重要的事情。咨询师会利用自己的专业知识,引导每一位来访者探索那些掩埋在心底、不愿意面对的内心感受，而挖掘这些内容，对一个人了解自己，摆脱困境是非常有帮助的。

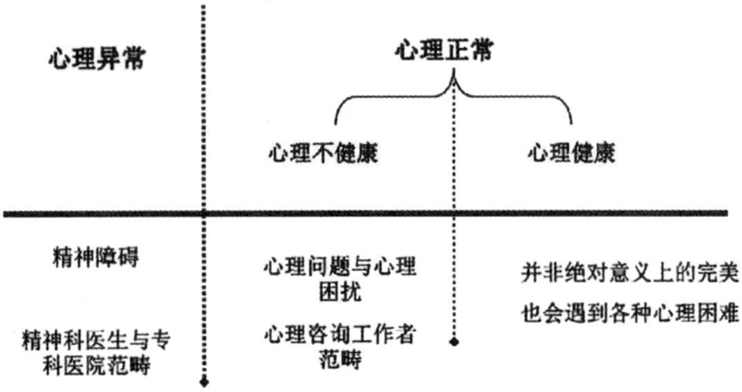

（二）是不是去看心理咨询就意味着自己有了精神疾病？

心理问题≠心理障碍。对于大部分不了解心理咨询的人来说，阻碍大家进入到心理咨询室最大的拦路虎就是——心理咨询的“污名化”。为了更好地理解以上问题，首先，我们需要区分两个概念：心理问题和心理障碍。在日常生活中，我们往往会混淆这两个概念，认为一个人有了心理问题，就是心理障碍（或是心理疾病），这成了许多人避讳和抗拒寻求专业的精神或心理帮助的原因。所谓心理问题是指所有正常人在日常生活中遇到一些生活事件后所产生的情绪波动或内心困惑，这是常见的心理状态，几乎每个人都会在各种感受到压力的情境下出现，如出现人际关系冲突、学业事业不顺、失恋、新环境适应等等；而心理障碍则是指当我们遇到这些问题感受到压力时，长时间没有处理，压力造成的身心反应负面结果过于严重，使我们难以适应或摆脱，严重影响或破坏我们日常行为和生活的身心反应现象。如果这些情绪和反应没有得到及时关注和处理，可能就会出现一系列的精神疾病，如抑郁症、焦虑症、双相情感障碍等等。

通过科普宣传让大众了解心理咨询，更多的是为解决心理问题提供专业帮助，为我们解决困扰，排解不良情绪。当心理问题严重到对个人的生活和行为产生破坏性影响时，就需要医学诊断和药物治疗的介入。通常在这种情况下，心理咨询师会建议来访者去医院就诊，在医生的诊断和建议下服药，最大程度上控制病情，在病情稳定后辅助心理治疗，逐渐恢复健康。因此，并不意味着做心理咨询就是有精神疾病，恰恰相反，正是因为出现心理问题的人想要从其中摆脱，成为更好的自己，才更需要心理咨询的帮助。

（三）心理咨询一次就会有效果吗？

心理咨询≠一次见效。在心理咨询中，我们会区分短程咨询和长程咨询，但即便是最短程的咨询，也很难在一两次内就彻底解决一个人的心理问题。事实上，任何一段心理咨询都是一个复杂且波动的过程，每一段咨询开始前，咨询师和来访者都会制定一个或多个咨询目标，咨询过程也都是围绕着咨询目标而进行。实现目标的过程通常并不会一帆风顺，在这个过程中咨询师需要尽可能地了解来访者的信息和情况，理解来访者所处的现状和困境，并利用专业技能引导来访者走出困境，而来访者也需要打破自身阻碍，不断内省和尝试，在双方的努力下，才有可能做出改变。因此，不少人会感觉到在咨询过程中有些时刻很受启发，而有些时刻会感到迷茫，甚至停滞不前，这都是正常的现象。来访者如何将咨询中所得到的领悟应用于日常生活，不断练习和巩固，也是一门重要的功课。

（四）心理咨询师可以帮我选择？

心理咨询≠帮你选择。心理咨询中许多来访者最常问咨询师的一个问题，"我应该怎么办"或者"我应该怎么选"，而实际上在这个时候，来访者真的不知道该如何做选择吗？这个问题确实是经常困扰来访者的难题。

心理咨询师的工作是引导来访者看到自己的资源和优势，找到解决问题的办法，而不是直接给建议和答案。相比直接给建议，咨询师更重视的是与来访者共同协作，建立工作同盟，一起来探索和面对当下的困境，协商改变的方案。因为来访者眼前的困境与他一直以来的思维方式、行为模式有关，单单解决当下的问题并不能使来访者的问题得到"根治"，而在与咨询师共同工作的过程中，来访者能够完成从探索到领悟，知其然亦知其所以然，同时付诸行动，有效地解决问题，走出困境。

这样做也是保护咨访关系的一种有效方式。价值中立原则是心理咨询师需要遵循的重要原则之一。价值中立原则也可以称为价值中立的态度，或者是非批判性的观点、非指导性的原则等等。咨询师因为自己的人生阅历而拥有自己的价值观，而来访者和咨询师可能存在价值观、生活态度、生活方式等不一致的情况，我们可以感受一下当你坐在咨询室内你希望寻求帮助的时候，被灌输不同的价值观、生活方式等等，是什么样的感受呢？接纳来访者，不把自己的这些东西强加给来访者，不用自己的价值观改造来访者，不对来访者进行批评指责，也是开展心理咨询的基础。

（五）心理咨询会让我对咨询师产生依赖

心理咨询≠长期依赖。心理咨询的目标是"助人自助"，协助来访者自我觉察、自我照顾、自我成长，而不是让来访者依赖咨询师。如果来访者对心理咨询师产生了强烈的依赖心理，这往往意味着来访者对咨询师产生了比较明显的移情。这时候需要咨访双方更加真实、深入地表达内心的想法与感受，将移情反应转化为促进来访者领悟和改变的机遇，将"依赖"关系转化为积极的促进关系。

在这种关系中，咨询师成为帮助来访者探索自我的工具，成为来访者面对咨询室之外世界的支持力量，直到来访者有力量独立面对众多的生命议题。

二、科学把握咨询时机

（一）发展过程中出现心理困扰

就如心理咨询的定义所说，任何让我们感到困难，或是艰难的时刻；感到耻辱、无法解脱的时刻；感到自己好像失去了开心能力的时刻；觉得自己孤立无援，一个人站在世界中央的时刻；无法工作、甚至无法与他人交流的时刻；我们充满担心，又觉得自己的担心是如此荒谬的时刻；好像没人可以理解我们的时刻；对我们周围的人、我们的关系都失去了信心的时刻,等等。如果我们在自己的生活或者发展中遇到困扰,受到了打击,不妨试试心理咨询能不能帮你克服困难、战胜逆境。

或者用更简单的方式来说,当我们感觉自己被“困住了”,既不能面对,也没法逃脱的时候,也许我们就可以考虑一下“心理咨询能不能够帮到我”。

(二)心理疾病

由于家庭成长环境、成长经历、个人的性格特征以及处事方式、所面临的压力事件等因素的影响,有一部分大学生或因此出现心理疾病,如强迫症、焦虑症、贪食或厌食症、抑郁症,甚至精神分裂等精神障碍。这些病症给大学生造成了巨大的痛苦,影响学习和工作效率,影响情绪,影响大学生与其他人的关系,甚至个人的发展等。此时要有“早发现、早处理、早诊断、早康复”的态度,积极主动地寻求帮助,借助专业的力量诊治心理疾病。

三、积极寻求咨询帮助

心理咨询是一个沟通互动的过程。因此为了使这个过程更有效、受益更多,积极寻求心理咨询帮助时,我们可以做好如下准备:

(一)选择一家专业的咨询机构

对于大学生而言,学校的心理咨询中心应该是首选的咨询机构。从人员配备上来说,教育部规定:高校基本按照1:4000的要求配备齐全专职心理咨询师。各高校心理咨询中心的人员素质、设施设备、管理制度和咨询工作环境等条件要能满足大部分来访学生的心理咨询需求;从费用的角度来看,相比较于社会心理咨询机构的昂贵收费,学校里提供的咨询服务是免费的,是学校提供给在校学生的一种“福利”。

但部分同学存在一定的对心理咨询“污名化”的情况,不愿意在学校进行心理咨询服务,而希望在校外选择咨询机构进行咨询。所以,在选择社会心理咨询机构之前,一定要通过多种渠道了解提供服务的机构的执业资质以及服务水平。有过心理咨询经历的朋友都有这样的感受,如果能够遇到专业的人我们会获得许多的支持和成长,而遇到了非专业的人,作为来访者容易在咨询关系中受到二次创伤。因此,一般建议前往三甲医院心理科或心理专科医院接受社会心理咨询,不要随便选择不熟悉、不专业的心理咨询机构。

(二)选择一位适合你的咨询师

这里的适合并不仅仅是指擅长处理自己这一类问题的专业心理咨询师。心理咨询师和来访者是一个双向选择的过程,除了他的专业性,是否能顺利和来访者建立稳定关系也十分的重要。咨询的过程中一些小细节可以帮助你判断心理咨询师的专业性。专业的心理咨询师通常都会在开始时向你仔细告知心理咨询知情同意书中的相关规则,比如心理咨询的保密原则以及保密例外、来访者有随时退出咨询的权利和自由等;专业的咨询师也不会打包票,而是说“我会尽力的”“希望可以帮助到你”“最重要的是你自己的感觉、直觉,你的感受如何”,专业的心理咨询师往往在开展咨询时能够很好地抱持你,让你有温暖、信任的感觉。

（三）为心理咨询预留固定的时间

这对于成功的心理咨询非常重要，许多来访者总是认为自己状态好的时候不需要去咨询，状态不好的时候再紧急地前往咨询中心获取咨询服务。但实际上这只是一次应急的“灭火”，但却始终无法控制“起火点”，对于来访者处理自己的核心问题始终是无法保证咨询效果的。这种情况下的咨询会出现咨询目标不够清晰，咨询流程没有结构化等情况。心理咨询师没有就来访者的问题、性格特征、应对方式、情感体验等进行深入的探讨，这样的咨询往往无法取得好的效果，是无效咨询。通常心理咨询每周一次、一次50分钟左右。一般问题1～8次左右就可以基本解决，但涉及人格改变、心理障碍的治疗等问题时，所需时间则要长得多。因此，决定咨询前，必须做好时间安排，才能保证咨询效果。

（四）做好承受咨询和改变过程中的痛苦

其实当每一位来访者来到咨询室，这就已经是一个非常有勇气的决定了，这是每一位走进咨询室的来访者需要给自己的肯定，“我们不是因为脆弱而来到这里，我们是想要更好的生活，来到这里”，尽管所有来访者都是带着各种各样的困扰前来，但当我们想要去咨询的时候已经是很不错的第一步了。大部分来访者在初次来访时都没有意识到自己充满力量的那一面，而伴随着关系深入，相信大部分来访者也会在咨询师的陪伴下看到自己积极的那一面，从而更有信心去应对生活中的挑战。

不得不说的就是心理咨询的过程有时像一个揭开过去伤疤的过程，就像是外科手术，揭开伤疤不可避免地会疼痛、失血。这些痛苦在治疗的一定阶段，甚至会超过心理问题本身给来访者造成的痛苦。但是它也像是一个瓶颈，当你能和咨询师一起突破时，你的问题的解决就进入了高速发展阶段。无论在当时有多么的难受，请相信咨询师是无条件地支持和帮助你的，即使在短时间内我们难以突破或者是偶尔尝试但却遭遇挫折，但也请给自己多一些时间，从我们能做的一些改变开始。

◆课程实训

实训一：朋辈咨询师的锻炼

（一）任务简介

心理咨询是一种十分有效的心理疏导方式，但是很多大学生对于心理咨询还缺乏科学的了解和理性的认识，部分出现心理困扰的学生由于对心理咨询的污名化，导致不愿意前往心理咨询室进行心理咨询，为了打消这种顾虑，增进对心理咨询的了解，同学们不妨来尝试一下心理咨询的模仿活动吧，通过身临其境的预演，走进高校的心理咨询，了解心理咨询的过程！

（二）模仿案例

害怕进行拳击实战的小旭

小旭，男，某警察学院大二学生，大二时学校开设了“拳击实战”课程，在实战中小旭总是觉得很害怕，担心自己总是会被打败，因为自己身体素质没有班上其他男生那么好，担心自己的技术也达不到实战要求，但也不敢用劲儿打对方，担心影响到同学关系。多次在实战中不敢进攻，只知道抱头防守。但训练结束后，小旭又觉得自己很丢脸，技不如人，还不敢出手。后来有一次因为对战的同学失手打伤了小旭，重击之下，小旭一时接受不了产生冲动，为了挽回面子把学到的拳击基本技术和规则忘得一干二净，胡打、乱打，情绪不能控制。自此，小旭越来越不敢进行拳击实战，甚至多次逃课来避免与其他人进行拳击实战。最后，小旭在辅导员的建议下来到了心理咨询室。

（三）任务解析

活动形式为小组模拟演练，由专业心理咨询老师进行“咨询”前的相关指导。活动人员至少有5名同学和一名专业心理辅导老师。

（四）任务实施

1.一名同学充当心理咨询师，一名同学充当出现了心理问题的来访者，由心理咨询老师充当现场指导员，由至少三名学生充当观众评委。

2.由来访者主诉自己最近出现的心理问题，由学生充当的咨询师尝试进行提问、引导和回答。这种回答是非专业性的，但是由于来访者和咨询师都是学生，心理上容易有共通点，容易达成理解，可以像朋友一样进行交流。

3.心理咨询师随时发现问题，进行及时指导。通过旁听模拟对话，心理咨询老师也进一步了解了学生的心声。

4.现场旁听学生进行补充。

（五）任务小结

训练破除了大学生对心理咨询的神秘感，正确认识到心理咨询与心理健康的关系。大学生通过训练能够积极调适自己的不良心理因素影响，树立积极健康的心态，也能够对咨询的流程有更多的了解，对于破除对咨询的“污名化”有较好的帮助。同时，让更多的同学认识到“拳击实战”的另一面，即不仅仅是我们会遇到，谁都有可能会像“小旭”一样困惑。

实训二：好的倾听者

（一）了解倾听技能

在咨询的初期和中期，倾听是心理沟通、促成有效沟通的基本要求，倾听包括心理的专注和身体的专注。

1.身体的专注

身体的专注则是指在沟通的过程中，咨询师透过身体姿势传递出对来访者的专注，表现出有兴趣、愿意听，并做到耐心、全神贯注地听。在倾听的过程中咨询师的身体要面对来访者，身体放松，稍微倾向来访者，与来访者有一定的目光接触，还有关切诚恳的表情。此外，还要配以“嗯”“啊”“噢”等积极回应的语气词，表现出对来访者所谈及的问题及内容有认真的关注。

2.心理的关注

心理的关注则是指咨询师在倾听来访者谈及的内容时，不仅仅要听到来访者语言的内容，也要注意来访者的语音、语调的变化以及肢体语言，从而做出完整的判断。这要求咨询师深入到来访者的问题中去，悉心观察来访者的所言所行，注意来访者如何表达自己的困惑，以及他们如何谈论生活中所遇到的问题和看待问题的方式。

（二）任务介绍

通过练习，让同学们了解到什么是好的倾听，什么是不好的倾听，进而调整自己平时的倾听行为，同时让同学们理解倾听对交流的作用和意义。

（三）任务实施

1.两人一组，选择一个你感兴趣的话题（可以是你的兴趣爱好，也可以是你生活中感兴趣的话题，也可以是你生活中有意思的一段经历），和你的同伴讲3分钟。

2.讨论：

（1）你如何知道你的同伴是否在倾听？

（2）当你的同伴是好的或者是不好的倾听者时，你有什么感受？对方的表现对你的表达有什么影响？

（3）什么因素有碍于有效的倾听？

（四）任务小结

活动帮助大学生提高朋辈咨询中的倾听能力。

课后作业

1.“有心理问题就是有精神病”，请谈谈你对这句话的理解。

2.请简述心理咨询的基本原则。

第三章　警察院校学生心理困惑及异常心理

◆思维导图

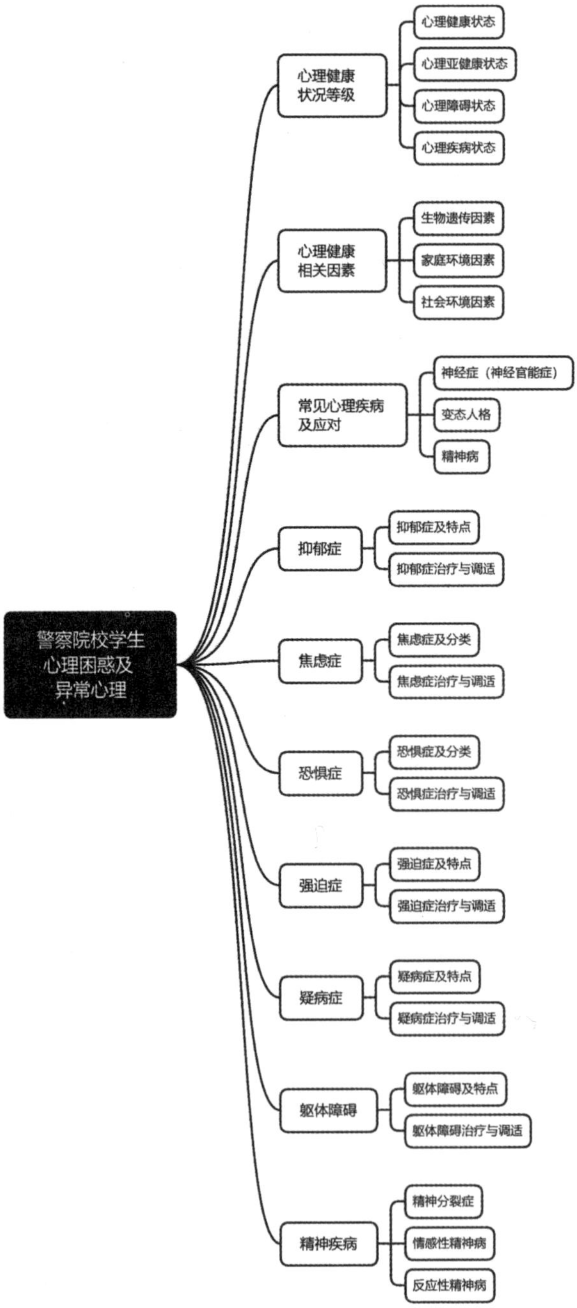

◆**课程思政**

习近平总书记指出："要健全社会心理服务体系和疏导机制、危机干预机制，塑造自尊自信、理性平和、亲善友爱的社会心态。"①健康个体心理是积极社会心态的重要构成部分，而由灾难引发的特定群体心理问题及其灾后恢复，一向受到心理学、社会学、医学、教育学等学科关注。抗击新冠肺炎疫情期间，习近平总书记高度重视群众心理健康和心理疏导问题，强调"加强心理干预和疏导，有针对性做好人文关怀"。②

◆**课前测量**

SDS抑郁自评量表，美国教育卫生部推荐用于精神药理学研究的量表之一。

填表注意事项：下面有20条题目，请仔细阅读每一条，每一条文字后有四个格，分别表示：

A：没有或很少时间（过去一周内，出现这类情况的日子不超过一天）；

B：小部分时间（过去一周内，有1～2天有过这类情况）；

C：相当多时间（过去一周内，3～4天有过这类情况）；

D：绝大部分或全部时间（过去一周内，有5～7天有过这类情况）；

SDS抑郁自评量表

说明：根据你最近一个星期的实际情况在适当的方格里面打勾选择。

问题	A没有或很少时间	B小部分时间	C相当多时间	D绝大部分或全部时间
1.我觉得闷闷不乐，情绪低沉	○	○	○	○
2.我觉得不安而平静不下来	○	○	○	○
3.我一阵阵地哭出来或是想哭	○	○	○	○
4.我晚上睡眠不好	○	○	○	○
5.我比平常容易激动	○	○	○	○
6.我认为如果我死了别人会生活得更好些	○	○	○	○
7.我发觉我的体重在下降	○	○	○	○
8.我有便秘的苦恼	○	○	○	○
9.我心跳比平时快	○	○	○	○
10.我无缘无故感到疲乏	○	○	○	○
11.我的头脑和平时一样清楚	○	○	○	○

①学习强国网站：VW001.032 习近平论精神文明建设工作（2019年）.https://www.xuexi.cn/ lgpage/detail/index.html.

②学习强国网站：习近平：在中央政治局常委会会议研究应对新型冠状病毒肺炎疫情工作时的讲话.https:// www.xuexi.cn/lgpage/detail/index.html.

问题	A没有或很少时间	B小部分时间	C相当多时间	D绝大部分或全部时间
12.我觉得经常做的事情并没有困难	○	○	○	○
13.我觉得一天之中早晨最好	○	○	○	○
14.我对将来抱有希望	○	○	○	○
15.我吃的和平时一样多	○	○	○	○
16.我觉得做出决定是容易的	○	○	○	○
17.我觉得自己是个有用的人,有人需要我	○	○	○	○
18.我的生活过得很有意思	○	○	○	○
19.我与异性接触时和以往一样感到愉快	○	○	○	○
20.平常感兴趣的事我仍然照样感兴趣	○	○	○	○

评分:总粗分、标准分(Y=总粗分×1.25后取整)

结果解释

1.标准分(中国常模)

(1)轻度抑郁:53—62;

(2)中度抑郁:63—72;

(3)重度抑郁:>72;

(4)分界值为53分;

2. SDS总粗分的正常上限为41分,分值越低状态越好。标准分为总粗分乘以1.25后所得的整数部分。我国以SDS标准分≥53为有抑郁症状。

警察院校大学生的心理健康是动态发展的过程,按照常规分法可以划分出正常和异常两种状态。在心理正常状态还可以继续细分为不同的等级。作为警察院校的大学生要学会区分这些状态和等级,不仅有利于认识和提高自身的心理健康素养,而且有利于帮助其他需要帮助的同学,并为将来在各种群众工作中发现当事人的异常情况,解决疑难问题提供有益的知识储备。

第一节　警察院校学生常见的心理困惑及异常心理

一、心理健康状态等级划分

心理健康状态是人在一个时间段内心理健康水平的一种真实动态反映。按照心理健康及疾病实际临床的标准衡量:一是自身体验即在一个时间段中(如一周、一月或一年)快乐的感觉大于痛苦的感觉;二是无异常行为发生即心理活动与周围环境相协调,不出现与周围环境格格不入的现象;三是社会功能良好即能胜任家庭和社会角色,能在一般社会环境下充分发挥自身能力利用现有条件(或创造条件)实现自我价值。按照这三条标准，人的心理健康状态可以分为四个等级：健康状态、不良状态、心理障碍、心理疾病。

第一等级是心理健康状态：感到较幸福，认为生活中快乐多于痛苦；能够发挥自己的能力，胜任承担的社会角色；感觉生活充实有价值；他人不认为异常。

第二等级是心理不良状态：或称为心理亚健康状态。感受生活常不如意，经常觉得不顺心；自觉劳累、无聊、忙碌无价值；情绪不稳；能自己觉察，可以自我调整好。这是由个人心理素质（如过于自恋、高傲、孤僻、敏感多疑等）、生活事件（如工作压力大、求职失败、情感受挫等）、身体不良状况（如身体疾病、长期过于劳累等）等因素引发。其特点是：时间短，此状态持续时间较短，一般在一周以内能得到缓解；危害小，处于此类状态的人一般都能完成日常工作学习和生活，只是感觉到的愉快感小于痛苦感，“很累”“没劲”“不高兴”是他们常说的词汇；能自己调整，此状态者大部分通过自我调整如旅游、聊天、钓鱼、爬山、唱歌等放松方式能使自己的心理状态得到改善。

第三等级是心理障碍状态：是因为个体生理、家庭、社会因素中的不良刺激影响导致个体心理出现偏离常态的某方面障碍的心理异常现象，是心理活动中出现的轻度创伤。具有不协调性（与环境、年龄、行为）、针对性（障碍对象的特定）、损害较大（对个体的社会功能影响较大）、有自知性、需要求助于心理专业人员。如社交恐惧症、广场恐惧症、洁癖、纵火癖等。它的特点是：(1)不协调性。其心理活动的外在表现与其生理年龄不相称或反应方式与常人不同。如：成人表现出幼稚状态（停滞、延迟、退缩）；儿童出现成人行为（不均衡的超前发展）；对外界刺激的反应方式异常（偏离）等等。(2)针对性。处于此类状态的人往往对障碍对象（如敏感的事、物及环境等）有强烈的心理反应（包括思维、信维及动作行为），而对非障碍对象可能表现很正常。(3)损害较大。此状态对其社会功能影响较大，它可能使当事人不能按常人的标准完成其某项（或某几项）社会功能，如社交焦虑（又名社交恐惧）者不能完成社交活动，锐器恐惧者不敢使用刀、剪，性心理障碍者难以与异性正常交往。(4)就医指导。此状态者大部分不能通过自我调整和心理咨询人员的帮助而解决根本问题，需要心理治疗师或精神科医生的诊治。

第四等级是心理疾病状态：即精神病，是由于个人及外界因素引起个体强烈的心理反应（思维、情感、动作行为、意志）并伴有明显的躯体不适感。其症状是：(1)强烈的心理反应。可出现思维判断上的失误，思维敏捷性的下降，记忆力下降，头脑黏滞感、空白感，强烈自卑感及痛苦感，缺乏精力，情绪低落，紧张焦虑，行为失常（如重复动作，动作减少，退缩行为等），意志减退等等。(2)明显的躯体不适感。由于中枢控制系统功能失调可引起所控制人体各个系统功能失调：如影响消化系统则可出现食欲不振、腹部胀满、便秘或腹泻（或便秘-腹泻交替）等症状；影响心血管系统则可出现心慌、胸闷、头晕等症状；影响内分泌系统可出现女性月经周期改变、男性性功能障碍等等。(3)损害大。此状态患者不能或勉强能够完成其社会功能，缺乏轻松、愉快的体验，痛苦感极为强烈，会有“哪里都不舒服”“活着不如死了好”等内心体验。(4)需精神科的治疗。此状态患者一般不能通过自身调整和非心理科专业医生的治疗而康复。精神科医生对此类患者的治疗一般采用心理治疗和药物治疗相结合的综合治疗手段。在治疗早期通过情绪调节和药物快速调整情绪,中后期结合心理治疗解除心理障碍,并通过心理训练达到社会功能的恢复,提高其心理健康水平。

研究发现,个体的心理健康状态受到多种因素的影响,是动态变化的,有些症状是可逆转。心理正常与异常、健康与亚健康的关系,如下图(图1-1)所示:

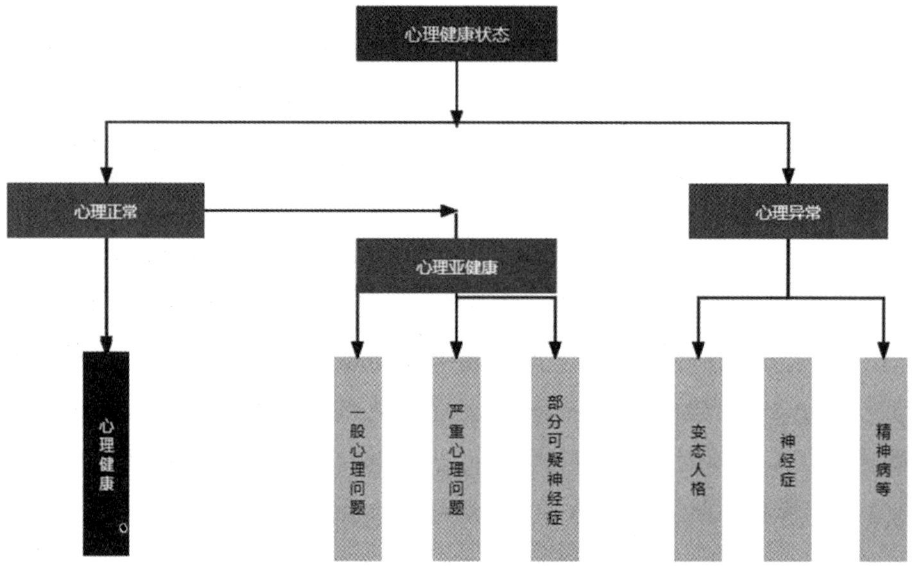

图3-1　心理健康状态分类

二、心理健康相关因素

人是宇宙间的智慧生物,影响人心理健康的因素多样复杂而且是动态变化的。从临床心理学研究的角度看,出现心理问题、人格障碍或精神疾病的因素极为复杂。从影响因素的性质看,主要有生物遗传因素、家庭环境因素和社会环境因素。从影响因素的范围可以分为内在主体因素与外在诱发因素两大类。

内在主体因素是造成人心理健康状况变化的内因,包括人的生物遗传因素和心理活动精神因素。生物遗传因素的影响主要有遗传物质因素及其复制与变异、病菌或病毒感染、脑外伤或化学中毒,以及躯体疾病或生理机能障碍等。心理活动精神因素主要包括认知因素、情绪因素和个性特征因素等。

外在诱发因素是心理健康状况变化的外因,主要包括家庭环境因素、学校环境因素和社会环境因素。外在诱发因素通过内在主体因素发生作用,它对人的心理健康状况变化起到决定性作用。例如,高中学习和高考压力,对于心理功能状况良好的学生来说,会激发更高的学习热情,投入更多的学习精力;而对于心理功能状况较差的学生来说,有可能引起过度焦虑，导致产生心理障碍。

经过高考进入大学的大一新生，可能在学习生活中面临困难，经受挫折，饱受迷惘、压抑、痛苦等负性情绪，甚至可能出现某种心理障碍或精神疾病。有的大学生尽管自知“有疾”，但碍于诸如“怕暴露隐私”“丢人现眼”“不愿示弱”等观念，不愿“为外人道”。他们或从报刊、网络或有关书籍里寻找答案，然后就对号入座，整日忧心忡忡、惶恐不安；或扛着、掖着、藏着，度日如年，试图“熬”过心理痛苦，结果扛着“感冒”拖成“癌”。有的大学生看见身边某人行为突然怪异，情绪异常，或惊慌失措，或认为是“别人的隐私”而事不关己。临床实践证明，解决心理问题就像治疗躯体疾病一样，不能错过治疗最佳期。拖延越久，病情可能越重，治疗就越难，预后也越差。

总之，上述各种因素相互作用，共同对个体的身心健康形成综合影响。

第二节　警察院校学生常见的心理疾病及其应对

一、神经症（神经官能症）

神经症不是神经病，也不是精神病。因为神经病是人体内神经系统受损后产生的疾病，即神经病常常存在器官性受损，如脑血管疾病、中风、痴呆症等，多属于生理性疾病。精神病是人脑机能活动严重失调的严重心理疾病，个体丧失了对自我状态的主观体验，不能应付正常生活，不能与现实保持恰当接触。

神经症是一种心理障碍，旧称神经官能症，非精神病性神经功能性障碍。表现为在精神和躯体上出现持续（至少3个月）的精神疲乏、注意力不集中、记忆力减退、情绪波动、易烦恼、易激惹、体感性不适增加、过分焦虑、入睡困难、多梦、易醒等睡眠障碍等。心理、社会因素是导致神经症的主要因素，而非器质性损伤。个体对自己病情的主观体验明显，生活自理能力基本没有缺损。大学生常见的神经症主要有抑郁症、强迫症、疑病症、焦虑症等。

（一）抑郁症（Depression）

1.抑郁症及特点

又称抑郁性神经症（Depressive Neurosis），或恶劣心境障碍。抑郁症被心理学专家称为“心理感冒”，像伤风感冒一样，是一种大众常见病。临床表现是持续保持在两周以上的以“三低”（情绪低落、思维迟钝和言语动作迟缓）和“三无”（无欲、无助、无望）为主要症状的抑郁反应。抑郁症患者的一个典型症状是兴趣减退，抑郁症患者的口头禅是“没有意思”，而睡眠障碍（失眠或嗜睡达到98）是抑郁症的重要表现。其核心症状是：情绪低落、兴趣缺失、精力缺乏、疲惫不堪，同时可伴有自卑、罪恶感、睡眠障碍（入睡困难、早醒）、委屈、生活失去信心、思考能力下降、注意力降低、激越症状、有时想到死、无法解释的躯体症状等。

抑郁症不受职业、财富、种族、性别、年龄的限制，抑郁症患者也不乏名人，如：梵高、海明威、丘吉尔、川端康成、张国荣、崔永元等等。由于缺乏心理健康知识，儿童抑郁症极易被忽视，而且症状不典型。女性抑郁症极易被误诊，部分妇女更年期症状易与抑郁混淆。

现实生活中相当一部分人不重视抑郁症，认为“不就是想不开吗”“不就是小心眼吗”，周围人劝劝、忍忍就过去了；还有一些人不分轻重缓急，一律把它当成大事，将抑郁症等同于精神分裂症，觉得是很羞耻、见不得人的病，显然这些都是不合理的认识。事实上，抑郁症在心理疾病中最为常见，尤其在秋冬季节。抑郁症具有很大的危害性。它可能因对家庭生活缺乏兴趣而导致家庭的破裂；对工作注意力不集中而经常出错；一些事业有成，生活十分富裕的成功者，也会因抑郁症而走上自杀的道路。在对大学生的调查中，发现很多考试不及格或休学者中都存在抑郁症状。

因此，当我们发现自己或身边同学出现懒、呆、变、忧、虑等行为，即睡眠障碍、表情呆滞、愁眉苦脸、懒言少动、情绪低落、对周围事物没有兴趣达两周以上时，就应考虑是否患有抑郁症，应寻求心理咨询和治疗专业人员的帮助，以便早期发现，及时治疗，避免发生意外。

中央电视台《实话实说》节目主持人崔永元语言幽默、性格风趣但患上了抑郁症，许多观众觉得不可思议，两年后痊愈的崔永元讲：我的确得了抑郁症，而且是严重的抑郁症。根据自己抑郁症的经历，他认为：“得抑郁症并不可怕，应配合医生的治疗”；“产生抑郁症的原因很多，请不要歧视他”。

2.抑郁症的治疗和调适

（1）药物治疗：用来改变脑部神经化学物质的不平衡，包括抗抑郁剂、镇静剂、安眠药、抗精神病药物，但都必须经过精神科医生诊断后才能服药。

（2）心理治疗：改变不良的认知模式、行为习惯，可以求助于专业的心理治疗和咨询人员。

（3）阳光及运动：多接触阳光与运动对抑郁者的效果不错，可使身心得到放松，阳光中的紫外线也能改善其心情。

（4）良好的生活习惯：规律与有序的生活是抑郁者最需要的，能使其保持心情愉快，防止陷入自己假想的心理旋涡中。

（5）良好的心理支持：亲人、朋友和同学不能歧视，要保持爱心、耐心、信心和同理心，行为上一定要不离不弃，善于倾听和沟通，主动分担和陪伴，要让抑郁症患者感受到无论发生什么事情，无论怎样的心境，你都在无怨无悔地支持他（她）和爱他（她）。

（二）焦虑症

1.焦虑症及分类

（1）广泛性焦虑

主要症状表现是提心吊胆、紧张不安，但无明确对象及具体内容，心烦意乱、过分担心，预感祸事降临的恐慌；运动性不安、搓手顿足、来回走动；常伴有各种植物神经症状，如眩晕、多汗、震颤、口干、呼吸急促等症状。

(2)惊恐障碍(急性焦虑发作)

在没有客观危险的环境下发作或发作无明显固定的诱因,以致发作不可预测。两次发作间歇期,除害怕外无明显症状。发作时突感强烈恐惧、濒死感、失控感,常伴植物神经症状,10分钟达高峰,一般不超过1小时,发作时意识清晰,事后能回忆经过,因担心发作而有预期性焦虑,常采取回避行为,如不敢外出等。

2.焦虑症的治疗和调适

(1)药物治疗:治疗焦虑症的临床药物主要有两大类。一类是镇静催眠药;另一大类是镇静植物神经类药物。药物服用必须遵医嘱。

(2)心理调适:包括自我放松,如呼吸训练、肌肉放松训练或者冥想练习,这些都会改善焦虑情绪,促进形成正常的思维模式;自我认知的调整,如找心理治疗师、读认知行为治疗的书;自我暴露,尝试对引起焦虑的事情直接适应。

(3)运动调适:临床上已经证实,适当的体育锻炼活动是非常重要的焦虑自我调适方法,它会促进体内多巴胺的分泌,改善抑郁、焦虑情绪。如有氧运动,包括快走、慢跑、游泳、打乒乓球、瑜伽等。

(4)音乐疗法:患者可以听舒缓类型的音乐,逐渐放松情绪,改善睡眠。

(5)培养兴趣:可以培养写作兴趣、饲养宠物、种花草等。多与周围的人沟通、交流,培养兴趣爱好,这样可以有效缓解焦虑、抑郁等情绪。

(6)饮食调整:可以食用能够缓解压力的食物,如富含镁离子的绿色食物等。

(三)恐惧症

1.恐惧症及分类

(1)社交恐惧(社交焦虑障碍)

症状表现为害怕被人注视或评价,担心会有尴尬的事情发生,认为别人能看出他的不自然的表情,预计别人的评价是否定的或蔑视的,对社交场合采取回避行为,因社交而感到焦虑或痛苦。不少学者建议用“社交焦虑障碍”取代“社交恐惧”。

(2)场所恐惧

恐惧对象为特定环境,如高处、广场或比较拥挤的场所,常因恐惧而采出回避行为。老百姓说的“恐高症”就是指场所恐惧。患者知道这种恐惧是不合理的、过分的、不应该的,但是这种认识仍然不能防止恐惧的发生。

(3)特定的恐惧症

恐惧对象是特定的物体或情境,如动物、雷电、黑暗、流血、飞行、封闭的空间等等。诱发的情景比较单一、具体。一般出现在童年或成年早期,如果未治疗,可以持续数十年。

2.恐惧症的治疗和调适

(1)药物治疗:抗抑郁药和抗焦虑药常用于治疗恐惧症,药物治疗应当遵医嘱。

(2)提高认知能力,扩大对事物的认知视野,判定恐惧源。认识客观世界的某些规律,认识人自身的需要和客观规律之间的关系,确立正确的目标判断,提高预见力,对可能发生的各种变故做好充分的思想准备,提高心理承受能力。

(3)培养乐观精神,强化个人意志。通过观看影视剧学习英雄事迹,用英雄人物勇敢顽强的精神激励自己的勇气。在平时的训练和生活中有意识地在艰苦的环境下磨炼自己,培养勇敢顽强的作风。

(4)积极参加心理训练,提高各项心理素质。比如:进行模拟训练危险情境,设置各种可能遇到的情况,进行有针对性的心理训练,形成对危险情境的预期心理准备状态,就能够有效地战胜紧张和不安等不良情绪,提高心理适应和平衡性,增强信心和勇气,以无畏的精神克服恐惧心理。

恐惧症可以自我调适,也可以在心理治疗师帮助下进行心理治疗。常见的心理治疗方法有认知行为疗法、行为主义疗法、脱敏及放松疗法、森田疗法等。

(四)强迫症

1.强迫症及特点

以强迫症状为主要临床表现,强迫症是一种长期的、丧失控制能力的状态,它的特征是因受到持续性思考的困扰而导致焦虑和重复性的动作。特点是有意识的自我强迫与反强迫并存,两者的尖锐冲突使患者焦虑、痛苦。患者意识到这种观念或冲突来源于自我,但违背自己的意愿,虽极力抵抗,但无力摆脱。强迫症患者强迫自己重复相同的行动,以便使自己消除焦虑情绪。人们经常遭遇的困扰包括不停地洗手、扫地、打扮、核对行为或不由自主地重复思考毫无意义的观念。常用仪式化的动作来减轻痛苦,如反复检查、反复洗涤等,社会功能受到损害。强迫症可包括:强迫观念、强迫思维、强迫情绪、强迫意向、强迫动作、强迫行为等,往往一种为主或几种并存。

2.强迫症的自我测评

(1)反复思考一些无实际意义的问题,如:人的耳朵为什么生长在头颅两侧?

(2)经常强迫自己计算毫无意义的数字,如一边走路一边数多少步。

(3)老是强迫自己回忆某些往事。

(4)总担心自己在某一场合失控而做出违法的事。

(5)自己不明白也无法控制地反复洗手或换衣服。

(6)总怀疑门或抽屉没锁上而反复检查几遍。

(7)信寄出后常怀疑写错地址,后悔当初没有反复检查。

(8)在某些场合所想的和所做的总有矛盾,如站在桥边就几乎忍不住要跳河。

(9)对一些无关紧要的事或现象,追根寻源总想弄明白,结果越弄越“糊涂”。

(10)见到或听到某件事总会联想到别的事,如:见到车祸即联想到自己亲人的意外。

(11)为摆脱强迫症状而刻板地、重复地做一些仪式性动作,如为摆脱反复洗衣服而不停地搓手。

(12)上床后浮想联翩,难以入睡。

(13)害怕会演变成精神病,怕无法医治而悲观。

(14)明知自己所想的或所做的事是不合理的而又无法摆脱,因而深感痛苦、焦虑不安。

如果你有上述任何4项或4项以上的想法和行为,建议去找专业人员做进一步的诊断。

强迫症的形成原因非常复杂,甚至可以从早期成长找到原因。产生强迫症的基本条件主要有两个:一是对重复出现的想法或行为赋予了不愉快的情感评价,引起了个体极大的焦虑不安,需要立即进行压制与排除;二是个体采取了某些反应以减轻或回避这些想法和行为所引起的不安,这类反应被增强而形成强迫症。

3.强迫症的治疗和调适

(1)药物治疗:最经典的治疗药物是氯丙咪嗪,其他抗抑郁药物和抗焦虑药物也用于强迫症治疗,药物使用必须遵医嘱。

(2)顺其自然法

生活中,大脑重复出现一些想法很正常,只要不影响生活、学习和工作,不感到苦恼,那就正常。强迫"杂念"出现时,顺其自然地接受它,做完就不再想它,有助于减轻和放松精神压力。如有东西忘记带了就算了,担心门没锁好就没锁好了,东西好像没收拾干净就脏着乱着。经过一段时间的努力来克服由此带来的焦虑情绪,症状是会慢慢消除的。

(3)反向夸张法

可以对自己的异常观念和行为进行戏剧性反向夸张,使其达到荒诞透顶的程度,以致自己也感到可笑,无聊,由此来消除强迫症的表现。

(4)行为活动法

积极参加集体性活动及文体活动,最好能参加一些冒险和刺激性的活动,大胆地对自己的行为做出果断的决定,对自己的行为不要过多限制和进行评价。多从事有意义有兴趣的活动,培养生活中的爱好,在活动中尽量体验积极乐观的情绪,拓宽自己的视野和胸怀,以此建立新的兴奋点去抑制病态的兴奋点,坚持练习,必然有益。

(5)系统脱敏法

先学会放松的方法,然后由易到难列出强迫症行为的次数和激惹环境,再对每种环境下的强迫行为逐渐进行放松脱敏。以洗手为例,应一步步地减少洗手次数,增加脏物的刺激量,依次练习即可。

(6)自我暗示法

有强迫动作时,在莫名其妙的紧张和焦虑状态时,可以暗示自己"这是违背自然的过度反应形式",逐步减少这类动作反应,直到和正常人一样。比如:"我干吗要这样紧张?一次作业没做没有关系,只要向老师讲清楚原因就可以了。就是不讲,老师也不会批评;就是批评了,又有什么好紧张的,只要虚心听取意见,下次改了就行,何必那样苛求自己呢?谁没一点过失呢?"

(7)满灌法

满灌法就是一下子让自己接触到最害怕的东西。比如有强迫性的洁癖,请坐在一个房间里,放松并轻轻闭上眼睛,让人在你的手上涂上各种液体,然后描述你的手有多脏。这时,你要尽量忍耐,当你睁开眼,发现手并非你想象的那么脏,对强迫想象会是一个打击,即不能忍受只是想象出来的幻觉。若确实很脏,你洗手的冲动会大大增强,这时你的朋友将禁止你洗手,你会很痛苦,但要努力坚持住,随着练习次数的增加,焦虑便会逐渐消退。

如果强迫症状明显,建议及早去找心理咨询和治疗专业人员,接受专业的指导和治疗,同时可采用厌恶疗法等配合矫正。如在自己的手腕上套一根橡皮筋,当自己有了强迫性观念和行为时,就用橡皮筋狠狠地弹弹自己,坚持多次,比较有效。

(五)疑病症

1.疑病症及特点

指对自身感觉或症状做出患有不切实际的病态的解释,致使整个身心因此产生的疑虑、烦恼和恐惧所占据的一种疑病心理的神经症。其特点是对自身健康过分关注和坚持认为难以消除。

患者担心患有一种或多种严重的躯体疾病,并反复就医,述说躯体疾病。各种医学检查阴性,各项化验都在正常范围内,就连"超声波"、CT、磁共振等现代医疗检查设备也找不出异常来,可他们还是怀疑自己有这样那样的病。这种人的特点是"不能听别人说病",只要听说别人患病,他们就觉得自己也有同样的病,这种人还特别愿意阅读医学科普报刊,甚至不惜花费时间啃大本的医学专著。每看到一种病,他都感到与自己的症状相符。他知道的病越多,他身上的"病"也就越多。医生的解释均不能消除疑虑,进行不必要的就医,毫无意义的诊断检查。表现出持久的先占观念,常伴有各种躯体症状,因疑病而焦虑、抑郁,痛苦不堪。

患疑病症的人与其神经类型及心理素质有密切关系。爱钻牛角尖的人,精神状态不稳定的人,对周围事物高度敏感的人,性格内向、抑郁寡欢、心胸狭隘、谨小慎微的人,受过精神刺激的人,对自己健康过度关心的人,最易患这种疑神疑鬼的疑病症。

疑病症并非器质性疾病,更不是不治之症,但是一般的医药疗法很难奏效,一般的简单解释说服也很难奏效,过多的检查和不当的解释会造成许多医源性暗示,患者自己去阅读有关医学书籍又易造成自我暗示,这些做法都容易使患者的症状变得复杂难愈。因此,具有疑病素质的同学一定要做好早期的预防工作,如果患上了疑病症,应及时寻求专业心理咨询老师的指导。

2.疑病症的治疗和调适

(1)正确认识自己的病情

如果有病,要及时检查。要相信医生,相信医生的各种检查,要在"无器质性疾病"的前提下努力放下思想包袱,相信自己是健康的,轻装前进。千万不能不去看医生自己就对号入座。要树立正确的人生观、疾病观，培养自己多方面的兴趣和爱好，积极参加一些有益的文体活动，增强身体素质和心理素质，转移自己对“疾病”的过分关注。

（2）自我暗示主动调节

当检查出自己没有疾病时，给自己暗示脱敏。例如可以给自己一些肯定：“我的身体其实是很好的，这都检查过了，没有什么问题，过去自己感觉到这儿痛那儿痛、这儿不舒适那儿不舒适，都是自己太敏感的缘故。”也可以根据自己疑病的情况，写一些暗示性的语言，如“不必对自己的健康怀疑，我很健康”，一般每天自我暗示一次或数日一次，其效果较佳。

（3）积极参加集体活动

积极加入到各种集体活动中，就会减少对自我的过分关注。比如参加一些公益志愿者活动，参加各类群体体育活动，参与到社区服务的工作中等等，这样做可以使患者注意力转移，减少疑病症发生的几率，并且对辅助治疗疑病症也有益。

需要强调的是大家在认识上的一种误区：错把神经症与神经病和精神病混为一谈。

神经症的自我测评

请根据身体和精神出现的情况做出选择：

(1)精神痛苦程度：

A.自己可以主动设法摆脱；

B.自己摆脱不了，需要别人的帮助或处境的改变才能摆脱；

C.几乎完全不能摆脱。

(2)症状持续的时间：

A.不到3个月；B.3个月到1年；C.1年以上。

(3)社会功能状况：

A.能照常工作学习，或工作学习及人际交往只有轻微妨碍；

B.工作学习或人际交往效率显著降低，不得不减轻工作或改变工作或只能部分工作，或某些社交场合不得不尽量避免；

C.完全不能工作学习，不得不请病假或退学，或对于某些必要的社会交往完全回避。

上述分数是选择A得1分，B得2分，C得3分。然后将分数相加，如果总分是3分，不够诊断为神经症；如果总分大于4分以上，建议你去找专业的心理咨询机构做进一步的诊断。

二、精神病

精神病是人脑机能活动的失调，精神方面出了问题，具有以下一种或数种症状：幻觉、妄想、严重抑郁或无任何原因的欢快感、记忆明显减退、不能交往以及一些错误的信念，胡言乱语、哭笑无常、敏感多疑、不知脏洁、冷漠不语、孤僻退缩等行为表现都是精神病发病时的症状。精神病类型很多,常见的有精神分裂症、情感性精神病和反应性精神病等。

(一)精神分裂症

是一种常见的重性精神病,在大学生中也有发病。这种病身心分裂异常到已经丧失了社会生活的功能,恶化到非住院治疗不可的地步。它们常常表现为行为上怪异或退缩,与现实环境、情境极不相称;思维上没有清晰的思路脉络,思维过程混乱不堪,讲话语无伦次,答非所问;常常伴有幻觉,听到别人议论他的声音或看到引起其强烈焦虑的、虚构的事物;常觉有人想害他(被害妄想),有很多人针对他(关系妄想),有被跟踪感、被控制感、被洞悉感;情感淡漠、不协调;生活懒散,意志减退或缺乏,自知力缺乏,社会功能丧失。

例如小游本来是一个品学兼优的大学生,但近半年行为有点诡秘,常常半夜起床翻箱倒柜,白天常常独来独往,少与人搭讪,生活变得懒散,学习成绩明显下降。一次在饭堂打饭时,他突然出手殴打一男同学,理由是那位男同学抢了他的女朋友。其他同学大惑不解,大家都知道那个男同学才是那个女孩的真正男友,什么时候开始变成了他的女友了?几经追问,包括老师们的调解和调查,才知道小游最近常常听到那女孩叫他去约会的声音。小游有明显的言语性幻听,与他交谈时,可以感觉到他有点语无伦次,答非所问,偶然还看到他自笑。他诉说常常觉得有人跟踪他,想害死他,称有人用先进的仪器监视着他的一举一动,有人控制他,觉得街边的人都知道他的秘密,个个都在含沙射影地议论他。之后,小游经精神卫生中心诊断为精神分裂症。

(二)情感性精神病

情感性精神病是以情感障碍为主要症状的一种精神病,有两种表现形式:一是躁狂,即话多、行为多、情感高涨、思维奔逸;另一是抑郁,表现为情感压抑、低落、话少、动作慢、思维迟钝,并出现交替进行,因此也称躁狂抑郁症(躁郁症)或双相情感障碍。大学生中因受某些心理刺激的影响,如强烈的惊吓、尖锐的批评、失恋等都可以成为诱因。研究显示,此种病人的发病,可能与脑部某些化学物质异常有关。药物治疗可采用抗精神药物,必要时,也可采用电抽搐疗法。除了药物治疗外,也可同时辅助心理咨询,以增加患者的生活适应能力,帮助他们度过危机,并让他们认识和接受自己目前的状态,如此才能获得最佳的治疗效果。

“这种疯狂使人体会到一种特别的痛苦、兴奋、孤独和恐惧。当你兴奋时,那种感觉妙极了。各种想法和感觉如同流星快速频繁地闪现,你跟随着它们,直至找到更美妙的想法和感觉。不再有羞怯,突然之间你妙语连珠,姿态迷人,确信自己能够拥有吸引和征服他人的力量。那些乏味的人也令你产生兴趣。纵欲之心在蔓延,吸引他人和被他人吸引的欲望不能阻挡。激越、强大、安宁、富足、幸福的感觉如此深切。但是,在某个地方,这种感觉突然发生了改变,快速闪现的想法来得太快太多,压倒一切的混沌取代了清晰的思维。好记性不复存在,朋友脸上的兴致和专注变成了恐惧和担忧。以前事事顺利,如今万事不顺——变得易怒、生气、害怕、无法自控，完全陷入了意识的无尽黑洞之中，但是又不知道黑洞的存在。这一切没有尽头。”这种现象描述的正是情感性精神病的症状。躁狂时，精力充沛、骄傲自大、满脑子的主意，自信心十足，接着就是抑郁状态，情绪低落，感到绝望和恐惧，怀疑自己和身边每个人，产生轻生的想法。

（三）反应性精神病

是一种因为意外事件突然降临（如重要亲人的突然离开、伤残和病逝）或者重要事件的突然消失（如一直看中的保送研究生机会突然失去）以及持久的精神痛苦（如失恋、人际纠纷）等急剧、强烈的精神刺激引发的精神病症状。这种精神病由于有明确的原因引起，容易引起同情，得到人们的理解。它的病发时期不是很长，一旦患者能正确对待精神因素或精神因素消除后，症状即可消失，且愈后良好。因此，适合采用心理治疗配合其他治疗的方式，如对那些有明显创伤性体验的患者可采用适当的调整环境、移地修养等方法配合治疗。

世界博弈均衡论创始人——纳什，早年就非常优异，1958年他被美国《财富》杂志评为新一代天才数学家中最杰出的人物。就在纳什春风得意事业将达到顶峰时，却突然遭受命运无情地重重一击，从云端坠入地狱：30岁的纳什患上了严重的精神分裂症。他在父亲去世之后，与麻省理工学院年轻美丽的女学生爱莉西娅结婚，此后40多年患难与共的爱情和亲情是他个人生活中最完美、最幸运的时光。

就在爱莉西娅怀有身孕，正待分娩的同年，纳什的精神状况却日益恶化。他的举止越来越古怪，正一步步走向心智狂乱。他麻烦缠身，有一次竟然因为在男洗手间“不恰当地”暴露了自己的身体而被逮捕。

万般无奈之下，爱莉西娅于1962年和纳什离婚。但是她对他的忠诚爱情并没有就此消失。1970年，纳什的母亲去世，而他的姐姐无法负担他，就在纳什孤苦无依就要流落街头的时候，善良的爱莉西娅接他来与自己同住。她不仅在起居上关心他，而且以女性特有的细心敏感照料着他的情感生活。她体贴他不肯去医院封闭治疗的愿望，把家搬到远离尘世喧嚣的普林斯顿，希望宁静熟悉的学术氛围有助于稳定纳什的情绪。

爱莉西娅不能眼睁睁看着这个天赋异禀的天才就这样消沉。作为妻子的爱莉西娅用爱去挽救丈夫。纳什被妻子的这种无可动摇的爱和坚定的信念所感染，决心同疾病抗争到底。在深爱他的妻子爱莉西娅的帮助下，在他自己的天才与狂乱中，纳什进入了一种狂热的智力上的极高的境界。经过很多年的艰苦努力，纳什最终走出阴霾，理性为他带来了心灵的平和。终于在1994年，纳什凭借他在1950年和1951年的两篇关于非合作博弈论的重要论文，证明了非合作博弈及其均衡解，并证明了均衡解的存在性，即著名的纳什均衡，因为这一现代博弈理论上的卓越贡献，获得了科学界的最高荣誉———诺贝尔奖。

◆课程实训

实训一:积极面对心理疾病

团辅名称:“积极面对心理疾病”团体心理辅导

团辅目标:增强学生对心理疾病的了解,培养学生的科学态度,提高区队同学的包容和团结,促进区队和谐健康发展。

团辅领导者:心理健康课程教师、辅导员

团辅的对象:大一新生

团辅的规模:自然区队或专业区队40~50人

团辅的时间:结合心理健康课程或班会

团辅的次数:1次,2课时

团辅的场地:教室、学校团体辅导室

(一)团辅方案设计(见下表)

“积极看待心理疾病”团体心理辅导计划书(总方案)

活动名称	活动目标	活动主要内容	预计时间
一、我观看我有感	积极心理重要性,引入活动	视频《千手观音》观后感分享	20分钟
二、找优点看亮点	负性正性比较	1.说出优点 2.说出亮点	15分钟 15分钟
三、晒晒积极的好	引导学生理解正性思维的意义	1.积极心理 2.正性评价	15分钟 15分钟
四、我是表演家	负性事物,正面评价,培养学生积极心理看待心理疾病正负特点	1.人有悲欢离合 2.心理疾病反转	20分钟
五、真诚的祝福	送人玫瑰,手留余香	1.赠送祝福 2.拥抱友爱	20分钟 5分钟

(二)内容与流程

活动名称	活动内容及流程	操作提示
一、我观看我有感 1.视频《千手观音》 (5分钟)	大家是否知道2005年春节晚会上的一个节目《千手观音》,下面让大家回顾一下。	
2.身残志坚分享 (10分钟)	成员逐一自我介绍,分享观后感。 比如:我叫某某某,通过观看视频,我认为……	
二、找优点看亮点 (15分钟)	活动规则:两人一组,一人说出一件不好的事,另一个说出此事好的方面。	

活动名称	活动内容及流程	操作提示
三、晒晒积极心理的好 1.积极大爆炸 （15分钟）	1.每8名同学分1组，每组成员围圈坐。 2.活动规则：组内成员轮流发言，内容不准重复，说不出者视为失败。 3.指导语：积极心理的人总是在不利的情况下看到事物积极的一面，悲观的人总是在有利的情况下看到不利的一面。接下来，我们体验一个活动，叫“晒晒积极心理的好”，让我们大家坐着围成一圈，从其中一人开始，逐一说出自己感觉积极心理的好处。	
2.阿Q反传 （15分钟）	1.全体团体成员两人一组，一位做“阿Q”，一位做“阿Q”精神的赞赏者。“阿Q”经历挫折失败，自己安慰自己，取得精神胜利。 2.分享感受：对于“阿Q”，当你看见他受挫时有什么感觉，使你想起什么；你对“阿Q”精神的赞赏者是否满意，为什么？你怎样理解“阿Q”精神的赞赏者的赞赏。 互换角色，再来一遍，再分享感受。	
四、我是表演家 1.人有悲欢离合 （20分钟）	1.引导语：积极心理给了我们这么多好处，大家应该都很希望自己能永远保持积极心理吧？但是世界在变化，生活也在变化，不可能事事都如你所愿，总会遇到一些小麻烦，大挫折，那么我们该如何保持积极心理呢？ 2.下面我给出一些情境，请每位成员把这些情境表演出来，如果这些事发生在你身上，你该怎样用积极心理的态度去对待它？好，现在每人随机抽取一张写有情境的纸条。情境： (1)你走在街上，忽然下起雨来，你却没带伞； (2)自己熬夜替区队做事，早起被区队长臭骂； (3)你的钱包被偷了； (4)骑自行车不小心摔倒了，满身都是泥； (5)你在竞聘演讲的时候出丑了； (6)你的长相一般； (7)你失恋了，对方根本不理你； (7)你今天事事不顺心，什么事都很倒霉；	
2.心理疾病反转 （15分钟）	活动规则：2人一组，一人说出一种心理疾病，另一个说出疾病积极的方面。 比如：一人说：我抑郁了，真烦人。 另一人说：抑郁了好呀，可以思考哲学问题了。 然后，另一个人说一个自己感觉焦虑了，对方说焦虑积极的一面。	

活动名称	活动内容及流程	操作提示
五、真诚的祝福 1.送人玫瑰 （20分钟）	1.活动就要结束了，我们区队每个同学或许有很多话去祝福同学，现在我们每人手里有一张纸，请你写上自己的名字，每人在纸上写上自己的名字，然后传递给右边的人，每人在别人传递来的纸上写上祝福，然后继续传。最后自己名字的纸板传到自己手里结束。 2.给大家几分钟时间，让我们好好感受一下来自大家对你的祝福。请大家起立，如果你愿意，请给你感觉在整个活动中带给你快乐和鼓励的人一个大大的拥抱吧。	
2.精神余香 （5分钟）	1.在生活中，对同一件事，因我们有不同的想法而产生不同的情绪反应，时间长了可能会出现心理问题或心理疾病，试着对自己说一些正向的、理性的话语，积极的态度可以带来更多方面的思考和想法，让自己过得更快乐。 2.总结。	

实训二：认识不健康心理行为

活动名称：心理问题ABC

活动目的：每个学生找出自己最想改变的最不健康的行为或心理，最渴望培养的健康心理和行为，并制定相应方案。

活动器材：纸、笔

活动步骤：

（1）老师布置任务。

（2）学生在纸上用表格形式（如下）写出最想改变的最不健康的行为或心理、最渴望培养的健康心理和行为。

	最想改变的最不健康的行为或心理	最渴望培养的健康心理和行为	行动方案
1			
2			
3			
4			
5			

（3）选取学生反映最普遍的三到五种最不健康的行为或心理，引导同学们讨论如何克服，并指导学生制订相应的行动方案。

（4）指导学生各自完成自己的行动方案的制定。

（5）交流各自心得。

实训三:心理有病不能给同学说吗?

活动名称:心理病耻感大辩论

活动目的:通过辩论,让学生进一步理解心理疾病可以治疗,可以给同学说,明白正视心理疾病的重要性。

活动器材:无

活动步骤:

(1)宣布辩题:身体健康与心理健康哪个更重要?

(2)将学生分成正反两队:正方(身体健康更重要)与反方(心理健康更重要)。分队方式可根据学生自己赞同的观点来分正反两队。但如果两队人数相差悬殊,则可指定某些学生为正方,其他学生为反方。

(3)给学生提供10~20分钟的准备时间,用于收集资料和内部商议讨论。(也可提前几天告知学生,让学生提前收集资料)

(4)正式辩论。

(5)教师总结。

课后作业

1.警察院校学生常见心理问题和疾病有哪些类别?

2.请谈谈你参加本节课程心理健康团体辅导训练之后的感悟。

自我编

第四章　警察院校学生自我意识与培养

◆**思维导图**

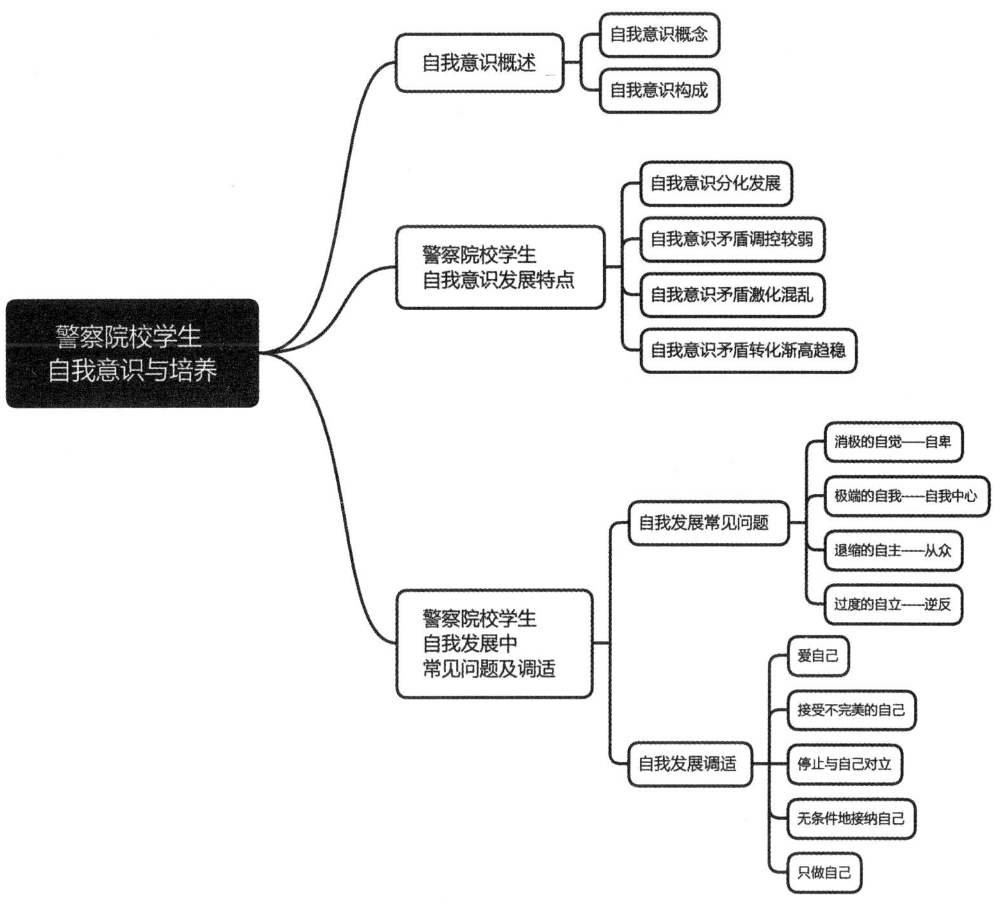

◆**课程思政**

2019年8月，习近平总书记在《求是》杂志上发表《牢记初心使命，推进自我革命》重要文章中指出："做到不忘初心，牢记使命，必须有强烈的自我革命精神，要在自我净化、自我完善、自我革新、自我提高上下功夫。"[①]文章系统阐释了"四个自我"的深刻内涵、重大意义和实现路径。可见自我这个主题在一个政党及个体发展中的重要作用。

①学习强国网站：《求是》杂志发表习近平总书记重要文章《牢记初心使命，推进自我革命》.https://www.xuexi.cn/lgpage/detail/index.html?id=711205696589588595.

◆**课前测量**

自我和谐量表

看法	分值				
1.我周围的人往往觉得我对自己的看法有些矛盾	1	2	3	4	5
2.有时我会对自己在某方面的表现不满意	1	2	3	4	5
3.每当遇到困难时,我总是首先分析造成困难的原因	1	2	3	4	5
4.我很难恰当地表达我对别人的情感反应	1	2	3	4	5
5.我对很多事情都有自己的观点,但我并不要求别人也与我一样	1	2	3	4	5
6.我一旦形成对事物的看法就不会再改变	1	2	3	4	5
7.我经常对自己的行为不满意	1	2	3	4	5
8.尽管有时得做一些不愿意的事,但我基本上是按自己意愿办事的	1	2	3	4	5
9.一件事好是好,不好是不好,没有什么可含糊的	1	2	3	4	5
10.如果我在某件事上不顺利,我往往会怀疑自己的能力	1	2	3	4	5
11.我至少有几个知心朋友	1	2	3	4	5
12.我觉得我所做的很多事情都是不该做的	1	2	3	4	5
13.不论别人怎么说,我的观点绝不改变	1	2	3	4	5
14.别人常常会误解我对他们的好意	1	2	3	4	5
15.很多情况下我不得不对自己的能力表示怀疑	1	2	3	4	5
16.我的朋友中有些是与我截然不同的人,但这并不影响我们的关系	1	2	3	4	5
17.我认为与朋友交往过多容易暴露自己的隐私	1	2	3	4	5
18.我很了解自己对周围人的情感	1	2	3	4	5
19.我觉得自己目前的处境与我的要求相距太远	1	2	3	4	5
20.我很少去想自己所做的事是否应该	1	2	3	4	5
21.我所遇到的很多问题都无法自己解决	1	2	3	4	5
22.我很清楚自己是什么样的人	1	2	3	4	5
23.我能很自如地表达我所要表达的	1	2	3	4	5
24.如果有足够的证据,我也可以改变自己的观点	1	2	3	4	5
25.我很少考虑自己是一个什么样的人	1	2	3	4	5
26.把心里话告诉别人不仅得不到帮助,还可能招致麻烦	1	2	3	4	5
27.在遇到问题时,我总觉得别人都离我很远	1	2	3	4	5
28.我觉得很难发挥出自己应有的水平	1	2	3	4	5
29.我很担心自己的所作所为会引起别人的误解	1	2	3	4	5
30.如果我发现自己某些方面表现不佳,总希望尽快弥补	1	2	3	4	5
31.每个人都在忙自己的事,很难与他们沟通	1	2	3	4	5
32.我认为能力再强的人也可能遇上难题	1	2	3	4	5
33.我经常感到自己是孤立无援的	1	2	3	4	5
34.一旦遇到麻烦,我无论怎样做都无济于事	1	2	3	4	5
35.我总能清楚地了解自己的感受	1	2	3	4	5

评分规则:各分量表的得分为其包含的项目分直接相加,3个分量表包含的项目如下:

(1)自我与经验的不和谐:1、4、7、10、12、14、15、17、19、21、23、27、28、29、31、33。

(2)自我的灵活性:2、3、5、8、11、16、18、22、24、30、32、35。

(3)自我的刻板性:6、9、13、20、25、26、34。

将“自我的灵活性”反向计分，再与其他两个分量表的分数相加，得分越高，自我和谐度越低。低于74分为低分组，75～102分为中间组，103分以上为高分组。

老子曾说：“知人者胜，自知者明，胜人者有力，自胜者强。”古希腊德尔斐神庙的大门上也写着这样一句格言：“人啊，认识你自己！”希腊人视它为“神谕”，是最高智慧的象征。人的“自知之明”源于不断深入的自我探索，人生的“自我实现”根植于逐渐清晰的自我意识。警察院校的大学生正面临着“理想自我”的修正和确立，“预备警官”角色的认同和新环境的适应等新的人生课题，健全的自我意识，是实现自我成长和人生目标的重要前提。

第一节　自我意识概述

自我意识(self-consciousness)是一个人对自己以及和他人关系的认知，是隐藏在个体内心深处的心理结构，是个体意识发展的高级阶段，是人格的自我调控系统。自我意识的培养是大学生自我完善的途径，是大学生实现人生目标的桥梁。大学阶段是个体自我意识急剧增长、迅速发展和趋于完善的重要时期，探讨大学生自我意识发展的特点，寻求合理的培养途径，对培养具有健康人格和德才兼备的预备警官具有重要意义。

一、自我意识的概念

作为人的意识的核心成分，自我意识(self-consciousness)就是“自己对自己的认知”，是个体在社会化过程中逐步形成和发展起来的，关于自我及其与周围环境关系的多方面、多层次的认知与评价，是个体对自己多方面觉知的总和。自我意识包括自我认知、自我体验和自我控制三部分，是由一系列态度和信念及价值标准所组成的有组织的认知结构。

自我意识包含两部分：一个是“主观的我”(I)，是对自己活动的觉察者；另一个是“客观的我”(me)，是被觉察到的自己的身心活动。人类学家玛格丽特·米德(Margaret Mead)认为：个体的“主体我”与“客体我”之分是个体自我意识得以形成和发展的前提与基础，主体我代表每个人自我的一面，客体我代表其社会特征，自我意识的发展就是主体我与客体我的不断对话和交流。

二、自我意识的构成

对于自我意识的结构，从不同的角度分析就会有不同的解释，概括起来包括以下几种：

(一)现实自我、理想自我和投射自我

现实自我是个体从自身的立场和观点出发，对自己现状的观点和看法，比如认为自己长相不如别人好看或者觉得自己未来没有前途。理想自我是指个体想要成为的一种较为完善的境界或形象，主要表现为个人的目标、期待或者抱负。理想自我可能与现实会不一致,但它表明的是个体自己想要成为一个什么样的人,是个体活动的动力和方向,因此对个体的所为与认知有着重要的影响。投射自我又称为镜我,是个体主观想象出来的别人关于自己的看法或评价,比如觉得别人看不起自己或者觉得别人认为自己很能干。

(二)自我认知、自我体验和自我控制

自我认知涉及"我是一个什么样的人"的问题,是个体主观自我对客观自我的评价,包括自我观察、自我印象、自我分析、自我评价等内容;自我体验是主观自我在自我认知的基础上对客观自我所产生的情绪体验,其内容丰富多样,可以是优越感、荣耻感、责任感、义务感等内容,也可以总结为"对自我是否满意"。自我认知决定自我体验,而自我体验又会进一步强化自我认知。自我控制是个体通过自我暗示、自我约束、自我激励等方式对自己的语言、行为、思想等方面进行控制,以期达到自我期望的目标。自我控制是自我意识的最高阶段,是"我将如何规范自己的人生"的问题,体现的是"我应该做什么""我应该成为什么样的人"。自我认知、自我体验和自我控制三方面相互联系并有机统一,成为个体个性心理特征的核心内容。

(三)生理自我、心理自我和社会自我

生理自我是个体对自己的身体与生理状态的认知与体验。生理自我使得个体将自我与环境、客体区分开来,是个体在与他人交往的过程中逐步获得的。生理自我的基础是与生俱来的,个体只能接受而不能改变。随着自我意识的发展与成熟,个体对生理自我也会逐渐形成正确的认识与明确的看法。

心理自我是个体对自己的心理活动、个性心理特征与心理品质的认识、体验和愿望,包括对自己的感知、记忆、推理、能力、智力、兴趣、爱好等特征的认知以及体验。随着自我意识的发展,个体的心理自我也随之成长。

社会自我是个体对自身与外界客观事物关系的认识、体验和愿望,包括个体对自己在客观环境及各种社会关系中的角色、地位、责任、权利义务等的认识。处于青春期的大学生们常常会用"我已经长大了"这句话来表达自己的社会自我发展状况,以期获得社会对自己的积极肯定。①

第二节 警察院校学生自我意识发展的特点

警察院校办学形式的特殊性、警察院校管理的特殊性、警察院校大学生身份的特殊性,给警察院校大学生在自我意识的形成上带来了比较特殊的影响,与一般大学生有所区别。当然,警察院校其本质上还是高等院校,警察院校大学生与普通院校的学生在本质上都是处于青年中期的青年学生,在心理特征上共性的一面还是占据主导位置。在自我意识发展上,也遵循这样的规律。警察院校大学生处于自我意识的迅速发展时期,在自我意识的发展上主要有以下表现:

①江光荣,梁宇颂主编,大学生心理健康教育 [M]. 武汉:华中师范大学出版社,2012:7-78.

一、自我意识分化发展

进入大学以后，随着学习、生活方式的改变和心理意识的发展，学生的自我意识有了明显的变化，出现了理想自我和现实自我的分化，并且迅速发展，导致矛盾冲突日益明显。大学生对自己的生活充满信心，对未来抱有幻想，而现实往往不是他们所想象的。严格的警务化管理，给了没有做好心理准备、带着对美好大学生活憧憬的学生当头一棒。理想自我和现实自我的矛盾不可避免地出现了。这种矛盾分化，使得大学生出现自我意识的变化，经过自我体验和自我调控，而表现出各种激动、焦虑、喜悦与不安情绪。当理想自我占优势时，往往会将"客体我"萎缩到实际能力以下，总认为自己事事不如人，从而产生较强的自卑感，甚至放弃努力，形成自我怜悯或伤感的心理状态。相反，当"现实我"占优势时，往往表现出较强的虚荣心和自我陶醉，特别在乎别人对自己的评价，担心暴露自己的缺点。

二、自我意识矛盾调控较弱

由于自我意识的分化，"主体我"和"客体我""理想我"和"现实我"之间的种种矛盾开始出现，随着自我意识的进一步发展，这种矛盾也越来越突出。在这种矛盾心理的作用下，他们对自己的评价也常常是矛盾的，对自己的态度也是波动的，对自己的调控常常是不自觉、不果断的。他们忽而看到自己的这一面，忽而又看到自己的那一面；时而能客观地评价自己，时而又高估或低估自己；时而感到自己很成熟，时而感到自己很幼稚；时而对自己充满信心，时而又对自己不满。面对自我意识中的种种矛盾，大学生便开始通过各种活动来重新认识自己，自觉或不自觉地在调节矛盾中认识自己、完善自我。他们常常会问自己，"我聪明吗？""我的性格如何？""我有什么能力和特长？""我应该怎样度过自己的一生？"经过一段时间的矛盾冲突和自我探究后，他们的自我意识就会在新的水平和方向上趋于一致，达到暂时的自我统一。然而，新的自我意识矛盾又会产生，还需要不断地自我调控和自我探究。但学生的这种自我调控能力相对较弱，过多关注自己，过于看重自己，而对他人、集体、社会考虑较少等。

三、自我意识矛盾激化混乱

警察院校紧张的学习生活，使得承受能力较低的学生，在自我意识的发展中出现混乱，这种混乱通常表现为看似矛盾实则是一体的两种表现类型：一种是过高的自我评价，另一种则是过低的自我评价，它们妨碍良好自我意识的形成。

（一）过低的自我评价

处于这种意识状态的学生，在把理想我与现实我进行比较时，对理想我期望较高，又无法达到，对现实我不满意，又无法改进。他们在心理上的特征就是自我排斥。由于在成长过程中理想我与现实我的距离过大所导致的自我矛盾冲突，他们往往会产生否定自己、拒绝接纳自我的心理倾向。这类学生往往降低人的社会需求水平，对自我过分怀疑，压抑自我的积极性，并可能引发严重的情感损伤和内心冲突。他们的心理体验常伴随较多的自卑感、盲目性、自信心丧失和情绪消沉、意志薄弱、孤僻、抑郁等现象，尤其是面对新的环境、挫折和重大生活事件时，常常会产生过激行为，酿成悲剧。近年来发生的大学生自杀事件中相当一部分就是由此心理问题所导致的。

（二）过高的自我评价

这是一种与过低的自我评价相对立的自我意识状态。在这种自我概念的支配下，个体往往扩大现实的自我，形成错误的不切实际的理想自我，并认为理想我可以轻易实现。这种类型的学生往往盲目乐观，以自我为中心、自以为是，不易被周围环境和他人接受与认可，容易引起别人的反感和不满。因此，这种类型的学生极易遭受失败和内心冲突，产生严重的情感挫伤，导致苦闷、自卑、自我放弃，有时甚至会引发过激行为和反社会行为。①

四、自我意识矛盾转化渐高趋稳

在自我意识由"矛盾——统一——新矛盾——新统一"转化发展的过程中，学生自我意识不断发生重大变化，由刚进校的"依赖性"和"盲目性"，渐渐转变为"想入非非"，到毕业前就显得沉稳多了。正是由于这种矛盾转化，使得大学生自我意识发生了明显的飞跃，个体之间出现了不同的差异，自我意识也逐渐趋向成熟。

第三节　警察院校学生自我意识发展常见问题及调适

一、自我意识发展常见问题

警察院校大学生的自我意识发展离不开自身的年龄特点，也离不开比较特殊的教育生活环境，在这样双重因素的共同作用下，他们的自我意识不断发展并渐趋成熟。当然，在逐步走向成熟的过程中，也会存在若干比较具有典型意义的偏差，这些偏差是他们成长过程中必定会经历的一道道坎，也是一阶阶进步的阶梯。偏差并不可怕，关键在于如何正确地认识和克服。归纳起来，警察院校大学生的自我意识主要存在以下几个方面的问题。

（一）消极的自觉——自卑

1. 自卑感的形成

自卑心理，是指由于某些生理、心理或社会诱因引起的一种轻视自己、认为自己在某些方面不如他人的心理状态。多数同学都存在不同程度的自卑心理。自卑的人常常把注意力高度集中于自己的不足，他们对自己的结论是：自己是如何的无能，以致无论如何努力都不可能做得更好，因此放弃努力。

---

①姚信．大学生自我概念发展状况研究[J]，中国心理卫生杂志，2003.17(01)．

自卑感形成的原因主要有以下三方面：第一，认知偏差造成的自卑。如消极的自我暗示，凡事从消极悲观的方面考虑，喜欢拿自己的短处与他人的长处相比，逐渐丧失自信心；过低的自我期望，不相信自己的能力，过度看重自己的失败；挫折经历和不恰当的自我归因也是自卑心理产生的原因。第二，性格差异。心理学研究表明，几乎所有的严重自卑者，都存在性格缺陷，有许多自卑者特别内向，他们感情脆弱，体验深刻，比较敏感。自卑也可能源于早期的生活经验，儿童早期的创伤经历和不良影响也是形成自卑感的重要原因。第三，生理缺陷。生理缺陷也是自卑心理产生的重要原因。一些存在生理缺陷的同学经常体验常人无法理解的失落和痛苦，容易陷入孤独、沉默、自卑。

2. 自卑的主要表现

自卑，是指由于某些生理、心理或社会诱因引起的一种不良自我意识，是一种性格上的欠缺，表现为对个人的能力和品质偏低的评价。奥地利精神分析学家A·阿德勒认为，每个人都有先天的生理或心理缺陷，这就决定了人们的潜意识中都有自卑存在，只是程度不同或者说表现形式不同而已。自卑心理是部分大学生中存在的一种常见的心理障碍之一，在现实生活中有以下几方面的表现：

（1）自我评价过低

自我评价，是指一个人对自己生活和心理特征的判断。部分学生不能正确地分析自己的能力，产生一种强烈的与丧失信心相关联的沉重的情绪体验；自己轻视自己，不敢参与任何竞争，不肯冒半点风险，即使遇到侵害也逆来顺受，采取逃避行为；过于敏感，处处退缩，自尊心容易受伤害，常把别人无意的言行视为对自己的轻视。

（2）行为回避

由于自卑而采取回避的方式与别人交往，避免别人看出自己的缺陷和不足。在学习和生活中说话犹豫，思前顾后，缩手缩脚，缺乏应有的胆量和气魄；在公共场合拘谨，不善于自我表现，形成了孤独自卑的闭锁性性格。有的人在学习上不积极进取，才华得不到充分的发挥，不参加集体活动，以逃避别人的评价与批评，游离于班级、集体之外，独来独往。

（3）性格怪异

还有些大学生通过外表自尊的显示，来反抗或掩饰内心的自卑心理。虽然他们具有强烈的自卑感，但他们的自尊感一点也没减弱反而愈加强烈。为了抗拒自卑心理掩盖自己的缺点或不足，他们往往不切实际地吹嘘或炫耀自己的优点和长处，给人一种明显的“矫饰”感觉。有些具有自卑心理的贫困大学生往往表现出轻视、贬低同学和老师的倾向，表现出表里不一的自大傲慢，这也是自卑的特殊表现，是贬低别人抬高自己的另一种形式，以达到某种心理平衡。

3. 自卑心理对大学生人生的消极影响

（1）人际关系紧张

自卑心理容易引起心理压力和紧张，激起逃避或退缩反应，抑制自信，导致焦虑，形成内在阻力，这是非常有害的压力转换模式。自卑感一旦产生，就会渐渐地蔓延、扩散，产生极大的危害，而最大的危害就是导致人际关系紧张。人际关系从一个侧面反映了一个人的心理健康和心理适应状况，良好的人际关系是大学生走向社会的需要，也是大学生综合能力的表现。大学生正处在生理和心理迅速发展的阶段，是心理成熟的过渡期。人际交往中，因惧怕出丑、受挫或遭受他人的嗤笑，缺乏自信，自惭形秽，产生自卑心理，不能有意识地运用一些交往办法，常将人际交往的圈子限制在狭小的范围之内，往往以一种消极或错误的防御方式来保护自己，不敢与别人正常交往，形成闭锁心理。

(2)影响个性发展

自卑会对个性发展产生很大的负面影响，自卑的人会对别人以及外界的兴趣降低，对一般的刺激很少做出积极的反应，并极力回避刺激，不愿与人交往，不想探究问题，不愿承受压力，心理上消极退缩，喜欢孤独，爱好沉思默想，甚至是胡思乱想，导致与社会产生隔阂，与新生事物缺乏联系，个人所面对的都是早已习以为常的自我的狭小天地，坐井观天，作茧自缚，视野狭隘，观念陈旧，渐渐麻木，失去了一个锻炼自己才能的机会，从而影响到个性的发展。

(3)限制潜能发挥

自卑的浅层感受是别人看不起自己，深层感受是自己看不起自己，对生活缺乏起码的自信，做任何事情瞻前顾后、畏首畏尾，处在自卑的心理状态之中，过度自省、自怨自艾、害怕失败，把风险估计得很大，看不到任何进步的可能，而越害怕失败，就越不容易成功，越没机会成功，社交面就会越来越狭窄，影响日常的学习和工作，即使有才华也得不到充分发挥，从而影响到个人潜能的发挥。

(二)极端的自我——自我中心

由于家庭和社会的影响与作用，在警察院校大学生中，有自我中心性格的并不少见。在强调集体、令行禁止的警察院校，自我中心心理会给学生的健康成长和学校的有效管理带来消极影响。因此，应该重视对有较强自我中心心理表现的学生的教育，使他们改变不良性格，融入到集体中去。

1.自我中心心理的表现

(1)以“我”为中心，我行我素

有自我中心心理的学生，一切以“我”为中心，心目中只有自己。谈论任何事情时都以“我”为主题词，“我”的出现频率极高。一事当前，首先想到“我”的感受如何，对我有利无利，从不考虑别人和集体，不懂得进行换位思考。自己想说什么就说什么，想干什么就干什么，听不进别人的劝告。

(2)视“我”的一切为神圣，绝对不可侵犯

有这种心理的人视自己的利益、权利、名誉为神圣，别人绝对动不得，谁侵犯了他，他就要狠狠惩罚、报复这个人，甚至采取极端的手段。这种人心胸极窄，睚眦必报，哪怕别人只是说了他一句坏话，他也耿耿于怀。

(3)以“我”划线,一切以“我”的好恶为判断是非的标准

有这种心理的人,完全以“我”来划线,一切以他个人的好恶为判断是非的标准。谁对他好,他就认为是好人;谁对他不好,他就恨谁。而且,谁要是跟他认为好的人作对,他就憎恨这个人,哪怕这个人是他的亲人。

(4)内向、自我封闭、不合群

有自我中心心理的人,往往同时也是性格内向的人,常把自己封闭起来,不肯对人暴露自己的心迹,就算有朋友也没有深交。这种人喜欢独来独往,不喜欢参加集体活动,常常不遵守集体纪律。

(5)自私自利,损人利己

有些有自我中心心理的人表现得十分自私,不仅其个人的一切利益不允许别人侵犯,还反过来侵害别人和集体的利益。有的人甚至还会发展到窃取公物、偷窃同学的钱物。

2. 自我中心的消极影响

有自我中心心理的学生是难以健康成长的,他们强烈地关注自己,只愿意从自我的角度、标准去认识、评价和行动,容易出现以自我为中心的倾向。当这种倾向与某些不健康的思想意识(如个人主义、自私自利)和心理特征(过度的自我接纳和自尊)结合时,就会表现出过分的、扭曲的自我中心。极端的自我中心意识不仅严重影响一个人的自我形象,而且会导致被人厌恶,严重的自我中心者甚至会对自己、他人和社会造成危害。①

(三)退缩的自主——从众

从众心理是一种比较普遍的社会心理现象。所谓从众,就是在群体的影响和压力下,个体放弃自己的意见而采取与大多数人相一致的自我保护行为。这是人们所说的“随大流”的一种心理表现。生活在社会中的人,为了获得必要的生活和行动空间,避免制造麻烦,需要遵守一些必要的和基本的社会规则,但是如果一个人在做任何事情的时候都要先去观望别人是怎么说的、怎么做的,生怕自己与他人有所不同,虽然有时候对别人的意见也不是很赞同,但看到有很多人赞同,自己也就接受了,这就是盲目从众。大学校园中,从众现象也很普遍。一方面,处于青春期的大学生自我意识急剧发展,充满热情,勇于创新,常常以标新立异的装束和独特的言谈举止显示自己的与众不同;另一方面,他们的独立性、自制力、意志力以及分辨是非的能力还不是很强,往往会陷入焦虑、困惑和迷茫之中,导致行动上随波逐流、思想上迷失自我。

一般认为,大学生的从众现象有以下几种:一是学习从众。一种是同班级、同宿舍的同学之间相互鞭策、相互鼓励的积极学习从众,另一种是消极懒散、考试抄袭作弊的消极学习从众。二是消费从众。有些大学生无视自己的经济基础,随意挥霍金钱,攀比之风、请客之风盛行。三是恋爱从众。校园恋爱极富感染性,有的寝室无人问“爱”,有的寝室全在“爱”中,一些大学生因盲目从众而产生了不理智、不正确的恋爱观。四是择业从众。

①刘志宏、王淑合,公安院校大学生心理健康教程[M]. 北京,中国人民公安大学出版社,2019.

受社会思想多元化的冲击,许多大学生择业始终抱着“大都市情结”不放,更多地考虑眼前的、现实的利益,具有较大的盲目性,一些人甚至放弃了更适合自身发展的机会。大学生之所以产生从众心理,原因包括:一是社会和家庭环境的影响。从众心理是一种属于群体心理范畴的心理现象。社会是由个人构成的,个人生存和活动于社会之中。群体是沟通个人与社会的桥梁。大学生正是通过宿舍、班级、学校等不同规模的群体,保持着与社会的联系与沟通,大学生的心理必然受到群体心理的制约和影响。二是缺乏主见和自信。三是迫于群体的压力而明哲保身。在群体中,多数人的观点和意见对少数个人产生心理影响,形成舆论压力,使少数个人不由自主地遵从多数人的观点和意见,这样似乎可以明哲保身。

(四)过度的自立——逆反

逆反心理是大学生自我意识发展过程中的一个产物,其实质是为了寻求独立、寻求自我肯定,为了保护新发现的、正在逐渐形成的,但还比较脆弱的自我,为了抵抗和排除在他们看来压抑自我的外在力量的一种心理现象。这是青年阶段心理发展的必然要求。就逆反心理本身而言,它具有双重性:一方面,表明青年人有反抗精神、独立意识;另一方面,不少人不能正确地把握反抗的度,表现为过分的逆反心理。逆反心理过分的学生,常采取非理智的反应方式:在内容上不分正确与错误、精华与糟粕,一概排斥;手段上只是简单地拒绝和对抗,情绪成分大;目的上只是为了反抗而反抗;逆反的对象多是家长、老师和社会宣传的观念和典型人物等。其结果是阻碍了他们学习新的或正确的经验,不利于其成长。对警察院校大学生而言,克服逆反心理尤为重要,在集体高于一切的团队,逆反会使集体瓦解,使教育目标无法实现。大学生的逆反心理具体有以下一些表现:

1.对正面宣传作反面思考

在大学生中,有不少人对上级、学校、领导、老师的正面宣传,表现出各种不认同、不信任的逆反心理。他们往往会以社会上某些个别的不公正或黑暗的现象和事实来以偏概全地全盘否定正面事实和宣传,甚至在言行上表现得较为激进,与社会主流或学校的主流思想和要求唱反调。例如,我们大力提倡和弘扬集体主义精神和共产主义理想,有些人就会认为,现在搞市场经济,人人都注重实惠,讲奉献不合算;而对于社会上的阴暗面,有些人总喜欢以“局外人”的身份进行指责、非难等。

2.对榜样及先进人物的无端否定

现实生活中有许多先进人物的事迹确实感人肺腑,可一遇上大学生带有逆反心理的有色眼光,就会产生变味,出现一些不该有的现象。例如,将雷锋说成是处于低层次文化素质群体中突出的“傻子”,将先进人物说成是沽名钓誉的投机家;对于自己身边的榜样,则冠以“拍马屁”,给予排斥和嘲笑;在听先进人物事迹报告时,甚至有少数学生鼓倒掌、喝倒彩,甚至起哄等。

3.对不良倾向产生认同感

嫉恶如仇、是非分明体现了年轻大学生的思想风貌,但少数大学生却对不良倾向产生认同感：与老师公开对抗被视为有本事，在同学中拉帮结派被称为讲义气等，种种不良的行为倾向却赢得了一些人的认同。这些人对于乐于助人、爱护集体、爱护公物、遵守校规校纪的同学则是讽刺挖苦，造成在集体氛围里好人好事无人赞、不良倾向有市场、歪风邪气抬头的现象。

4.对思想政治教育、校纪校规的消极抵制

有的大学生一听说上思政课，不管内容如何，就认为思想政治教育大而空、形式化、远离学生的现实生活，对之采取应付、消极抵制的态度。另外，对于大学生应遵守的纪律、守则，他们也认为是妨碍他们自由发展的"枷锁"，总要有意无意地做一些对抗行为，以示他们的独立性或成熟感。

5.渴望独立，但在现实中拒绝长大

在现实中，经济上的不独立使得他们不得不依赖父母生活，而且，随着现代社会竞争的日益激烈和大学生就业压力的增大，很多大学生在毕业后还成为"啃老族"，甚至在行为方式上存在退缩现象，如处处"装嫩"，渴望回归儿童时代。"宅男宅女"的出现也是不愿与社会更多接触而退回到属于自己的安全领地的不成熟表现。美国心理学家丹•基利指出，这种行为属于"彼得•潘综合征"，就是拒绝长大，不肯独立。这说明大学生主观上渴望独立与客观上不能很好独立之间形成了矛盾。

过度逆反会妨碍大学生学习新的或正确的经验，不利于其社会适应和自我成长。对警察院校的大学生而言，过度逆反将无法适应集体生活，无法完成学习目标，无法完成职业准备。

二、自我发展调适

警察院校的大学生怎样才能调适自我发展中遇到的问题，正确认识自己、悦纳自己呢？

（一）爱自己

在许多人的印象中，"爱他人"和"爱自己"似乎是截然对立的。然而，人们却很少想到，有时正是因为没有能力爱自己，我们才不敢爱他人。实际上，爱自己是爱他人的前提，自爱的人才有空间去爱他人。

在生活中，很多人由于受到伤害或不曾被爱过，一直不相信自己是可爱的，也不敢相信他人会真心爱自己。他们痛恨自己，曾做出许多伤害自己的事。一位受过家庭伤害的女生在随笔中写道："从小到大，我都没怎么好好对待过自己，没有好好与自己相处。我常常为别人的和自己的过错责备自己，甚至痛恨自己。"不自信成了她的包袱，也阻碍了她去享受爱。用她自己的话说，"因受到伤害而对人有恨，又因不自爱而对自己有怨"。

爱自己，就是对自己宽容，为自己感动，为自己流泪，允许自己犯错误。当你对自己人格中的懦弱面和阴暗面微笑时，它回报给你的也是微笑。爱自己，向镜中的你致敬。你站在镜子前，即使根本不喜欢自己，也要学会爱镜子中的人。完美并不是爱所必需的，开始学会爱自己的一部分，对着镜子说，我爱我的头发、皮肤、眼睛等，这样坚持下去，每天多爱自己一点，就像我们都爱过一个婴儿，爱过一朵花，爱过一首歌，现在，把这种爱注入自己的心灵，给自己带来温暖与力量。

（二）接受不完美的自己

我们每个人都是有长处和短处的，要学会接受不完美的自己，接受有缺憾的自己。一个能接受自己缺憾的人，才有可能接受他人。我们每个人都是不完美的，我们周围所有的人都一样，完美只是一种理想。世上没有真正完整、完善的人，包括你的父母、朋友，也包括你的老师和任何你景仰的人。

（三）停止与自己对立

停止与自己对立，是指停止对自己的不满和批判。不论自认为做了多少不适合的事，有多少不足，从现在起，停止对自己的挑剔和责备，要学习站在自己这一边，维护自己生命的尊严和价值。停止苛求自己，允许自己犯错误。但在犯错误后要做出补偿，以弥补自己的错误所造成的损失。

以建设性的态度和方法对待自己的弱点和错误，因为弱点也是有意义的。首先，它让我们懂得自己的局限性，使我们不至于狂妄自大；其次它使我们懂得尊重有相应长处的人。只要我们能吸取教训，错误就会成为我们的老师，从修正错误中学习是学习的主要方式之一。我们要学会正视自己的弱点，注意不要把时间花在自责和沮丧上，把精力集中在怎样改正上，这样就可以少走弯路。

停止与自己对立还需要停止否认或逃避自己的负性情绪。如果产生了负性情绪，要先坦然地承认并且接纳自己的负性情绪，不论它是沮丧、愤怒、焦虑，还是敌意。人产生负性情绪是很正常的，它提醒我们对现状要有所警觉，这是改变现状的先决条件。如果一个人不为自己的成绩差而沮丧，他就不会想努力学习。所以，不要害怕产生负性情绪，也不能否认或逃避，要首先接纳它，然后再想办法解决引起负性情绪的问题，并告诉自己“不论产生什么样的负性情绪，我都选择积极地正视、关注和体验它，我将从中了解自己的思想，并建设性地解决问题。”

（四）无条件地接纳自己

绝大多数人从小就受到种种有条件的关注或者严格的管束，致使很多人以为只有具备某种条件，如漂亮的外表、优秀的学习成绩、过人的专长、出色的业绩等，才能获得被自己和他人接纳的资格，于是，很多人因此背上了自卑的包袱。由于曾经被挑剔也就逐渐习惯于用挑剔的目光看待自己，越看越觉得无法接受。接纳自己就是无条件地、无批判地接受自己的现状。例如，你学习名次落后了，你焦虑，你自责，于是你就强迫自己改变。越强迫越混乱，于是，你感觉胆战心惊、压抑，这样，你就会被压抑和痛苦所淹没，你还怎么改变？这是你用脑子、用观念和价值判断的结果。所以，接纳自己不是用脑子，不是用观念和价值，而是用心灵，用心灵爱自己、鼓励自己。在爱和接纳中你的心被有序地整合起来，你的心就不乱了，头脑就清醒了，做起事情来就会有自己的节拍，才会萌生源于心灵深处的力量，这个力量不是来自外部的压迫。

一个人并非要有突出的优点、成就或做出别人希望的改变才能被接纳。自我接纳是人天生就拥有的权利。接纳自己是无条件的,要学会做自己的朋友。

(五)做好独一无二的自己

我们每个人都是这个世界上独一无二的,我们要学会只做自己。有一位收藏家,专门喜欢收集和买卖一些稀少的、有纪念价值的物品,即使花再高的价钱,他都在所不惜。有一次,他听说英国有人要拍卖世界上最古老的邮票,十分激动,他想机会难得,于是赶紧前往拍卖会场,到了现场,他发现这是极为少见的邮票,世界上只存有两张,而这两张邮票都在会场上准备要拍卖。拍卖到最后,这位收藏家以各一百万英镑的价格买下了这两张邮票,出手之阔惊动了拍卖会场。大家不知道他为何要出这么高的价钱。就在众人还在议论纷纷的时候,这位收藏家走到台上,向大家宣布:"各位都看到了,我以两百万英镑购得了这世上仅存的两枚邮票。现在我要做的是,把其中一张烧掉。"讲完之后,他就从口袋里拿出打火机,果然把其中一张给烧掉了。当时,与会来宾个个愣在那里,他们不敢相信这是真的,难道他真的发疯了?这个时候,收藏家又说:"大家都看到了,我已经烧掉了其中一枚。换句话说,我手上的这一枚是世界上独一无二的。它,才是真正的无价之宝!现在,我要把它卖给懂得鉴赏它的人,请大家出个价吧!"这时,喊价声不绝于耳,大家争先恐后想要获得这独一无二的至宝,最后,竟然以五百万英镑成交了,打破了有史以来邮票拍卖的最高纪录。

如果你也拥有一个全世界独一无二的稀有之宝,你会如何珍惜它呢?你是否想过,你自己本身也是绝无仅有、独一无二的。你的外表、动作、个性和思维都是唯一的,过去没有,现在没有,将来也不会有其他的人和你一模一样。在这天地之中,你就是你,无人可以取代!我们的遗传、环境、遭遇和经验造就了我们自己。无论它是什么样子,我们都应该接纳它、喜欢他、珍视它,因为那毕竟是我们自己。

学会做自己,做最好的自己。

◆课程实训

实训一:自我意识测验

自卑情绪自测

【指导语】

本问卷列出了一些反映一个人日常情感、态度和行为的陈述。回答时,请尽量诚实、准确地回答,回答没有对错。所测时间范围为最近两个月,除非题目中特别标明时间界限。

【评分规则】

对题中内容,若"非常同意"计4分,"基本同意"计3分,"基本不同意"计2分,"很不同意"计1分,并计入后面表中。

【问卷项目】

1.我对自己的学习成绩没有信心。　(　　)

2.我不擅长体育运动。　(　　)

3.我对自己的外貌感到不满意。 ( )
4.维持一种满意的爱情关系对我来说会很困难。 ( )
5.我是一个不善交际的人。 ( )
6.当众讲话时,我常常没有把握做到清晰、有效地表达自己的看法。 ( )
7.比起大多数人来,我更容易怀疑自己的能力。 ( )
8.此刻我比几周来更为不快。 ( )
9.我常怀疑自己是否有这份天资,能成功地实现我的专业和职业目标。 ( )
10.一说起体育运动,我就感到沮丧,而不是欣喜和渴望。 ( )
11.我比一般人长得难看。 ( )
12.我的爱情生活似乎会比大多数人都糟糕。 ( )
13.对我来说,结识一个新朋友并不容易。 ( )
14.我不像大多数人那样有能力当众讲话。 ( )
15.当事情变得糟糕时,我通常不相信自己能妥善地处理好。 ( )
16.我今天比平时更没自信。 ( )
17.当我学习一门新课时,我不能肯定自己的学习成绩是否能合格。 ( )
18.我比与我年龄、性别相同的多数人更不擅长体育。 ( )
19.我为自己长得难看而悲哀。 ( )
20.对我来说,吸引一个自己感兴趣的异性朋友似乎很困难。 ( )
21.在晚会或其他社交聚会上,我常常感到不自在。 ( )
22.我比多数人更担心在公共场合讲话。 ( )
23.我比我认识的多数人更缺乏自信。 ( )
24.现在我感到比平时更悲观和消极。 ( )
25.我已经意识到,与同我竞争的大多数人相比,我的学业并不突出。 ( )
26.有时我不去参加体育活动,是因为我认为自己对此不擅长。 ( )
27.使我烦恼的是我的模样不能更好看点。 ( )
28.我在建立爱情关系上,似乎比多数人困难更多。 ( )
29.我愿意认识更多的人,可又害怕和他们打交道。 ( )
30.当众讲话使我不舒服。 ( )
31.即使身处那些我过去曾应付自如的场合,我仍然常常对自己没有把握。 ( )
32.近几天来有好几次我对自己非常失望。 ( )
33.令我烦恼的是,我在智力上比不上其他人。 ( )
34.对体育运动不擅长是我很大的一个缺点。 ( )
35.大多数人可能会认为我的外表没有吸引力。 ( )
36.当我考虑是否与异性约会时,我感到紧张或没有把握。 ( )
37.当我参加社交聚会时,常感到自己的笨拙和不自在。 ( )
38.在人群面前表演节目和讲话,我想都不敢想。 ( )
39.我缺少使我成功的某些重要能力。 ( )

40.最近几天,我对自己满意的地方比以往更少。（　）

41.当我必须通过重要的考试或完成其他专业任务时,我不知道自己是否能行。（　）

42.我很难在体育运动中找到快乐和自信。（　）

43.我希望我能使自己的容貌变得更好看些。（　）

44.我不像别人那样容易得到约会。（　）

45.我似乎比多数人更不擅长结识新朋友。（　）

46.我比多数人更担心自己在公共场合讲话的能力。（　）

47.许多时候,我感到自己不像周围的人那样有本事。（　）

48.这几天我与平常相比,对自己的能力更没有把握。（　）

49.我害怕那些智力上富有挑战性的活动,因为我知道我的智力比不上别人。（　）

50.一想到要开运动会我就感到不安或乏味,因为我没有能力在运动会上表现自己。（　）

51.要是我长得更好看一些,我就会使人们更喜欢我。（　）

52.我不得不避开那些我有可能会与之产生爱情关系的异性,因为我在他(她)身边会感到很紧张。（　）

53.我在人群中不像大多数人那样感到坦然、舒服。（　）

54.有时我因为不想当众发言而回避上课或不参加活动。（　）

55.假如我更自信一点,我的生活就会好一些。（　）

56.今天我比平时对自己更无信心。（　）

自卑倾向计分表

F1		F2		F3		F4		F5		F6		F7		F8	
题号	计分	题号	计分	题号	计分	题号	计分	题号	计分	题号	计分	题号	计分	题号	计分
1		2		3		4		5		6		7		8	
9		10		11		12		13		14		15		16	
17		18		19		20		21		22		23		24	
25		26		27		28		29		30		31		32	
33		34		35		36		37		38		39		40	
41		42		43		44		45		46		47		48	
49		50		51		52		53		54		55		56	
合计		合计		合计		合计		合计		合计		合计		合计	

【计分与解释规则】

本测验主要用于评定人的自卑的具体内容。先计算表中各项的合计分。其中,F1指学业、智力方面的自卑感,F2指体育运动方面的自卑感,F3指外貌、形象方面的自卑感,F4指异性交往、爱情生活方面的自卑感,F5指人际关系、社会交往方面的自卑感,F6指演讲与口才方面的自卑感,F7则是对自身能力和自信心的自卑感,而F8主要用于测定有可能影响到自卑感评定的目前的心境状态。

评定时，主要看F1～F7的各项合计分。各项分值范围为7～28分。得分越高，则该项的自卑感倾向越明显；反之，得分越低，自卑感越少，自信程度也就越高。

如果某项的合计分在12分之下，那么你在该项上没有或基本上没有自卑感，你在这方面对自己很有信心。

实训二：心理团体辅导训练

团辅名称："探寻自我之旅"团体心理辅导

团辅目标：探索自我，增进对自我的了解，培养积极健康的自我意识。

团辅活动领导者：心理健康课程教师、辅导员

团辅活动的对象：大一新生

团辅活动的时间：结合心理健康课程或班会

团辅活动的次数：1次，2课时

团辅活动的场地：教室、学校团体辅导室

（一）团辅方案设计（见下表）

"探寻自我之旅"团体心理辅导计划书（总方案）

活动名称	活动目标	活动主要内容	预计时间
一、认识自己	探索自我、增进对自我的了解，培养积极健康的自我意识。	1.填写"我是谁" 2.讨论自我概念	30分钟
二、理想的我	认清"理想的我"与"现实的我"之间存在的差距。	1.团辅活动分组 2.对比"理想我""现实我"	15分钟

（二）内容与流程

活动名称	活动内容及流程	操作提示
一、认识自己	1."自我"概念的说明和活动介绍。 2.请参与者用15分钟填写"我是谁"活动卡，然后将活动卡固定在胸前，参与者之间相互自由交谈沟通15分钟。 3.请参与者用15分钟时间填写"投射活动表"并固定于胸前，参与者之间相互自由交谈沟通15分钟。 4.讨论如下问题： 填写"投射活动表"的时候有什么感受？ 交谈沟通过程中看到别人所写的内容时会有什么样的体验？ 自己为什么会写出上述内容？它代表真实的自己吗？ 自我概念对人际关系有影响吗？ 5."我是谁"活动卡的结果可被认为是参与者的"主观我"，而"投射活动表"的结果可视为"理想我"，别人的反馈可视为"客观我"。 6."我是谁"活动卡可以用如下形式的句型表示："我……""我是……""我可以……""我想.""我曾经……""我愿意……"等。 7.投射活动表可以用如下形式来表示："假如我是……，我希望是……，因为……。"	

活动名称	活动内容及流程	操作提示
二、理想的我	1.将班级中的学生按3～4人为一组分为若干小组； 2.要求每个学生认真思考"理想中的我"具有哪些特征，在8分钟内至少列举出10个"理想的我"的特征（越多越好）； 3.每组学生轮流对每个组员的"现实的我"的特征进行评价，然后每个组员对同学的评价与自己所认为的"理想的我"进行对比，寻找自己存在的差距，时间大概15分钟； 4.最后，每个小组选派一名代表，谈谈参加此次活动的感受。	

课后作业

1.结合自身实际分析自我意识的心理结构。

2.自我认识有哪些途径和方法？以其中一种方法为例深化对自己的认识，并谈谈自己的体会。

3.大学生自我意识发展中经常遇到哪些问题？谈谈你对这些问题的看法。

第五章 警察院校学生人格发展与心理健康

◆**思维导图**

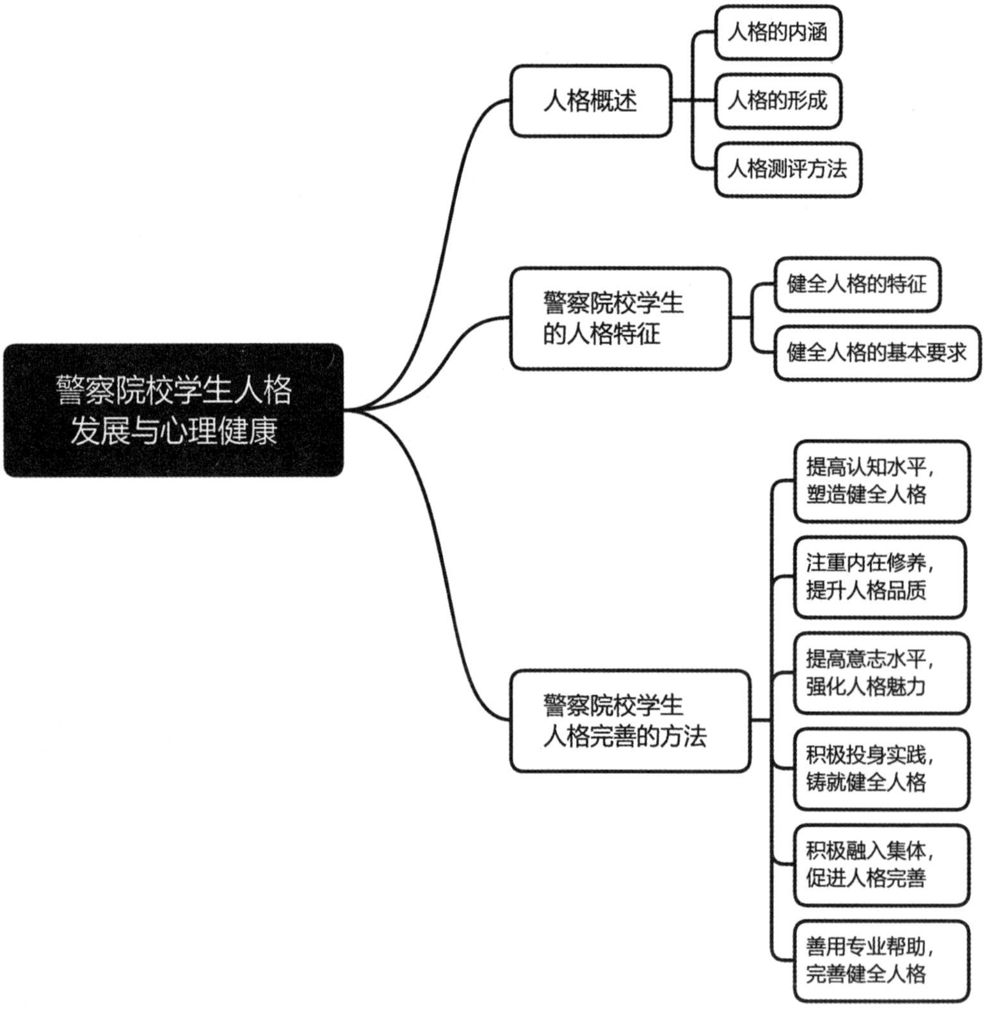

◆**课程思政**

“围绕凝聚人心、完善人格、开发人力、培育人才、造福人民的工作目标，发展素质教育，培养德智体美劳全面发展的社会主义建设者和接班人。”(《中共中央国务院关于深化教育教学改革全面提高义务教育质量的意见》,2019年6月23日)

“培养什么人、怎样培养人、为谁培养人”是教育的根本问题。要完成“凝聚人心、完善人格、开发人力、培育人才、造福人民”的教育工作目标，“完善人格”是其中的一个重要方面。那么，培养大学生什么样的人格、怎样培养人格，是需要高校深入思考和解决的现实问题。

◆**课前测量**

趣味测试：人生取向——你想了解自己吗？

在多元化的时代，人们的生活方式有了更多选择，追求个性和自由是年轻人不变的追求。做做下面的测试，看看自己的人生取向“坐标”在何处。

在下面的测验中，请依据与你自己相符合的程度对所描述的题项（每一项有0～4个等级选择）尽可能真实地作答；答案没有对与错之分（引自 Scheier，Carver &Bridges，1994）。

0	1	2	3	4
完全不符合	基本不符合	说不清楚	基本符合	完全符合

1.在不确定的情况下，我常常期望得到最好的结果。

2.对我而言，放松是一件轻而易举的事情。

3.即使事情的发展对自己不利，我也是顺其自然。

4.我对自己的将来一直持乐观态度。

5.我非常喜欢自己的朋友。

6.对我而言，保持充实是至关重要的。

7.我从不奢望事情能按着自己的方式进行。

8.我不会轻易变得心烦意乱。

9.我从不期望有什么好事情发生在我头上。

10.总而言之，我期望发生在我头上的事情，好事要比坏事情多一些。

记分规则：首先，把对第3、第7和第9题的答案进行颠倒，即把“0”转换成“4”，“4”转换成“0”，把“1”转换成“3”，把“3”转换成“1”，“2”保持不变。接着，把颠倒后的分数加起来，然后再加上第1、4、10题的成绩。（第2、5、6、8题不计成绩）

测验的总分反映了你自己的人生取向，即你对生活的乐观程度。得分越高，你对待生活就越积极、越充满希望。

第一节　人格概述

人格修养是每个人一生的功课。健全、完善的人格既是个人良好修养的标志，也是人民警察保持身心健康，抵御职业风险，适应职业要求的前提和保障。

一、人格的内涵

(一)人格的概念

人格是一个含义丰富,又极为抽象的概念。从词源上看,传统中文系统没有“人格”一词,“人格”是英文“personality”的意译。“personality”一词源自拉丁文“persona”,意指戏剧演员所戴的面具,它们代表剧中人物的角色和身份。把面具指义为人格,这就暗示了人有两面——公开的一面和藏于其后不为人知的一面。由此可见,“人格”一词与中国古代学者提出的“蕴蓄于中,形诸于外”之说,可谓不谋而合。

一直以来,心理学对人格的定义并不统一。一般来说,我们可以将人格(personality)[①]认为是个体才智、情绪、愿望、价值观和习惯性行为方式的有机整合,它赋予个体适应环境的独特模式。这种知、情、意、行的复杂组织是遗传与环境交互作用的结果,包含着个体受过去的影响以及对现在和未来的建构。

需要注意的是,在日常生活中,人们常说“某某人格高尚,某某人格卑劣”,这是从伦理学角度评价人的道德品质。又如说“某人侮辱某人的人格”,这是从法律的角度陈述一方对另一方的尊严和人身的侵犯。在具体应用中,有些“人格”一词意义宽泛,已经超出了心理学的范畴。

(二)人格的特点

人格的定义中,包含了两大特点:

1. 人格的独特性。俗话说:“人上一百,形形色色”。人与人之间的心理和行为是各不相同的。由于人格成分的多样性,使得每个人的人格都具有其独一无二的特点。虽然人与人之间也有许多共性,但人格心理学家更重视人与人之间的差异性。

2. 人格的稳定性。人格具有跨时间的持续性和跨情境的一致性。例如,一个性子急的人不仅在学习、做事风格上显得风风火火,在旅游、休闲活动中也会有一致性表现,而且不仅在青少年时期如此,在成年时期甚至老年时期也是如此。

二、人格的形成

我们的人格既不是与生俱来,也不是完全由环境决定,是在先天遗传和后天环境的交互作用下逐渐发展而来的。

(一)生物遗传因素

人格的形成离不开个体的生物遗传基础。个体的遗传基因、神经系统(特别是脑)的特性、体内的生化物质是人格形成的基础。大量研究发现,同卵双生子在人格量表上的得分相关均值高于异卵双生子的相关均值。这说明同卵双生比异卵双生在人格特征上有更大的遗传力(Loehlin,1977)。有报道称,一对同卵双生子出生后被分开抚养,从未见

---

①[美]戴维·迈尔斯,黄希庭等译,心理学(第七版)[M]北京:人民邮电出版社,2006.

面,但四十多岁重逢时,两人的着装、发型、职业和嗜好都极其相似(Atkinson,Atkinson,Hilgard,1983)。

体貌特征也对人格的形成有一定影响。人的身高、体重、体型和外貌等生理特征,有的可能符合人的价值观念,有些则可能不符合,人们在感受他人的评价,或自己在对这些特征进行评价的时候,对人格的形成会产生潜移默化的影响。例如,人长得漂亮、身材匀称,就容易形成自信、热情等人格特征,反之,如果不能正确对待,则可能形成自卑、孤僻等人格特征。

虽然人格的形成与发展有一定的生物学根源,但社会因素依然是更有意义的。对同卵双生子的研究表明,不同环境中长大的同卵双生子,气质特征非常相似,而性格却明显不同,随着他们年龄的增长,分开的时间越长,性格的差别就越大。神经系统的遗传特性虽然影响一个人感知刺激的能力、动作反应的速度和灵活性,但却不能决定一个人的性格特征。在一个家庭中,父母与子女之间,兄弟姐妹之间,虽然在遗传素质上有较多的共性,但却可能有完全不同的人格特征。总之,人格主要是社会环境的产物。

(二)环境因素

人格的形成也离不开环境的影响。这种影响包括胎内环境、家庭教养环境、学校及社会文化等。

1.胎内环境的影响

从受孕伊始,环境因素就开始对人格的形成产生作用,最早的环境就是子宫。不同母体的子宫环境亦不相同,对新生儿的发育也产生着不同的影响。例如,母亲血清中锌的含量严重偏低会导致婴儿患各种先天性畸形;有毒瘾的孕妇会使婴儿天生染上毒瘾。这些特征虽然出生时便已存在,但却不是由遗传决定的。

2.家庭环境的影响

家庭的结构类型(如独抚家庭、寄养家庭)、教养方式、家庭气氛等都会对儿童人格的形成产生重要的作用。生活在残缺或寄养家庭的孩子,往往父(母)爱相对缺乏,很可能对人格的早期发展产生许多负面影响。研究也发现,体贴温暖的家庭环境能促进儿童成熟、独立、友好、自控和自主等特征的发展。

3.学校环境的影响

学校环境对人格发展有着深刻的影响。已有研究发现不同校风下的学生在时间管理倾向、自我价值感、应对方式以及心理健康等方面有着显著的差异;优良校风对中学生健全人格特征的养成有显著的促进作用(黄希庭,1988)。而优良班风对学生的自我价值感、自我监控、自信心、时间管理倾向及创造性等人格特点的发展也有着显著的促进作用(黄希庭,1992)。此外,教师的言行对学生人格的形成也会产生潜移默化的影响。

4.社会文化的影响

民族文化能陶冶一个人的民族性。有研究发现,爱斯基摩人生活在冰天雪地的北极，以渔猎为生，这需要坚定、独立、敢于冒险的性格。他们以仁慈宽大的方式管教孩子并鼓励其个性化，以培养出爱斯基摩人所需要具备的人格特征。而具有五千年华夏文明的中国人，人格中有着显著的“以义为上”的特征（黄希庭，2006）：把个人的发展与群体的发展结合在一起，追求在社会、民族、国家的发展中实现自我的价值；为社会、为国家、为民族、为个人的人格尊严，不惜杀身成仁，舍生取义。这种人格发展动力在新时代又得到了进一步的发展。2020年新冠疫情暴发以来，各行各业涌现出无数舍小家为大家的英雄事迹；新时代的中国青少年要争当“有理想、有本领、有担当”的时代新人——这些都体现了中国人在特有民族文化背景下形成的“以义为上”的人格特点。

（三）遗传与环境的相互作用

心理学家认为，同样的文化传统、同样的家庭环境、同样的学校影响下，人与人之间的个体差异是遗传与环境交互作用的结果。这种交互作用有三种具体形式：

1. 反应的交互作用

面对同样的环境，不同个体会以不同的方式感受、体验和解释。处于同样的人际环境中，外向的孩子与周围人和事的联系比较内向的孩子更多、反应更频繁。这种交互作用被称为反应的交互作用（reactive interaction）。

2. 唤起的交互作用

孩子对环境的不同反应，会引起周围人对他的不同反应。易哄、爱笑的婴儿自然会比烦躁不安、哭闹的婴儿更容易得到关心和疼爱。温顺的孩子比惹是生非的孩子更少受到家长的训斥，此种交互作用称为唤起的交互作用（evocative interaction）。

3. 超前的交互作用

反应的交互作用和唤起的交互作用自始至终贯穿于人格发展的全过程。随着孩子的长大，有了一定的自主性之后，他们便会选择和建构自己所偏爱的环境，而这些环境反过来又进一步塑造其人格，此种交互作用称为超前的交互作用（proactive interaction）。

在人格的发展过程中，上述三种个体与环境的交互作用在不同阶段的表现强度是不同的，孩子在仅限于父母所提供的环境中活动的时候，其基因型与环境的内在相关最强。随着人的成长成熟，从儿童向成人过渡的过程中，个体开始选择和建构他们自己的环境时，基因型与环境的最初相关逐渐被超前的交互作用所代替，此时个体的三种交互作用会经常在生活中起作用。环境不会满足人，人能够有意识有目的地选择和创造环境，以满足自己的需要。总之，人格的形成与发展是遗传与环境交互作用的结果。

三、人格测评方法

人类对自身人格的好奇由来已久。在科学不发达的时代里，占星术、相面等伪科学方法曾经十分流行。随着社会的发展，心理学工作者克服困难挑战，研究如何对人格进行科学的评价，人格测评方法也不断更新迭代。

（一）相关概念

心理学家一般使用人格测验评价人格的个体差异。人格测验（personality test）以测评个体的人格特征为目标，包括测量性格、气质、态度、兴趣爱好、成就动机、自我概念、价值观等各种测验。

作为一种测量工具，人格测验强调信度和效度。信度（reliability）指测验结果的一致性。如果一个测验是具有信度的，那么每次实测于同一人（或群体）时所得结果应该是一致的；相反，不可靠的测验每次实测的结果都不一样。若想得出一个有价值的测验结论，测验还需具备一定的效度。测验若能够测评到它所要测量的东西，那么测验就具有效度（validity）。对于一个测量自立人格的测验而言，我们必须确保它测量所得的确是自立这种特征，而不是其他特征，这样它才是有效的。

同时，人格测验还必须有相应的常模（norms）。常模是通过大规模的施测和标准分数的判定而建立的，是衡量测验成绩的标准，可以使个人的测验成绩能够与其他进行同一测验的人进行比较。例如，张某在人格测验上得了36分，利用常模就可知道他居于所有参加过该测验的人中的前10%。将个人与群体的成绩进行比较，得到与其他参加测验者的相对结果，更有利于对测验结果的解释。

（二）测评方法

1.自我报告法

了解一个人的人格，一种可行的方式就是访谈。通过有一定结构的主题谈话，确定一个人成长过程中的重要事件、社会关系、人生经历等。访谈的方法比较费时费力，且主观误差较大。为此，心理学家研究出自我报告法（self-report measures），通过少量典型行为样本来评定一个人的人格。

自我报告法，它通常要求被试依据自身的主观态度、观点和感受等来回答自己在假想情境或假设选择中的表现。20世纪下半叶开始，使用最为广泛、最具代表性的人格自陈测验是明尼苏达多相人格问卷—2（Minnesota Multiphasicephasic Personality Inventory-2，简称MMPI-2）。该问卷最初用于诊断人们有无心理障碍，后来还被用来预测许多其他行为，目前在国内有较多的应用。在国外，美国的警察部门用该测验来预测警员是否倾向于使用枪械；俄罗斯的心理学家也采用修订后的MMPI-2对宇航员和运动员进行测评。

MMPI-2测验项目涵盖了众多的领域，从情绪（“有时候我觉得自己一无是处”）到想法（“人们应该试着去理解自己的梦境”），再到生理和心理的健康（“每周都有几次觉得自己的胃不是很舒服”“我总是有一些稀奇古怪的想法”）等。答案没有对错之分，对结果的解释取决于被试在各题项上的反应。测验成绩包括了10个分量表，及另外3个考查被试作答效度的量表。如，测谎量表能鉴别人们是否在故意歪曲自己的真实反应，以更好地表现自己。

编制MMPI的初衷是用来鉴别人格障碍，其表现也十分出色。然而，和其他的人格测验一样，MMPI也给滥用留下了可乘之机。例如，用人单位用该测验筛选应聘人员时，可能会对测验结果做出不恰当的解释，或过度依赖于个别分测验的结果。此外，由于题项较多，使得问卷冗长，而且许多题项也过于直白（易受社会称许效应的影响）。总之，MMPI并非完美无缺，我们在使用时仍须谨慎待之，应结合其他的测评手段和方法进行配套使用。

2.投射测验

20世纪30年代早期，一些精神分析流派的心理学家开创了人格投射测验（projective personality tests）的方法。研究者认为潜意识是人格的决定因素，他们向被试呈现模糊的情境刺激，然后让被试在不受限制的条件下自由反应，使其将隐藏在潜意识中的欲望、动机和偏好等信息投射出来。较典型的人格投射测验有罗夏墨迹测验和主题统觉测验两种。

罗夏墨迹测验（Rorschach test）由瑞士心理学家罗夏设计。测验包括了一系列的对称性墨迹图。通常要求被试回答这些刺激对他们而言意味着什么，并对回答进行记录。经过测验人员一系列复杂的临床鉴别，被试者被归为不同的人格类型。例如，根据罗夏制定的标准，如果一个人在某一幅墨迹图片中看到了一头熊，则可认为此人可能拥有极强的情绪控制能力。

主题统觉测验（Thematic Apperception test，TAT）由一些模糊的情境图片组成，常要求被试根据图片讲述一个故事，所讲述的内容用于推测该被试的人格特征。

投射测验使用的都是模糊刺激，测验的结果解释依赖于测验人员的推理和主观评价，难以实现分数标准化和操作流程化，因此在应用领域一直受到质疑。此外，许多批评家还指出，投射测验没有提供有关潜在人格特质的有效证据。尽管存在争议，但投射测验还是在临床上得到广泛的应用。

3.行为测评法

学习理论取向的人格心理学家更倾向于采用行为测评（behavioral assessment）的方法。行为测评法不以当事人自己的描述作为依据，而是通过收集个体在具体情境下的具体行为来推断其人格特征。

在行为测评法的条件下，研究者可以在个体所在的真实环境（如工厂、家里或学校等）中进行自然观察，也可以在实验室控制条件下进行行为测评观察。无论在何种情境中观察行为，都必须确保行为测评的客观性，尽可能量化行为。比如，研究者可以记录下被试所作出的特定行为的频率或持续时间，并进行统计分析。行为测评法常用于行为障碍的个案研究，帮助其矫正行为。

除了上面介绍的三种方法外，访谈、心理生理学技术和无干扰测量等，都是人格测评中常用的方法。

第二节　警察院校学生的人格特征

一、健全人格的特征

大学生正处于青年期的中晚期，是人格完善与定型的关键阶段。大学生如果能在这一时期内积极地塑造健全的人格，将有助于其提高自身的心理健康水平，更好地适应环境，愉快地享受人生。

黄希庭教授2003年的一项研究认为，健全人格者的特征应包括以下几方面：

1. 对世界抱开放态度，乐于学习和工作，不断吸取新经验；

2. 以积极的眼光看待他人，有良好的人际关系和团队精神；

3. 以积极的态度看待自己，能自知、自尊、自我悦纳；

4. 以积极的态度看待过去、现在和未来，追求现实而高尚的生活目标；

5. 以积极的态度对待困难和挫折，能调控情绪，心境良好。

总之，人格健全的人能以辩证的态度对待世界、他人、自己、过去、现在和未来、顺境和逆境，是自立、自信、自尊、自强、幸福的进取者。

二、健全人格的基本要求

警察院校学生和普通大学生一样，正处在人生发展的重要时期。一方面，跟普通高校大学生一样希望了解自己、把握自己、发展自己，完成自我角色认同等发展任务，需要具备谦让、克己、谨慎、负责，敢于面对现实、尊重事实的人格特质，培养较好的社会适应性和处理人际关系的能力。另一方面，受学业要求和未来职业定向的影响，警察院校大学生在人格发展的方向和内容等方面又有一定的特殊性。为了切实做到对党忠诚、服务人民、执法公正、纪律严明，全心全意为增强人民群众获得感、幸福感、安全感而努力工作，对于警察院校大学生而言，培养和锻造健全人格又有着额外的要求：

（一）正确的人生观和价值观

正确的人生观和价值观是每一个大学生都应该具备的。但是，人民警察工作的性质和职业特点要求警察院校大学生必须具有奉献精神和吃苦耐劳的思想和心理准备。警察院校大学生必须正确理解作为一名人民警察应该具备的人生观和价值观。大学求学过程中，警察院校大学生也需要自觉地、有意识地不断加强自我锤炼。

（二）对人对己的负责态度

从某种意义上讲，一个人对外界和自己的态度可以反映出他的人格倾向。警察院校大学生在形成和发展健全人格的过程中，要努力培养负责的态度。态度包括了对待客观外界的事物以及对待自身两个方面：对待客观外界事物的态度主要有对待社会、集体和他人等方面的内容以及对待工作、学习等方面的内容，如先公后私、热爱集体、热情周到、礼貌待人、富有同情心以及勤劳踏实、认真仔细、吃苦耐劳、富有创新等；对待自己的态度实际上包含了在与社会和他人打交道过程中的认识和表现，如尊重他人、宽厚待人、谦虚谨慎、严于律己等。

（三）善于克己的坚强意志

要善于克制自我，根据客观现实和自身实际情况调节自己的心理和行为，这是警察院校大学生健全人格的重要方面。善于克己，主要强调要有一定的自我控制、管理和调节能力。一方面对自己的行为目的具有清晰的认识，在行为过程中不会轻易受到其他因素的干扰。另一方面学会如何克制自己、理智冷静地去对待行动过程中所出现的干扰，同时又具备持之以恒的心理素质，无论行为过程中出现什么困难或阻碍，都不会轻易放弃，而是坚定地、果断地、勇敢地去面对。

(四)高尚的情趣和乐于服务的品格

高尚的情趣和乐于服务的品格，实际上是健全人格的一种魅力体现，对于警察院校大学生来说尤为重要。

高尚的情趣，强调的是除了专业相关知识的学习之外，警察院校大学生需要注重陶冶情操、培养多方面的兴趣爱好。其中包括对人民警察工作有直接和间接关系的各类社会、人文、自然、科学、音乐、艺术等知识的兴趣爱好。一个人的人格魅力的展示和吸引，在很大程度上就是依赖于高尚的情趣来实现的。警察院校大学生在校期间，要有意识地不断陶冶自己的情操和培养广泛的兴趣爱好，以便更好地适应未来的职业工作。

乐于服务的品格，是根据人民警察工作对党忠诚、服务人民的根本要求而提出的，是健全人格魅力的具体体现。人民警察来自人民、植根人民，全心全意为人民服务是我们党的根本宗旨，也是人民警察的性质本色所在。警察院校大学生应该通过日常的学习、教育，逐步养成乐于服务的品格，并致力于实践。乐于服务品格的养成，有利于今后更快、更好地适应人民警察工作，更好地为人民群众服务，从而赢得人民群众的欢迎、信任和支持。

(五)正确评价自己，有面对现实的勇气

正确评价自己是警察院校大学生人格健全的重要标志之一。能够摆正自己的职业身份，正确地面对客观现实，不否认现实、不逃避现实；对自己有客观合理的判断，既不过高地评价自己，也不过低地贬低自己。

(六)过硬的职业技能和本领

职业技能和本领的高低，也可以作为警察院校大学生的人格体现。警察院校大学生的警察职业技能和本领的掌握，主要是通过在校期间的严格训练获得的。警察职业技能和本领的掌握过程，包含着个体的动机水平、知识经验、对相关要求的理解和执行以及主动积极和意志成分等影响因素。这些影响因素的存在，无不反映了人格形成和发展的要求。例如，警察院校大学生的成就动机就能够充分反映出他们的人格特征，因为成就动机强的学生对技能的掌握具有更高的积极性，能够更好地控制自己不受外界环境的影响。又如，知识经验虽然不能替代技能和本领，但是技能和本领的掌握必须要有知识经验作为基础，个体通过运用知识经验，达到掌握技能和本领的目的。当个体具有了高超的职业技能和本领，能够在实际工作中得心应手、运用自如，工作效率和质量就会提高，人格的魅力就自然会显现出来。

第三节　警察院校学生人格完善的方法

一、提高认知水平，塑造健全人格

警察院校大学生的人格完善，必须根植于科学的知识、方法。大学生的人格完善，需要克服中小学阶段强调体验、强调感性认识的习惯。在感性认知的基础上，更加重视理性认知及其运用。

何谓健全人格，如何处理好“大我”与“小我”的关系，如何运用科学的知识和方法来指导自己完善人格结构等，都是警察院校学生在大学阶段需要掌握的。在校期间不仅要学好、掌握专业知识，还要注重其他相关的自然科学、人文社会科学、心理健康等知识的深入学习。

警察院校大学生的人格完善，不仅需要课堂教育、理论学习，还需要通过大量的课外实践（尤其是社会实践）补充。课堂教育信息接收有限、实践转化有限，因此仍需要通过大量的课外实践来完成知识到能力的转化。通过实践，将科学的知识和方法转化为人格完善的助力和动力。

二、注重内在修养，提升人格品质

健全的人格需要内在修养来支撑，良好的内在修养是提升人格品质的根本。人民警察工作要与社会方方面面各层次的人打交道，警察院校学生除了需要掌握工作相关的法律知识、专业知识以外，还需要按照国家“德智体美劳”五育并举的教育方针，努力提高自己的道德修养和美学素养，全面提升人格修养水平，“以德服人、以美感人”，从而更高水平地处理工作与生活中的各类矛盾与问题。

伦理道德、文学鉴赏、琴棋书画、影视艺术等都可以滋润人的内在修养。通过对伦理道德的学习和掌握，引导学生提高道德修养和审美素养；通过对文学艺术、影视文化的学习和掌握，提高学生的艺术鉴赏水平；通过对琴棋书画的学习和掌握，培养学生的美感和情趣。

三、提高意志水平，强化人格魅力

意志在人格特征中占有非常重要的地位。坚韧或软弱、克制或放任等人格特征主要是通过意志的发展水平体现出来的。因此，磨炼坚强的意志品质是警察院校大学生塑造健全人格的重要内容。

同时，意志的磨炼还将直接影响到其他人格特征的养成，对健全人格的塑造具有重要的作用。一个意志不坚定的人，不可能会有所成就，也就谈不上什么人格的魅力了。

四、积极投身实践，铸就健全人格

实践是最能磨炼人、塑造人的途径，美好的追求只有通过实践才能产生意义。警察院校大学生塑造健全人格的过程应该更加注重社会实践，在与他人、集体、社会不断作用中展示自己的人格，从自身的感悟和外界的各种评价中获得鼓励、赞扬、认同、指责、排斥等，并在实践和反馈中获得经验和成长。警察院校大学生在其人格的塑造中，只有实践才能领悟物竞天择、优胜劣汰的真正含义。

五、积极融入集体，促进人格完善

人的社会化过程就是人格发展的过程。人格就是在个体与他人、集体、社会相互作用的过程中形成、发展和完善的。人际交往是个体参与实践、融入集体活动的一个平台，也是展示自己人格的一个平台，同时又是个体认识自己人格的一面镜子。警察院校学生通过人际交往，参与集体活动，在人际交往和集体活动中去体验自己的某些人格特征，获得外部评价，从而进行有效的自我调节。在人际交往和集体活动中，个体也能够得到他人或集体的帮助，使自己的不良人格品质得以改正或完善。

六、善用专业帮助，完善健全人格

大学生中出现的各类心理问题逐年增多，警察院校大学生也存在一些共性或个性的情况。如果当他们身上表现出某些不良人格特征的倾向时不加以教育引导，任其发展，就可能会形成某些不良的人格品质，甚至发展成为人格障碍，进而影响未来的职业生涯。

对于警察院校大学生来说，心理咨询专业人员可以运用心理咨询、心理辅导等方式，通过与学生的交谈、探索和共情等，引导学生发现并找出他们身上存在的某些人格问题的真正原因，为他们提供有益的意见和建议，帮助他们重塑健全的人格，以达到心理健康的目的。

◆课程实训

在日常生活中，我们经常看到，有的人活泼好动，反应灵活，有的人安静稳重，反应缓慢，有的人不论做什么事情总是风风火火，而有的人做事总是慢条斯理，甚至让旁观者为他着急……人与人之间的这些差异，正是气质不同的表现，也就是平时我们所说的“秉性”或“脾气”。气质，作为人格中的一个重要组成部分，更多是由遗传决定的。

气质影响个体活动的一切方面，使人的全部心理活动都涂上了独特的个人色彩。因此，具有某种气质的人，在不同活动中会表现出相同的特点。例如，一个人如果是安静的、迟缓的，那么他的这种特征会在学习、工作、考试、当众演说、体育比赛等各种活动中表现出来。

实训一:气质类型测量

下面60道题可以帮助你大致了解自己的气质类型。请认真阅读下列各题,对于每一题,你认为非常符合自己情况的记2分;比较符合的记1分;说不准的记0分;比较不符合的记-1分;完全不符合的记-2分。

1.做事力求稳定,不做无把握的事;

2.遇到使你生气的事就怒不可遏;

3.宁肯一个人干事,不愿意和很多人在一起;

4.到一个新环境很快就能适应;

5.厌恶那些强烈的刺激,如尖叫、噪音、危险镜头等;

6.和人争吵时,总想先发制人,喜欢挑衅;

7.喜欢安静的环境;

8.善于和人交往;

9.羡慕那些善于克制自己感情的人;

10.生活有规律,很少违反作息制度;

11.在多数情况下情绪是乐观的;

12.碰到陌生人觉得很拘束;

13.遇到令人气愤的事,能很好地自我克制;

14.做事总是有旺盛的精力;

15.遇到问题常常举棋不定,优柔寡断;

16.在人群中不觉得过分拘束;

17.情绪高昂时,觉得什么事都有趣,情绪低落时,又觉得什么都没意思;

18.当注意力集中于一件事物时,别的事很难放到心上;

19.理解问题总比别人快;

20.碰到危险情况时,有极度恐惧感;

21.对工作学习、事业有很高的热情;

22.能够长时间做枯燥、单调的工作;

23.符合自己兴趣的事,干起来劲头十足,否则就不想干;

24.一点小事就能引起情绪波动;

25.讨厌那种需要耐心细致的工作;

26.与人交往不亢不卑;

27.喜欢热烈的活动;

28.喜看感情细腻描写人物内心活动的文学作品;

29.工作学习时间长了,常感到厌倦;

30.不喜欢长时间谈论一个问题,愿意实际动手干;

31.宁愿侃侃而谈,不愿窃窃私语;

32.别人说我总是闷闷不乐;

33.理解问题总比别人慢;

34.厌倦时只要短暂地休息就能精神抖擞,重新投入工作;

35.心里有话宁愿自己想,不愿说出来;

36.认准一个目标就希望尽快实现,不达目的,誓不罢休;

37.学习工作一段时间后,常比别人困倦;

38.做事有些鲁莽,常常不考虑后果;

39.老师讲授新知识时,总希望讲解慢些,多重复几遍;

40.能够很快地忘记那些不愉快的事情;

41.做作业或完成一项工作总比别人花的时间多;

42.喜欢运动量大的剧烈体育活动,也喜欢参加多种文艺活动;

43.不能很快地把注意力从一件事情转移到另一件事情上去;

44.接受一个新任务后,就希望把它迅速解决;

45.认为墨守成规比冒险强些;

46.能够同时注意几件事物;

47.当我烦闷的时候,别人很难使我高兴起来;

48.爱看情节起伏跌宕、激动人心的小说;

49.对工作认真严谨,坚持始终一贯的态度;

50.喜欢复习学过的知识,重复做已经掌握的工作;

51.和周围的人的关系总是相处不好;

52.喜欢变化大、花样多的工作;

53.小时候会背的诗歌,我似乎比别人记得更清楚;

54.别人说我"出语伤人",自己觉得并不是这样;

55.在体育活动中,常因反应慢而落后;

56.反应敏捷,头脑机智;

57.喜欢有条理而不甚麻烦的工作;

58.兴奋的事情常使我失眠;

59.老师讲的新概念,我常常听不懂;

60.假如工作枯燥无味,马上就会情绪低落。

评分标准:

根据分类,将对应题目的分值相加即为该项气质类型的得分。如果某一项或者两项以上的得分超过20,则为典型的该气质。如果某一项或者两项以上得分在20分以下10分以上,其他各项得分较低,则为该项一般气质。

多血质:4、8、11、16、19、23、25、29、34、40、44、46、52、56、60

胆汁质:2、6、9、14、17、21、27、31、36、38、42、48、50、54、58

抑郁质:3、5、12、15、20、24、28、32、35、37、41、47、51、53、59

黏液质:1、7、10、13、18、22、26、30、33、39、43、45、49、55、57

实训二:气质类型探索活动

活动名称:人都有局限

活动目的:通过小组讨论,帮助学生了解自己和同伴的气质类型,树立较为客观的认识。

活动形式:情景再现

活动时间:45 分钟

活动准备:6 位同学组成一个小组,每人准备好纸、笔等文具。

活动步骤:

1. 故事引入:《西游记》是大家耳熟能详的一部文学作品,里面的师徒四人各有特点。 教师提问,引导学生自行思考后进行小组讨论。(想一想,你最喜欢谁? 哪个形象与你最接近? 为什么?)

2. 自测:引导学生完成气质类型测试,并在小组内分享结果。

3. 小组讨论:做完测试,大家对自己的气质类型有了一些了解。学生小组讨论以下问题:气质类型有好坏之分吗? 你喜欢自己的气质类型吗? 如果不喜欢,可以怎么做? 你对小组内的同学有了哪些新的认识? 如何与不同气质类型的室友相处?

4. 活动小结:

气质是天生的,没有好坏之分。

教师根据气质理论,引导学生全面认识自己,寻求适合自己气质类型的人格完善途径。人际交往过程中,如何与不同气质类型的人相处。

5. 活动结束:人都有局限。

根据气质的特点,每位同学总结,如何理解“人都有局限”,如何与不同气质类型的人交往,如何完善自己的人格。

课后作业

1. 为了塑造“有理想、有本领、有担当”的时代新人,警察院校大学生应当怎样做?

2. 如何看待人格测评?

调适编

第六章　警察院校学生生涯规划及能力发展

◆**思维导图**

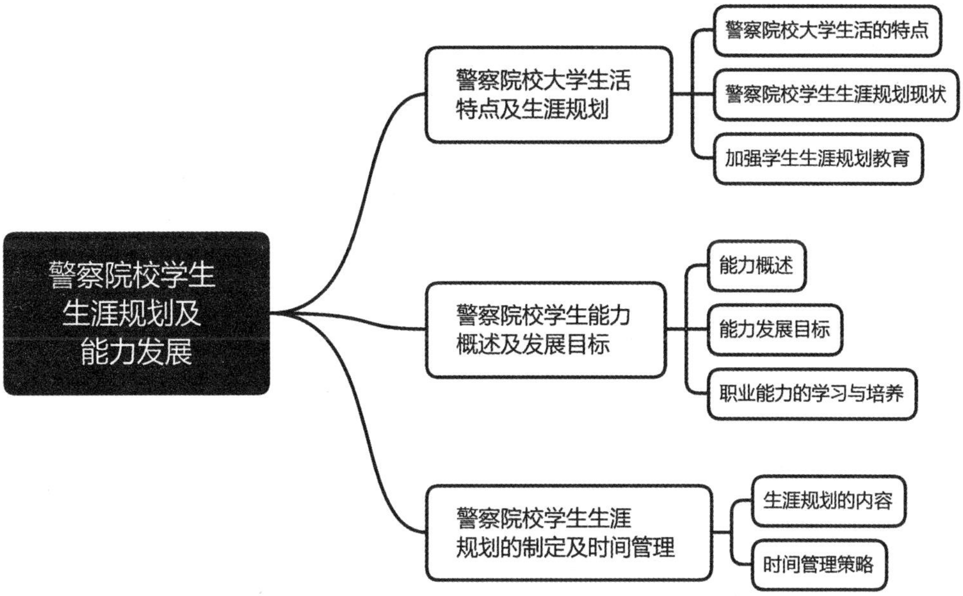

◆**课程思政**

人生只有一次，应该好好珍惜。为学之要贵在勤奋、贵在钻研、贵在有恒。鲁迅先生说过："哪里有什么天才，我是把别人喝咖啡的工夫都用在工作上的。"大学阶段，"恰同学少年，风华正茂"，有老师指点，有同学切磋，有浩瀚的书籍引路，可以心无旁骛求知问学。此时不努力，更待何时？要勤于学习，敏于求知，注重把所学知识内化于心，形成自己的见解，既要专攻博览，又要关心国家、关心人民、关心世界，学会担当社会责任。

——2014年5月4日，习近平在北京大学师生座谈会上的讲话①

学生时代是人的一生中最美好的时光，长身体、长知识、长才干，每天都有新收获，每天都有新期待。我希望在座的同学们，也希望全国 2.6 亿在校学生，珍惜学习时光，多学知识，多学道理，多学本领，热爱劳动，身心健康，茁壮成长。

——2014年9月9日，习近平同北京师范大学师生代表座谈时的讲话②

---

①学习强国网站：习近平在北京大学师生座谈会上的讲话.https://www.xuexi.cn/6fcc7a39bc27114130e6c99d7232fef6/e43e220633a65f9b6d8b53712cba9caa.html.

②学习强国网站：习近平同北京师范大学师生代表座谈时的讲话.https://www.xuexi.cn/c887d47a328afe6d49ad864c9ab842de/e43e220633a65f9b6d8b53712cba9caa.html.

青年是国家的未来和民族的希望。希望同学们肩负时代责任，高扬理想风帆，静下心来刻苦学习，努力练就好人生和事业的基本功，做有理想、有追求的大学生，做有担当、有作为的大学生，做有品质、有修养的大学生。

——2016年4月26日，习近平总书记考察中国科技大学时的讲话①

◆**课前测量**

未来5天的时间管理②

假定现在是某个周六的晚上，你在整理下周时间表时发现，有如下情况需要处理：

1.这学期周二和周五上午10点到12点有课，周三下午二点半到五点半有课。

2.朋友问你周四要不要去郊外一日游，有你最喜欢的烤鱼。

3.每个周五的晚上你要给家里打十几分钟电话，关心家里的情况。

4.周四晚上12点之前你必须完成课程的开卷考试，你还完全没有复习。估计需要8个小时的时间来准备。

5.你发现自己的牙齿上有一个黑点，你担心自己有龋齿，想去看医生。

6.有一份兼职工作安排在周五下午和晚上，加上路上的时间来回需要大半天。你也可以介绍给其他的同学去做。

7.周五上午你要做课堂报告。报告的内容你只准备了一半，至少还要花4个小时才能准备好。

8.你借的书周三到期，而且不能续借了，但这些书是用来做周五报告用的。

9.一个要好的朋友周日举行生日聚会，邀请你参加。你很重视这位朋友，还想买一份礼物带过去。

10.周三上课之前，你要提交一个报告。你已经完成了报告，只需要花1个多小时稍加修饰。

11.周二课程有小组作业，你要在周一之前把自己负责的部分用邮件发给组员。作业不多但是有一点难，大概需要1～2个小时的时间集中精神来做。

12.你的衣服没洗，剩下的干净衣服勉强够穿3天。

13.你上个月的手机费还没有交，可能很快被停机。

请先将这些事件按照重要—紧急四象限进行划分，然后根据划分的结果制定一个时间表。

①学习强国网站：让青春在奉献中焕发绚丽光彩.https://www.xuexi.cn/lgpage/detail/index.html?id=10094898830107089436&item_id=10094898830107089436.

②郑日昌.大学生心理健康：自主与自助手册(第2版)[M]北京：高等教育出版社.2013.70-71.

第一节　警察院校大学生活的特点及生涯规划

一、警察院校大学生活的特点

警察职业特殊性决定了警察职业教育的特殊性。长久以来,警察院校作为预备警官的摇篮,致力于将毕业生输入警察职业岗位,成为维护政权稳定、保障社会发展的重要力量。警察教育实质就是坚持警察培养的专业性,以确保警察队伍的政治性和职业化。警察院校学生的职业取向有明确的指向性,即人民警察。2015年12月18日,中央编办、人力资源社会保障部、公安部、教育部、财政部、国家公务员局六部委联合印发了《关于公安院校公安专业人才招录培养制度改革意见》。该《意见》中明确了公安院校是公安机关人才输送主渠道,公安院校人才培养质量直接决定了公安队伍整体素质。与此同时,司法部也出台相应文件,明确了司法警察主要来源于司法警察院校的毕业生。

警察院校要培养出合格的人民警察,必须加强学生的政治素质和职业精神教育,着力于警察职业价值观的树立和引导。除了与普通高校的共性特点以外,警察院校还有其鲜明的特性。

(一)政治建校,使命引领

警察院校最高使命是为党和人民培养高素质的忠诚卫士,始终贯彻落实习近平总书记在全国高校思想政治工作会议上的重要讲话精神、中共中央国务院《关于加强和改进新形势下高校思想政治工作的意见》和全国公安院校思想政治工作会议精神,进一步加强和改进警察院校思想政治工作,坚持政治建警、政治建校,立德树人,把思想政治工作贯穿于教育教学的全过程。实践中,警察院校正致力于将所有教学工作和教学管理工作纳入思想政治工作,坚决做到全员全方位全过程育人,以忠诚教育成效作为人才培养质量的重要评价指标,以培养又红又专的警察预备人才作为价值追求。

(二)纪律严明,管理为重

警察队伍是一个团结战斗的集体,需要严明的纪律来保障。自觉严明的纪律,对保持警察队伍的无产阶级性质,加强队伍建设,提高队伍战斗力,具有十分重要的意义。因此,警察院校除了日常教学外,特别强调警务化管理、日常内务管理和警察战术训练等警务化系统管理,警察院校大学生在校学习期间,被要求做到服从管理,坚持训练,形成良好的行为习惯,逐步养成自觉严明的纪律观,为其更快、更好地成长为一名合格人民警察奠定基础。

(三)价值认同,意识培养

警察职业认同感是警察保持持久职业热情的内在动力,是从事这一职业必备的心理状态。刚刚跨入警察院校大门的大学生对人民警察的应尽职责、使命担当认识比较模糊,他们的警察职业意识还比较淡薄,但他们对人民警察的工作饱含热情,对警察职业有一种崇高的敬意和自豪感以及美好的期望。警察院校在人才培养中,不断加强思想政治理论的学习教育，培养警察院校大学生自觉地用政治理论统领各项职业实践工作，帮助警察院校大学生逐步树立坚定的政治观，确保实现“巩固党的执政地位”的历史使命。

二、警察院校学生生涯规划的现状

合理的生涯规划是从个体和组织两个维度进行的。警察院校学生生涯规划能力也应从警察院校和学生两个角度进行分析。

（一）警察院校学生生涯规划教育现状

1.对学生生涯规划教育认识存在偏差

部分警察院校领导认为生涯规划就是学习规划，学校应科学设置学习任务；也有部分师生认为生涯规划教育就是职业规划教育，这些认识上的偏差阻碍了警察院校学生生涯规划教育的发展。

2.对学生生涯规划教育重视程度不够

因警察院校学生职业目标比较确定，一定程度上导致警察院校对学生生涯规划教育不够重视，多数警察院校没有开设生涯规划相关课程，仅依赖学生带队管理教师从事相关工作，缺乏专门经费支持，导致日常生涯规划咨询、辅导无法开展。此外，在相关理论研究、人员培训等环节缺乏相关制度保障。

（二）警察院校学生生涯规划现状

考察警察院校学生生涯规划情况可以从两个方面进行，即生涯规划意识和生涯规划能力。生涯规划意识是指警察院校学生对生涯规划必要性的觉察和关注程度。生涯规划能力是指警察院校学生对生涯规划所需的知识、技能的了解、运用情况。这两个方面是相辅相成的，只有具备清晰的生涯规划意识才有主动获取生涯规划相关知识、技能的动力，只有具备一定的生涯规划能力，才能开展科学、有效的生涯规划。

1.生涯规划意识不强

警察院校特殊的人才培养目标和模式使在校学生尤其刚入学大学生对学校和专业产生优越感，甚至有部分学生对公安、司法学科和自己所学专业不求甚解，学习缺乏明确目标、努力方向和规划意识，少数学生对自己所学的公安、司法等理论知识缺乏兴趣，没有思考如何进行学业规划。

2.生涯规划能力不足

开展科学、有效的生涯规划需要具备一定的生涯管理理论和技能方法，但就现状来看，警察院校学生一般从父母、老师和亲长那里获得一些指导和建议，没有接受专门的生涯规划咨询和辅导，无法使用专业的生涯规划管理工具来辅助自己进行生涯规划。

三、加强学生生涯规划指导

通过对警察院校学生生涯规划的现状分析，无论是学生的自主规划，还是来自学校的生涯规划教育，都远没有达到一个较为理想的效果。对此，警察院校应在加强学校生涯规划教育的基础上做好大学生生涯规划指导工作。

(一)以提高学生自我规划能力为核心

学生是生涯规划教育的主体,必须充分发挥其主观能动性,以提高其自我生涯管理能力。大学阶段是警察院校学生发展个性、增长学识、提高素养、锤炼体魄的黄金期,学校要教会学生适应警务化管理模式,做到自我管理、自我约束、自主规划三统一[①],学会运用生涯规划理论解决在校学习期间遇到的生涯发展问题,实现自我教育,明确自我发展的方向和目标,努力通过各种途径完善自我,为成为优秀的人民警察打下基础。

(二)以开设学生生涯规划课程为突破口

2011年《国务院关于进一步做好普通高等学校毕业生就业工作的通知》,要求"各高校要全面开展职业发展指导和就业创业教育,将就业指导课程纳入教学计划,建立贯穿于整个大学教育期间的职业发展和就业指导课程体系"。高校是指导大学生职业生涯规划的主阵地。警察院校学生就业目标明确且入警率高,就业指导不应作为主要关注点,但如何提高职业能力、培育职业素养却是大学期间应着重关注的。因此,警察院校应把大学生生涯规划的相关课程作为全校各年级学生的必修课程,列入教学计划,以期教育在校生做好生涯发展规划,实现生涯发展。此外,学校还可以通过校园网平台、学生社团、第二课堂等渠道向学生宣传生涯规划常识;教师除了上课,还应开展咨询辅导、团体辅导工作坊、生涯规划能力拓展训练等;以开设生涯规划课程为突破口,开展多种形式的生涯规划指导,为学生生涯规划提供专业的支持。

(三)以整合利用政法机关教育指导资源为结合点

警察院校与政法机关有着血脉相连的密切关系,警察院校是警察队伍人才储备基地,政法机关是警察教育的重要支持力量。长期以来,警察院校为国家政法系统输送了大量的人才。警察院校的毕业生在各自岗位上建功立业,为警察事业发展做出了不可磨灭的贡献。政法机关作为警察教育的服务对象,为警察院校提供了宝贵的教育资源,已经成为警察教育实践教学的重要场所。警察院校生涯规划教育要充分整合和利用政法机关的教育资源,多渠道搭建生涯教育平台。从公安机关的角度看,立足公安机关的需要指导公安大学生的生涯规划,实质上是公安机关队伍建设和人力资源管理工作的前移。因此,应鼓励形成校局合作指导警察院校学生生涯规划的格局。

第二节　警察院校学生能力概述及发展目标

"人才有高下,知物由学。"梦想从学习开始,事业靠本领成就。[②]　　——习近平

本领不是天生的,是要通过学习和实践来获得的。[③]　　——习近平

---

①邓敏.公安院校人才培养制度改革背景下做好学生生涯规划研究[J]公安教育,2018(3):70-74.

②学习强国网站:VW001.055 习近平论学习(2016年).https://www.xuexi.cn/lgpage/detail/index.html?id=17866340328824732746&item_id=17866340328824732746.

③学习强国网站:习近平在中央党校建校80周年庆祝大会暨2013年春季学期开学典礼上的讲话.https://www.xuexi.cn/e96aed20729863faaabc960616c87ae1/e43e220633a65f9b6d8b53712cba9caa.html.

能力,决定你能够做什么,能力作为一个人职业发展的重要“燃料”,是兴趣的“发动机”和“引擎”运转的基础,它是个体在生涯发展中最核心的竞争力,能够推动个体在职场中不断向前发展,并使其立于不败之地。

一、能力概述

(一)能力的概念

能力(ability)是一种心理特征,是个体掌握和应用知识技能,顺利实现某种活动的心理条件。它既包括已表现出来的实际能力和已达到的某种熟练程度,又包括尚未表现出来的潜在能力,即通过学习和训练后可能发展起来的能力与可能达到的某种熟练程度。[①]

能力表现在所从事的各种活动中,并在活动中得到发展。如一个有绘画能力的人,只有在绘画活动中才能施展自己的能力;一个有管理能力的人,也只有在领导一个企业或学校的活动中才能显现出来。能力和其他心理特征不同,它直接影响活动的效率,直接决定活动的完成。能力的产生和发展是和人类的社会生活分不开的。人的较复杂、较高级的能力,是随着社会的进步、人类实践的需要才逐步发展起来的。

(二)能力的结构

能力是具有复杂结构的各种心理品质的综合。国外心理学家对能力的结构提出了相当丰富的理论学说,包括能力的因素说、能力的结构理论和能力的信息加工理论。分析能力结构,对于深入理解能力的本质,合理地设计出能力的测量手段,科学地设定能力培养的原则都有重要的意义。1983年美国心理学家加德纳(Gardner)[②]提出的多元智力理论具有较大的影响力,他认为智力的内涵由其中相对独立的智力成分所构成,具体如下:

言语能力,指的是听说读写的能力。主持人、记者、律师、教师、文学擅长者、推销员等都具有突出的语言智能。

逻辑-数学智力,指的是数学运算与逻辑思考的能力。科学家、工程师、统计人员、财会人员、电脑软件研发人员等都具有很强的逻辑智能。

空间智力,指的是认识、辨别位置、方向和空间关系的能力。航海家、飞行员辨别方向的能力比较强;画家、摄影师、建筑设计人员空间表达能力比较强。

音乐智力,指的是对声音的辨别与韵律表达的能力。如作曲家、歌唱家、指挥家、调琴师、音乐欣赏水平较高的听众等具有较高的音乐智力。

运动智力,指的是支配肢体、控制身体完成精密作业的能力。运动员、影视演员、舞蹈演员、外科医生、机械师、手艺人等都有这方面的智能。

社交智力,指的是与人交往且能和睦相处的能力,包括理解别人的行为、动机或情绪。外交家、领导者、心理咨询师、公共人员、推销员等具有较强的人际智能。

---

①陈飞主编.大学生职业生涯规划(课程思政版)[M]厦门:厦门大学出版社,2021.79-84.

②霍华德·加德纳,世界著名教育心理学家,最为人知的成就是多元智能理论,被誉为多元智能理论之父。

自省智力，指的是认识、觉察、反省自己并选择自己生活方向的能力。心理学家、哲学家和作家就有高度的自省智能。

这七种智力每一种都是一个单独的功能系统，这些系统可以相互作用，产生外显的智力行为。每个人都同时拥有这七种智力，但它们在每个人身上以不同的方式、不同的程度组合，从而使得每个人的智力各具特点。对于世界上的每一个人来说，不存在谁更聪明的问题，只存在不同个体在哪个方面聪明的问题。每个人都是独特的。正如中国古人所言："天生我材必有用。"如果个人能将自己独特的天赋充分发挥出来，那么，每个人都可以是出色的。

（三）能力的类型

当一个人的能力和工作的要求相匹配时，最容易发挥自己的潜能，并且获得一种满足的感觉。相反，当一个人去做自己力所不及的工作时，就会感到焦虑，甚至产生挫败感。而当一个人能力超出工作要求太多时，又容易感到工作缺乏挑战，比较乏味。因此，在选择职业时，我们同样要寻求个人能力与职业技能要求的适配。我们需要清楚能力有哪些分类，从而清楚自己具备什么样的能力、职业又要求什么样的能力。

人的能力是各种各样的，一般可以分为以下几种。

1.一般能力和特殊能力

根据能力的适用范围，可以分为一般能力和特殊能力。

一般能力指个体完成大多数活动都需要的基本能力，如观察力、注意力、记忆力、想象力、创造力等。也就是我们平常所说的智力。这些基本能力可以反映个人在职业发展上的潜力。

特殊能力指个体顺利完成某种专业活动所需要的能力，如色彩鉴别力、形象记忆力、音乐表现能力、节奏感知能力、文字核对能力、计算推理能力、肌肉协调能力、平衡控制能力和机械操作能力等，均属于特殊能力。这些能力只对某种特定的职业活动有影响。

一般能力是特殊能力的重要组成部分，也是特殊能力形成和发展的基础。比如人首先要具有一般听觉能力，才能发展言语听觉能力和音乐能力。同时，一个人音乐能力的发展会使一般听觉能力随之提高，进而影响言语听觉能力的发展。因此，特殊能力的发展也会促进一般能力的发展。如在人成长的过程中，一般能力和特殊能力有机结合，既要以一般能力作为基础，又要具备的一定的特殊能力。

2.模仿能力和创造能力

根据能力的来源，可以分为模仿能力和创造能力。

模仿是动物和人类的一种重要的学习能力，是指人们通过观察别人的行为、活动来学习各种知识，然后以相同的方式做出反应的能力。如临摹字帖、幼儿咿呀学语，模仿明星的穿衣打扮甚至言谈举止。模仿不但表现在观察别人的行为后立即做出的相同的反应，而且表现在某些延缓的行为反应中。

创造能力是指产生新的思想和新的产品的能力。如小说作家笔下新的人物形象、发明家手中新的专利产品、科学家提出新的理论模型等等，都是创造力的具体表现。一个具有创造能力的人往往能超脱具体的知觉情景、思维定式、传统观念和习惯势力的束缚，在习以为常的事物和现象中发现新的联系和关系，提出新的思想，产生新的产品。

二者之间的区别在于，模仿只能按现成的方式解决问题，而创造能提供解决问题的新方式与新途径。在选拔和使用人才的过程中，应注意了解模仿能力和创造能力的个体差异。有的人擅长模仿，而创造力较差；有的人既善于模仿又富有创造力。二者又是有着密切的关系，模仿是创造的前提和基础。人们常常是先通过观察模仿别人，然后再进行独立创造。好比书法家初学的时候先临摹前人的字帖，后才创作出具有个人独特风格的作品。

3.认知能力、操作能力和社交能力

根据能力的作用，可以分为认知能力、操作能力和社交能力。认知能力是指人脑加工、存储和提取信息的能力。操作能力是指人们通过自己的肢体操作来完成各项活动的能力，如劳动能力、艺术表演能力、体育运动能力、实验操作能力等。通过认知能力积累一定的知识和经验，促进操作能力的形成和发展，反过来又促进人的认知能力得到更好的发展。社交能力是在人们的社会交往活动中表现出来的能力，如沟通交流能力、言语感染力、组织协调能力等等。这种能力对组织团体、促进人际交往和信息沟通有重要作用。

4.现实能力与潜在能力

根据能力是否已经习得，可以分为现实能力与潜在能力。

现实能力也叫实际能力，是指个体已经习得或表现出来的能力，它与已有成就相联系。潜在能力简称潜能，是指个体正在发展之中，但尚未发展成熟或完全形成的能力。潜在能力只是个体能力发展的可能性，只有在外部条件许可时，才能通过进一步的学习和练习发展成现实能力，它与未来成就相联系。潜在能力是现实能力形成的条件和基础，现实能力的展现又有利于个体潜能的发展。

二、能力发展目标

（一）警察职业能力发展目标

警察机关是一个特殊的行政组织，有自己的管理体制、运行机制及组织文化，每一个警察都是处于这样一个特定组织中的一员，他们的职业生涯有其特殊性，带有明显的职业特色，因此，警察院校大学生也要发展具有警察职业特点的能力。

近年来，中央持续深化公安队伍分类管理改革，明确了人民警察按照综合管理、执法勤务、警务技术三大职位类别进行分类管理的宏观职业发展路径。警察根据不同职位类别有不同的职业能力要求。所谓警察职业能力是指警察胜任工作所需要具备的一系列能力要素的集合，可分为基础知识技能（A）、公安通用能力（B）和公安专业能力（C）三个基本维度，11项能力指标（见表），40项子指标。基础知识技能是指从事公安工作所应具备的基本能力条件，公安通用能力是指运用于公安工作方方面面相对应的素质能力，公安专业能力是指从事公安工作某一具体岗位所应具备的、适合岗位特殊需要的专业知识和相关能力条件。由于具体的岗位不同，根据实际工作需要，可对警察职业能力指标进行更新调整。

警察职业能力指标一览

	基础知识技能(A)	公安通用能力(B)	公安专业能力(C)
1	基础知识 A1学历水平	管理类能力 B1辅助决策能力 B2统筹协调能力 B3计划管理能力	综合管理类专业岗位能力 C1综合管理
2	法律知识 A2执法资格/ 国家法律职业资格	人际关系类能力 B4沟通表达能力 B5团队合作能力 B6抗压能力	执法勤务类专业岗位能力 C2综合执法 C3综合窗口 C4经济侦查 C5刑事侦查 C6治安管理 C7出入境管理 C8交通管理 C9人口管理 C10监管 C11国保 C12反恐 C13特警 C14法制
3	基础技能 A3驾驶技能 A4语言技能	行动类能力 B7执行能力 B8应变处突能力 B9公文写作能力	警务技术类专业岗位能力 C15刑事科学技术 C16技术侦查 C17网络安全技术 C18警务信息通信技术 C19爆炸防控技术 C20警务交通技术
4	警体技能 A5警察体能 A6公务用枪 A7警械使用 A8警务驾驶	认知类能力 B10分析判断能力 B11学习积累能力 B12创新拓展能力	

(二)警察院校学生职业能力的学习与培养

警察院校学生要实现从普通高中毕业生到人民警察的转变,在警察院校学习期间,首先要进行基础知识技能(A)、公安通用能力(B)和公安专业能力(C)三大类知识技能的学习与训练。

1.警察职业基本素养

基础知识技能(A)、公安通用能力(B)主要涉及公共基础课、公共选修课与专业基础课,课程门数较多,主要集中在大学一、二年级进行学习与训练,其主要目的是培养警察院校大学生的警察职业基本素养。作为警察院校大学生应按照学校的课程设置和教学计划学深、学透、学好。

2.公安专业能力

按照目前警察分类管理的特点，公安专业能力也可以分为综合管理类、执法勤务类和警务技术类。综合管理类只有C1综合管理一项；执法勤务类从C2综合执法到C14法制共13项；警务技术类从C15刑事科学技术到C20警务交通技术共计6项，3类总计20项，分别代表不同的勤务类型、不同的警察专业。

比如，治安学专业的大学生，就要学习一系列治安专业课程、治安专业选修课程，到治安管理有关部门参加实践锻炼、毕业实习等，将来从事的治安管理工作，就属于执法勤务类。不同的专业有不同的成长通道及发展路径。学生可以根据自己的个性特征、能力特点、兴趣爱好，进行适当的选择与调整。

3.特长

根据警察个人兴趣爱好的类型，可将特长指标（T）划分为7项，共涉及25项子指标。

民警特长指标一览表

	特长指标（T）	子指标
1	职业特长	T1学科专业、T2国家职业资格
2	语言特长	T3少数民族语言、T4方言
3	体育特长	T5田径类、T6武术类、T7球类、T8棋类、T9水上项目、T10其他竞技类
4	文艺特长	T11语言类、T12音舞类、T13器乐类、T14曲艺类
5	文化特长	T15文学类、T16书画类、T17鉴赏类、T18摄影类
6	科研特长	T19论文、T20著作、T21专利
7	带教特长	T22教官、T23带教民警、T24职业规划导师、T25心理咨询师

警察院校学生应该对警察职业能力有清楚的认知，结合自己实际，借助一系列的职业测评工具，形成自己"能力值"雷达图，对标职业发展目标，形成自我职业能力发展规划，以期在大学期间有的放矢安排时间。

第三节　警察院校学生生涯规划的制定及时间管理

大学学习阶段是个体学习精力最旺盛，记忆力、理解力最强的时候，也是个体人生经历最为重要的阶段，是编织梦想、追逐梦想、实现梦想的关键阶段。2013年5月4日，习近平总书记同各界优秀青年代表座谈时指出："现在，青春是用来奋斗的；将来，青春是用来回忆的"。①

警察院校学生既然选择了光荣的警察事业，就要立志将自己的青春乃至一生奉献给党和人民，将打击违法犯罪、维护人民群众生命财产安全、保障社会安居乐业作为自己人生的追求，将始终做党和人民的忠诚卫士作为学习拼搏的动力与目标，在校学习期间，刻苦训练，努力钻研，为早日成为优秀的人民警察而努力。

---

①学习强国网站：习近平的"青年观".https://www.xuexi.cn/22be565cf7273df7d5f2f92d7211bdd6/e43e220633a65f9b6d8b53712cba9caa.html

一、生涯规划的内容

“职业辅导之父”弗兰克.帕森斯(Frank Parsons,1909)在其《职业选择》一书中指出,“明智的职业选择”必须考虑三个主要的因素:第一,准确地了解自己,了解自己的态度、能力、兴趣、志向、限制及其原因;第二,懂得在不同领域获得成功所需要的条件和环境,即在各种职业中成功的必要条件、各种职业的利弊、报酬及晋升机会;第三,对以上两部分事实相互关系的明智思考与准确认知。这三个要素同样适用于警察院校大学生的生涯规划。[①]

(一)自我评估

警察学校学生对生涯规划的自我评估主要包括三个方面,即个人的兴趣、能力和价值观。

兴趣是指人们喜爱或不喜爱某项特定活动或对象的态度。事实上,一个人的兴趣与生涯选择之间有着密切的联系,当然与其未来职业满意度和持久性紧密相连。美国学者约翰.霍兰德提出6类职业兴趣,包括务实型、研究型、社会型、传统型、创业型及艺术型。务实型的人往往愿意做任务明确的实事,而具有研究型兴趣的人则更讲科学性,更有学者气质,具有社会型兴趣的人擅长处理人际关系,具有传统型兴趣的人关注的是结构、传统和细节,具有艺术型兴趣的人更喜欢不太讲究的环境,而创业型的人则更愿意当组织家,进行管理。斯坦福大学的爱德华·斯特朗(Edward Strong)列出了一份与霍兰德六类工作兴趣基本一致的包含有25种职业领域的兴趣清单(SII)。比如有务实型工作兴趣的人可以从事农业、自然、体育、军事活动或机械修理等职业,有研究型工作兴趣的人可以从事科学、数学、医学等职业,等等。警察职业是一种包含着广泛而丰富的实践活动的职业,具体的警务工作中,有偏重于社会服务的,比如出入境管理、户籍管理;有类似于科学研究的,比如刑事鉴定技术;有偏重于计算机操作、数据管理的,比如网络安全监管、科信管理等。警察院校大学生可以将自己的职业兴趣与警务工作相联系,使自己的工作兴趣与警务工作相匹配。警察院校大学生可以在老师的帮助下利用一些成熟的职业兴趣测试工具,探明自己的职业兴趣,在警察职业中找到自己的职业锚。

能力是指一个人的学习天赋或能力以及现有的技能或熟练程度,它反映的是人能做什么以及经过适当培训后能做什么。随着社会治安形势的日益发展和警务改革的持续推进,做好警察工作需要具备各方面的才能,不同岗位的警察又有专门对应的能力要求。警察院校大学生在能力的自我评估中,应首先明确与未来警务工作相关的各方面的才能。

价值观(values)是指人按照客观事物对其自身及社会的意义或重要性进行评价和选

---

①王光森等著.警察职业生涯规划与管理[M]北京:中国法制出版社,2017.40-55.

择的原则、信念和标准。[①]价值观对个人的思想和行为具有一定的导向或调节作用,直接影响着个体对各种观念、事物和行为的判断,使个体发现事物对自己的意义,确定自己奋斗的目标,并按照自己认为有价值的事情或目标去做。因此,是否符合一个人的价值观,是个体判断该事物和行为是否有价值的标准。对于警察院校的大学生,警察职业有着不同的价值意义。有的学生看重警察的公务员身份,珍惜这份有稳定收入的工作;有的学生享受警察作为执法者的权威,有的学生追求侦查破案的刺激;有的学生看重警察助困扶弱、除暴安良的社会价值,享受警察职业带来的荣耀感。警察院校大学生应当努力探索自己的价值观,找到警察职业对于自己的价值所在。

(二)警察职业评估

警察院校学生对于警察职业的探索主要围绕三个方面,分别是警察职业、警务工作和警察组织。其中,对警察职业的了解比较宏观,而对警务工作的了解则更为具体,与将来所从事工作联系更为紧密,对警察组织的了解则旨在考察警察所处的工作环境。具体来说,对警察职业的了解包括以下内容:

1.警察职业对于个人才能或培训的要求;

2.警察职业的经济回报;

3.警察职业的安全性;

4.警察职业的社会关系;

5.警察职业的工作条件;

6.警察的工作时间;

7.警察的工作压力;

8.警察从业者的生活方式。

对警务工作的了解包括以下内容:

1.不同警务工作在整个公安工作中的地位;

2.不同警务工作之间的分工与协作;

3.不同警务工作所必需的才能与培训;

4.不同警务工作的安全性;

5.不同警务工作的条件;

6.不同警务工作的压力;

7.不同警务工作独立自主的程度。

对警察职业的了解内容和对警务工作的了解内容看似有重复之处,但前者侧重于对整个警察职业的评估,后者侧重于针对不同警种、不同警务活动的评估,对于警察院校大学生的警察职业评估都不可或缺。仅有对警察职业的了解,警察院校大学生的生涯规划可能会浮于表面,笼统泛化;仅有对警务工作的了解,难免“只见树木不见森林”,生涯规

①陈飞主编.大学生职业生涯规划(课程思政版)[M]厦门:厦门大学出版社,2021.98.

划可能比较狭隘、片面，缺乏全局观、整体观。

对警察组织的了解包括以下内容：

1.警察组织的发展战略；

2.警察组织的规模和结构；

3.警察组织的人际关系；

4.警察组织的薪酬、福利制度；

5.组织层面的警察职业生涯管理的政策和措施。

（三）基于人–职匹配的学生自我发展规划

准确、有效的自我评估有助于警察院校学生确定自己的价值观、兴趣和能力，客观、全面的警察职业探索有利于警察院校学生形成对警察职业的理性认知。在此基础上，警察院校学生可以基本确定自己所喜爱的警务工作类型，即警务工作偏好。以下一些问题可以帮助警察院校学生来确定自己的工作偏好：

1.我最感兴趣的警务工作是什么？

2.我希望在警务工作中展示何种能力？

3.我希望在警务工作中享有多大程度的自主权？

4.我喜欢在警务工作中与同事结成怎样的工作关系？

5.我乐意身处怎样的警务工作环境（如办公室、社区、现场）？

6.哪种警务工作最适合我的兴趣、能力、价值观？

根据警务工作偏好，警校学生可以尝试设计“人–职”匹配的自我发展计划。计划应涵盖大学全程，包含个人的全面发展，并分阶段重点实施。结合目前警察院校人才培养模式、课程设置等方面，警察院校学生对大学期间的自我发展规划可做出如下大致安排：

大学一年级是警察院校学生与警校的初遇。他们需要通过新生入学教育以及不同于普通院校的军训、内务整理等途径，尽快完成从高中生到大学生，从一名普通学生到警校学生的转变，并逐步适应警务化管理和警校生活。除了培养学生一般素养的通识课外，一年级学生还将学习警察基础理论课程，初步了解警察职业。大学二年级是警校学生职业奠基阶段。在适应警校生活的基础上，警校学生学习更多的警察理论专业课程，从不同角度增进对警察工作的了解。学生熟悉了警校环境和生活，利用学校提供的各种教育教学资源，锻炼自身能力，探索、展示自身特长。大学三年级是警察院校学生感知警察职业生涯的阶段。这一阶段，学生继续学习理论专业课程，学习警察工作技能，通过以学警身份参与的社会实践、暑期见习等机会更直观地了解警察职业和警务工作，明确自己将要从事的警察职业的要求，初步树立警察职业意识。同时结合自身特点和警察工作实际，进一步有针对性地提高自己的职业素质和技能。大学四年级是警校学生的职业演练阶段。这一阶段的主要任务是为期较长的毕业实习，通过入警考试。实习期间警校学生以预备警官的身份提前走上岗位，体验警察实际工作。学校也会开展毕业生毕业前教育，指导学生做好入警前的准备。

二、时间管理策略

《论语·子罕》中有这样一句关于时间的名言,原文是“子在川上曰:逝者如斯夫!不舍昼夜。”意思是:孔子在河边说道:“奔流而去的河水是这样匆忙啊。白天黑夜不停的流淌。”这句话常被形容时间像流水飞逝,一去不复返。

时光飞逝,分秒不停。时间永远向前,不会因为人们的追梦或享受而停止,但正是因为时间的有限,才让时间更加可贵。而时间对我们生命的意义与时间管理的价值,显得如此重要。

世界上最快而又最慢,最长而又最短,最平凡而又最珍贵,最易被忽视而又最令人后悔的就是时间。但是,时间并不是不能管理的,也就是说,懂得利用时间,意识到时间花费在哪,运用一定的策略管理时间,才能节约时间,也才能让你更加接近你的目标。研究显示,善于科学地管理时间者相对没有进行时间管理的人的生活质量有显著的差异。而时间管理技能可以通过训练,掌握一定方法后得到提高。

(一)当时当下:番茄工作法

番茄工作法可以有效地帮助对时间不够敏感的人直观地感受到时间的流逝并迅速地进入工作状态。它简单易行、直观化强,让人更加专注地完成当时当下需要完成的工作。在番茄时间内要专注工作,中途不允许做与该任务无关的事直到番茄钟响起。这一工作法能够在当时当下让人更高效地进行学习或工作。对于虽然进入图书馆但拿起手机放不下的学生们,可以尝试一下番茄工作法。

1.番茄理念。首先,不要在非工作时间内使用“番茄工作法”(例如:用3个番茄时间打扫宿舍、用5个番茄时间游泳等等)。其次,不要拿自己的番茄数据与他人的番茄数据比较。在此,番茄的数量不可能决定任务最终的成败。最后,必须有一份适合自己的作息时间表。

2.使用原则。首先,一个番茄时间(25分钟)不可分割。不存在半个或一个半番茄时间。其次,一个番茄时间内如果做与任务无关的事情,则该番茄时间作废。最后,每完成一个番茄时间可以休息5分钟。

3.工作优点。首先,番茄时间不长,但是不要小看25分钟的番茄时间带来的超高效率,在这个时间内,通过番茄工作法可以明显地提升集中力和注意力,从而减少中断。其次,通过计时可以唤醒激励时间管理者完成目标,巩固达成目标的决心。最后,番茄工作法提出的工作-休息-工作的顺序可以改进工作学习流程,强化决断力。

(二)短期管理:四象限法

四象限法则是时间管理理论的一个重要观念。这一法则在于对生活、学习和工作中遇到的事情进行登记划分,并通过象限直观的方式强化时间管理者处理事情的先后顺序,因为重要且紧急的事情无法回避,因此,四象限法则强调要把主要的精力和时间集中地放在处理那些重要但不紧急的工作上,建立预约,从而更有效地开展工作。

1.象限理念。在学习工作中,很多时候往往有机会很好地计划和完成一件事,但常常却没有及时地去做,随着时间的推移,造成工作质量的下降。要把精力主要放在重要但不紧急的事务处理上,需要很好地安排时间。一个好的方法是建立预约,建立了预约,自己的时间才不会被别人所占据,从而有效地开展工作。

2.使用原则。第一象限是一些紧急而重要的事情,要首先处理、优先解决。第二象限是那些紧急但不重要的事情,要进行预约安排和规划。第三象限大多是些琐碎的杂事,没有时间的紧迫性,没有任何的重要性,优先级为最后。第四象限不具有时间紧迫性,但却具有重大的影响,因此也要妥善安排。

3.工作优点。使用四象限法则可以很好地安排短期内的学习和工作。同时,描画四象限的构成,也是盘点学习和工作内容的过程,可以有效地帮助时间管理者规划学习和工作。四象限十分直观清晰,可以迅速地帮助时间管理者确定自己的时间应该安排在哪些事情上。比如,第一象限要有限,第二象限要预约,第三象限可放弃,第四象限要投资。

(三)长期规划,一万个小时

一万个小时定律是作家格拉德威尔在《异类》一书中指出的"人们眼中的天才之所以卓越非凡,并非天资超人一等,而是付出了持续不断的努力。1万个小时的锤炼是任何人从平凡变成世界级大师的必要条件",他将此称为"一万小时定律"。如果一万个小时的时间是三到五年,那么大学时光值得你好好规划。

1.定律理念:要成为某个领域的专家,需要一万个小时,按比例计算就是:如果每天工作8个小时,一周工作5天,那么成为一个领域的专家至少需要5年,这就是一万小时定律。

2.使用原则。从心理学上分析,用上千上万小时来做一件事并不是一件容易的事。常常会产生困扰,还会被他人认为是死心眼。但是无数事实证明,一个人只要不是太笨、太不开窍,有这一万个小时的苦练打底,你即使成不了大师、巨匠,至少也会成为本行业的一个具有丰富经验的专家,一个对社会有用的人。因此,使用这一时间管理方法的原则就是,好好规划和认真坚持。

3.工作优点。虽然一万个小时定律目前还没有充分的科学依据,但是无数已经成功的例子让相信的人迈上了长期时间规划的征程。从这个角度讲,做好自己的五年计划,要比不知道做什么好得多。在大学期间,除了专业课还有许多学生工作和校园活动,甚至人际交往等等都需要占用大量的时间。但是如果能确定好自己未来的一万个小时想做什么,做好长期规划,也是一件幸事。

◆课程实训

实训一:心理健康训练

国外学者经过大量的调查和反复探索而得到的寻找人生目标的逐步突出法,现在就让我们通过这个游戏来找到自己的人生目标。

游戏道具:4~5张小纸片

环境要求:安静舒适

情绪状态:精神饱满、情绪激昂、思维活跃

提醒:在考虑目标时,尽量全面,避免仅从一个方面考虑,如不仅考虑事业,还要考虑家庭、人际、业余生活等方面。

第一步:寻找终点目标

拿出一张纸片,写下第一个问题:我的终极目标是什么,然后用两分钟写下答案,要无拘无束,想的是什么就写下什么。再花两分钟时间进行必要的修改。

提示:如果你不好直接确立你的人生目标,那么你可以回想一下你的童年、少年时的梦想,或者那些最令你开心的事。以此作为启发,再写下你的答案。

实例扫描:事业成功、家庭幸福、快乐。

也许你写下的目标比较宽泛,那也没有关系,还有第二步呢。

第二步:思考如何度过今后三年

请在第二张纸片上写下第二个问题:"我该怎样度过我的今后三年?"用两分钟的时间尽快写下答案,再用两分钟把忽视的问题补充进去。

第二张纸片所写的较之第一张纸片要具体。这里的具体是指所做的工作要具体。如你第一张纸片上写了过幸福的生活,那么在第二张纸片上你就将之分解为较为具体细致的目标。

实例扫描:拥有一份满意的工作,进入管理阶层;经济收入比刚工作时翻一倍;向女朋友求婚;将母亲接到自己身边来;和好朋友经常保持联系……

第三步:半年内最重要的事情

请在第三张纸片上写下第三个问题:我在这半年内应该做哪些事情?哪些工作对我是最重要的、最迫切的。这张纸片所罗列的内容应该比第一张更具体、细致、全面,是自己需要也是能够立刻做的。

实例扫描:申请学位;联系实习单位去实习;帮助女友补习功课;经常给母亲打电话;和朋友保持联系。

第四步:浏览前三步

浏览一下前三步答案,你应该发现,第二步的答案就是第一步答案的延伸,第三步的答案则是前两步答案的继续。如果你的三步答案不具备这种逻辑,就需要重新来做,务必使这种答案符合事物的发展逻辑。

第五步:目标分类

请把三张纸都拿起来,把上面的目标归类,如分为事业目标、爱好特长目标、能力目标、婚恋目标、社会友情目标、身心素质目标、读书目标等。

实例扫描：事业目标——功成名就，进入管理层，联系实习单位。

婚恋目标——幸福，向女友求婚，帮女友补习功课。

第六步：确立不同时期的目标

请按类别关系，将三张纸片上的目标按同类关系，以及同性质的关系连成一条线，就成了你的短期、中期和长期目标。

然后，结合自己的个人情况，根据短期目标制定切实可行的月计划、周计划、日计划。每一级计划的制定都应该是服务于上一级计划的，比如，制定周计划是为了完成月计划，制定日计划是为了完成周计划。当短期目标实现后，再向下一个目标推进。

这种“目标逐步突出法”最好是在新年开始或你的生日进行。在开始新的一年或新的一岁时，寻找一下自己人生奋斗的方向，该是非常有意义的庆贺方式。

实训二：职业生涯规划训练

请同学们综合本章所学，撰写大学生涯规划书。撰写生涯规划书需要注意以下六个方面：

1. 认识自己（根据霍兰德理论，你最主要的两个或三个性格编码是什么？从霍兰德人格类型描述中列出五到十个最能符合你的短语；列出你最喜欢使用的五个技能；列出你最具备的五个能力；列出你最具备的前五个工作价值观；结合职业测评描述你的性格特征。）

2. 认识外部环境（包括社会大环境，突出警察职业环境）。

3. 确定大学生涯目标。

4. 设定目标的实现策略。

5. 制定详细的行动计划。

6. 生涯规划书的格式要求：一律采用A4纸打印。

注意：规划书一定要根据自身情况，独立思考，不能人云亦云，不可抄袭。

规划书提纲

（1）序言：我的人生格言（百字以上进行解释）座右铭是什么，自己的生活状态怎样及对人生格言的诠释。为什么要规划自己的大学生涯、生涯规划的必要性和作用等。

（2）认识自我、准确定位

需充分认识自身条件与相关环境，并结合大学人才培养目标及专业发展要求，作为设定生涯目标和策略的基础。包括对自己兴趣爱好、价值观、性格、能力、优缺点、追求以及就业机会、职业选择、家庭和社会等外在环境的认识、评价。

（3）确立志向、设定目标

需要考虑：我喜欢做什么？我能做什么？我可以做什么？我将做什么？想往哪一路线发展？能往哪一路线发展？适合从哪一路线发展？确定自己的职业目标，并在实践过程中不断优化目标。

(4)环境分析

对组织环境分析,政治环境分析,社会环境分析,经济环境分析。

(5)设定职业目标实现策略

需充分考虑制定规划的可行性及优化性。例如:大学一年级学生可以根据自我认识拟定初步的生涯发展方向;大学二年级学生可以围绕职业选择提高基本素质,打好知识基础;大学三年级学生要为提高全面素质和能力,考取相关资格证书而努力;大学四年级学生要开展好毕业实习、论文撰写和入警联考,为顺利就业作好充分准备。

(6)制定详细的行动计划

应充分考虑规划的阶段性,并使目标具体化、计划详细化。例如:如何充分利用人才测评工具科学地认识自我?计划采用什么措施提高学习、工作效率?计划学习哪些知识、掌握哪些技能、提高哪些业务能力?采取什么办法开发自己的潜能?等等。

(7)结束语

课后作业

1.请参考课程训练内容,撰写一份大学生职业生涯规划书。

2.结合警察职业特点,谈谈警察院校学生做好职业生涯规划的意义。

第七章　警察院校学生学习心理

◆**思维导图**

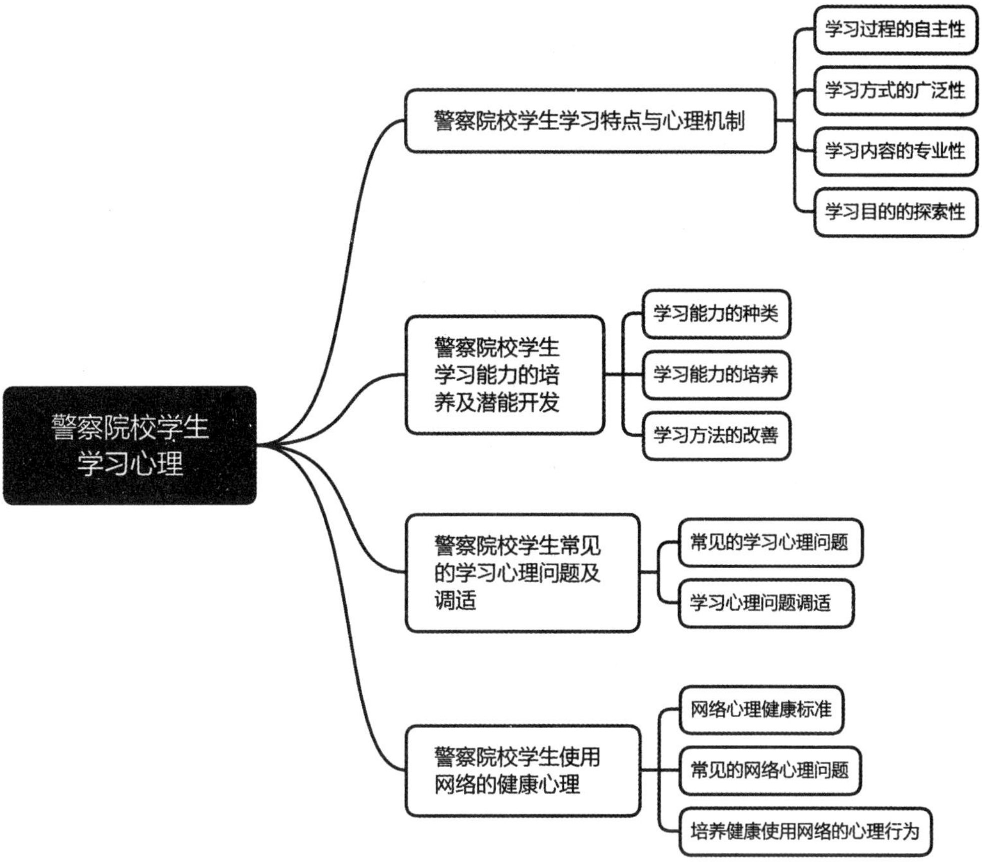

◆**课程思政**

关于学习，习近平总书记有过很多精彩的论述：2020年1月8日召开的“不忘初心、牢记使命”主题教育总结大会上习近平总书记讲到：“中国共产党人依靠学习走到了今天，也必然要依靠学习走向未来。”①同时还强调：“要在自我提高上下功夫，自觉向书本学习、向实践学习、向人民群众学习。”②2013年习近平总书记在中央党校建校80周年庆

①学习强国网站：VW001.055 习近平论学习（2020年）.https://www.xuexi.cn/lgpage/detail/index.html?id=5951123503188017833&item_id=5951123503188017833.

②学习强国网站：习近平：牢记初心使命，推进自我革命.https://www.xuexi.cn/lgpage/detail/index.html?id=10358864325501645251.

祝大会暨2013年春季学期开学典礼上的讲话中提到:“只有加强学习、才能增强工作的科学性、预见性、主动性,才能使领导和决策体现时代性、把握规律性、富于创造性、避免陷入少知而迷、不知而盲、无知而乱的困境,才能克服本领不足、本领恐慌、本领落后的问题。”[①]这些论述系统解答了关于学习的问题。

◆**课前测量**

学习心理综合测试量表

(一)量表自测

这是一份判断自己学习各方面情况的量表,认真读题,然后做出符合实际的判断。

1.学习态度判断

学习是否积极主动?

是否有强烈的求知欲和努力学习的愿望?

学习是否认真?

是否自觉独立地完成学习任务?

2.学习能力诊断

(1)思维能力

是否喜欢探究和讨论问题?

是否善于发现两个不同事物的不同点?

思维是否深刻?

思维是否灵敏?

(2)理解能力

对所学的概念、公式、定理,是否能做到知其然并知其所以然?

是否能把握知识之间的内在联系?

考试中的论述题(问答题)是一字不漏地照课本回答,还是用自己的语言回答?

(3)解决问题的能力

是否对自己解决问题的能力充满信心?

是否善于发问?

解决问题时是否能准确果断地抓住要点?

在解决问题时,思维是否集中并且很少分心?

解答问题时,是习惯于搬用以前的模式,还是有时会创造新的方法?

解答问题的思路是否有条有理?

是否发挥已有知识在解答问题上的作用?

(4)自学能力

是否善于安排和调整学习时间?

---

①学习强国网站:VW001.055 习近平论学习(2012年11月8日至2013年12月31日).https://www.xuexi.cn/lgpage/detail/index.html ?id=9357737928065889464&item_id=9357737928065889464.

是否具有良好的自学习惯?

是否正确地使用工具书?

3.知识水平诊断

是否了解基本概念、基本知识?

是否运用概念正确辨别事物?

是否善于将新旧知识联系起来?

所学的知识能否做到举一反三、触类旁通?

是否能将所学知识灵活运用于实际?

自己的知识结构是否合理?

4.学习兴趣诊断

最喜欢哪些学科?

最喜欢哪些课外活动?

是否有求知的欲望?

求知的欲望是否强烈持久?

(二)结果解释

回答“是”的个数在27以上,说明学习质量很高;

回答“是”的个数在21~27之间,说明学习质量良好;

回答“是”的个数在16~21之间,说明学习质量一般;

回答“是”的个数在16以下,说明学习质量较差。

在人的一生当中,学习无疑扮演着一个不可或缺的角色。通过学习,我们可以积累知识和经验,更可以完善我们的阅历。对于初入大学校园的大学生而言,学习更是其当仁不让的责任和使命。然而,大学生们真的懂得如何学习吗?他们真的清楚自己当下的学习对今后的影响吗?此外,他们是否明确如何以科学的态度、健康的心态来面对学习的过程?答案并不尽然。

对于初入象牙塔的莘莘学子,大学最初的印象应该是无尽的自由、广阔的天地。他们终于摆脱了多年考试的烦恼,来到了一个全新的世界。他们天真地认为到了大学应该不必再为考试发愁了,也不必再为铺天盖地的模拟考和月考而苦闷不已。甚至一度有同学单纯地认为,这是一片与世无争的净土,“佛系”地顺其自然、嬉戏玩耍,到时候混个毕业证就算交差了。事实证明,这些看法都是幼稚而不切实际的。确切来讲,大学阶段是真正意义上的学习的开始,缘自以往的学习是为了进入大学而存在的,而象牙塔中的学习,是为了增加自己的本领和专业的技能,以便在未来的就业和生活中有更好地生存下去的保障。可以说,这个阶段的学习任重而道远,每一步都与自己的将来息息相关,绝非敷衍塞责便可以了事,更不是所谓的“做一天和尚撞一天钟”的假“佛系”。只有明确大学学习的意义和策略,才能更加丰富自己的人生经验和阅历,以确保在人生最重要的大学四年中不留遗憾。

第一节　警察院校学生学习特点与心理机制

在学习上,警察院校和普通院校的学生相比,既有很多的共性,又有自身的特殊性。

一、学习过程的自主性

自主性,是指学生在学习过程中主观能动作用的发挥。自觉主动地学习是大学学习活动的核心。大学的学习和中小学的学习相比,很大的不同在于整个学习过程中教师指导性的教学多,指令性的要求少。因此,大学生的学习不能完全依赖教师的计划安排,不能单纯接受课本内容,必须充分发挥主观能动性,体现自主性的特点。

与中学阶段相比,大学学习的课程门类明显增加,而课堂教学的时间又相对减少,学习成果的优劣很大程度上取决于大学生自己对学习时间的计划和安排。大学生应该合理安排好学习时间,协调好课堂听课、课后复习和自习等学习环节。

大学教师讲课往往是提纲挈领式的。有时,教师在课堂上讲的只是自己最有心得的一部分或是该段教学内容关键所在的部分,其余部分就要由学生自己去学习、理解、掌握。因此,培养和提高自学能力,是大学生必须完成的一项重要任务。

大学生的学习虽然也按照教师的要求进行,但是不再像中学生那样绝大部分时间是被动地完成教师布置的学习任务,而是具有相当程度的自主选择性。除了公共必修课和基础课之外,大学生对于学校开设的选修课,可以根据自己的需要、兴趣、特长等自主取舍选择。

至于选择哪种学习方法,则是由大学生自主决定。在大学里,教师不会规定该用什么方法去记忆,怎样阅读,往往只是直接提出学习的目标和要求,用什么方法达到目标,则由学生各显神通、自主选择。

二、学习方式的广泛性

广泛性反映了大学学习多层面、多角度的特点。课堂教学是大学生学习的主要途径,但绝不是唯一途径。大学生在学习过程中可以通过各种不同的途径和渠道吸收知识,也可以通过广泛的学习兴趣去探求、获得课程之外的知识。

大学学习活动的安排正反映出这种广泛性的特点。在课余时间,学生有较多的时间自由支配,可以在学校为之提供的条件下广泛地进行学习,如听各种学术报告、知识讲座,参加专题讨论、组织调查、参观考察,查阅图书馆提供的大量文献资料等。

广泛性的另一表现是,大学生在学习活动中可以发展自己的兴趣。大学生可以按自己的兴趣和意愿有选择地学习一些知识,如选修跨学科课程、辅修其他专业等。

三、学习内容的专业性

专业性是大学学习活动比较直观的特点。大学学习既不同于以掌握知识为主要目的的中小学学习活动，也不同于以完成职业任务为主要目的的职业活动，它是围绕着使大学生如何尽快成为某一方面的专门人才而组织和进行的学习活动，具有明确的专业指向。大学生所学课程的内容都是围绕着专业的方向和需要来展开的，基础课和专业课程的设置，有助于构建大学生适应性的知识结构和能力结构。并且，大学生所学内容也要随着专业在社会中的变化和社会的需求而有所变化、更新。例如，随着社会信息化程度的提高，电脑的应用越来越普及，不少理工科专业、文科专业的专业基础课程都增添了计算机技术课程。

四、学习目的的探索性

大学生好奇心极强，正处在创新思维发展的黄金期，因此，探索性是大学学习活动深入的必然结果。探索性反映了大学生学习的创造性特点，也是适应社会需要必备的素养。学习就是在探索中前进的，大学生作为新时代学习和创新的生力军，必须具备顽强的探索精神。

大学生在系统学习知识、不断掌握专业技能的过程中，学习能力特别是探索、思辨、创新能力会有较大的发展和提高；同时，专业学习和学术上的新观点、新理论、新成就也会触动学生的创造欲，以自己对事物的独特理解，在自己感兴趣的领域进行深度探索。

探索性不仅表现在大学生努力追踪学术前沿，完成论文（设计），参加学术报告会、讨论会等学术活动上，也表现在所学的课程内容上。大学生的学习不单是掌握知识，还要掌握科学的研究方法，了解学科发展中存在的问题及其解决的可能性，运用科学方法发现总结科学规律，真正实现自主学习。

第二节　警察院校学生学习能力的培养及潜能开发

托夫勒说："未来的文盲不是不识字的人，而是没有学会怎样学习的人。"我们不能指望仅仅依靠我们年轻时所学的知识能赶上这个知识更新速度日新月异的时代，仅靠学校教育满足人一辈子的知识需求的时代已一去不复返。而且，未来的社会必然是一个学习型社会，在这样的社会形态中，终身学习对于个人及社会发展的重要作用显而易见。对个人而言，缺乏终身学习的能力与习惯，无疑等于失去了自我发展、自我实现和适应环境的动力。所以，学会学习，提升自己的学习能力，将是人生路上最有价值的能力。

一、学习能力的种类

当代大学生生活在一个科学技术高速发展的时代，大学生不可能在大学阶段就学完所有相关的专业知识，他们要想在以后各领域的工作中有所建树，就必须在工作以后仍不断学习，以适应时代的发展和变化的要求。有研究表明，在现代社会里，一个人的知识只有10%是靠正规学习教育给予的，90%是在以后的工作实践和学习中获得的。可见，一个大学生毕业后还有很多知识要去学习，尤其是对警察院校学生来讲更是如此。因为社会在不断地发展变化，社会治安形势也在不断地变化，我们与犯罪做斗争的要求也在不断地变化，为了适应与犯罪作斗争的需要，要求警察院校学生必须在大学期间具备更高的学习能力来适应时代的发展。

学习能力主要有观察能力、想象能力、思维能力、创造能力等。①

二、学习能力的培养

（一）观察能力

观察是一种有目的、有计划和持久的知觉活动，是一切真知灼见产生的基础。观察能力是人类认识事物必备的能力。观察能力也是一种高度自觉的习惯性行为，与个性、历练等都有密切的关系，因此养成良好的观察习惯，才能更好、更准确地认识事物。培养良好的观察习惯可从以下几方面进行：

1.培养客观的观察行为。任何事物都有其两面性，事物的存在不是单一的，而是与其他事物紧密联系的，并且事物也不是静止的，而是发展变化的。警察院校学生在平常观察事物时，要努力做到客观、全面，不应该以先入为主的心理定式观察事物，这样不利于认知活动的进一步进行。

2.培养细心耐心的观察态度。通过认真细致的观察，才可能从直观的材料中获得比他人更多的知识，特别是对一些偶然的、例外的和稍纵即逝的重要现象的观察更是如此。而观察效果要达到全面、精确、细微的程度，就应该具备实事求是、严肃认真的态度和一丝不苟的精神，只有这样，观察结果才可能具有可靠性和时效性。

3.培养浓厚的观察兴趣。对于不感兴趣的事物，人们不会用心观察。反之，具备浓厚的观察兴趣，可以帮助人们把单调乏味的重复观察变成一件津津有味的事情，从而能主动克服干扰，保证观察的准确性和完整性。因此，培养对事物的观察兴趣，对于完成任务相当的重要，警察院校学生应努力通过各种途径培养观察的直接或间接兴趣，把"要我观察"变为"我要观察"，从而促进知识的获取。

（二）想象能力

想象，是指从头脑中改造记忆的表象而创造新形象的过程。人们通过观察可以获知事物的表象，但这些表象的东西是概念化的，是不具备相应意义的，只有经过想象的加工和改造，这些客观的信息、事实才能被赋予新的形象。可以说，任何创造性的活动都离不开想象，人类社会的文明史正是依靠创造力实现的。培养大学生的想象力，对发展他们的思维能力与创造能力都有很大的帮助。

---

①李欧等主编，《公安院校大学生心理健康教育》，电子科技大学出版社2019年版。

1. 培养广泛的兴趣爱好。积极的想象总是与兴趣、爱好紧密相连，只有对某一学科产生兴趣，才有可能将所学的知识与日常的观察联系起来，进行想象，发现新的知识。反之，想象又能促进兴趣爱好的发展。警察院校学生通过想象有了新发现、新思想，无疑会增强他们对学科的兴趣与爱好，甚至会将这种兴趣、爱好扩展到其他的学科中。

2. 培养丰富的情感。由于认知活动受到情绪与情感的调节，所以丰富的情感有利于产生积极的想象，如诗人、作家、画家、演员等就是在满腔热情下充分发挥想象力，创造出一个个动人的艺术形象。相反，如果情绪低落、心情沮丧，则想象力也会贫乏，即便有所想象，内容也是黯淡、悲观的。因此，警察院校学生要培养良好的想象能力，首先要培养自己丰富、积极的情感，保持一个良好的心境，以促进自己想象能力的正常发挥。

3. 培养好奇心。从某种意义上说，任何一项有价值的创新，起初都是源于好奇心和探究心。在好奇心和探究心的驱使下，根据已有的事实材料，通过创造性的想象在头脑中再造出一个新的形象或理论图景，然后运用各种实验手段去验证，使之成为一个有普遍意义的创新成果。可以说，好奇心是激发想象活动的动力。警察院校学生要培养良好的想象力，就要在日常生活中对任何事物都抱有一定的好奇心和探究精神。

4. 挖掘想象素材，丰富表象储备。想象是在原有感性材料的基础上形成的，任何想象都离不开知识基础，否则就会变成空想或者胡思乱想。经验越多，知识越渊博，表象储备越充实，想象力就越丰富。因此，警察院校学生应该拓宽知识面，广泛涉猎文学、历史、音乐、美术、社会学、心理学、计算机等学科领域，构筑一个一专多能、文理兼备的优化的知识结构。

（三）思维能力

思维是人脑对客观现实概括的、间接的反映。思维能力就是人脑间接地、概括地反映客观事物及其规律性的能力，是智力的核心，包括分析能力、综合能力、比较能力、抽象能力和概括能力等。思维能力在学习中的作用是毋庸置疑的，如在学习中要能提出问题，需要思维；要能深刻理解问题，离不开思维；要将所学知识加以巩固，都需要思维的参与。所以说思维能力是学习知识的必备条件，警察院校学生要培养自己良好的学习能力，首先要培养自己的思维能力。

1. 建立合理的思维能力结构。分析、综合、比较、抽象和概括，是思维能力结构不可分割的环节，其中任何环节出现问题，都会造成结构的不完整。大学生思维能力的培养应当遵循思维能力结构活动的规律，掌握分析事物的方法，善于对杂乱的事实材料加以整理，从中找出关键问题，并在分析基础上加以综合，从而与相关事物进行比较，抽象出事物的本质属性，并进一步通过概括将抽象出的本质属性应用到同类事物中去，以便于解决实际问题。这样循环往复，形成习惯，使思维的五种能力得以全面、均衡地发展。

2. 科学用脑。科学用脑即根据自我的生物钟合理安排时间学习和工作。掌握自我的最佳用脑时间，对任务进行分解，把重要的、需要高度投入注意力的任务放在效率高的时间段来完成。科学用脑也表现在根据思考对象的难易程度，合理调节思维方式。当思考问题的难度过大，或持续思维的时间过长，十分疲倦时，就应转换一下大脑神经的兴奋点，或对问题重新进行分解，补充必要的知识，或另换新的思考角度。

3.培养浓厚的兴趣。个体对于思维的对象是否有兴趣是思维能力培养的重要因素。一个人如果对自己研究的对象缺乏兴趣，要在他所研究的领域进行创造性思维几乎是不可能的。因此，有意识地培养自己的专业兴趣，对思维能力的发展意义重大。

4.培养乐于计划的品质。一个人在做出某种反应之前，应学会控制冲动，先进行思维。有些学生在考试时一拿到试卷就开始作答，结果文不对题；在课堂上回答问题也是答非所问，甚至做毕业论文设计都会缺乏核心论点。这就是思维缺乏计划的结果。可见，计划是思维培养的关键，十分重要。警察院校学生要在日常学习生活中，培养自己的计划品质，养成制订计划的习惯，以促进思维的发展。

5.培养坚定的意志品质。做任何一项研究都是一件很辛苦的事情，需要付出大量的脑力和体力劳动。只有努力坚持，才会到达成功的彼岸。一个人的天赋无论有多高，如果他是浮躁的，缺乏意志力的，缺乏锲而不舍的精神，那么他很难发挥创造性的思维。警察院校学生要培养自己良好的思维能力，首先要培养自己坚定的意志力，从日常小事做起，立下目标就要努力达成。培养自己的意志品质，促进思维的发展。

（四）创造能力

创造能力是运用一切已知信息，生产出某种新颖而独特的、具有社会价值的产品的能力。创造能力相当重要，它是科学发明和技术革新的必备能力。创造能力也是警察院校学生能力最重要的组成部分，是培养他们学习能力的关键。

1.开阔视野，积累多方面的知识经验。知识经验是创新的基础。积累多方面的科学知识，能开阔人的视野，能开启人的思路，为创造性的思维开辟一条绿色通道。有些科学家的发明不是来自科学本身，而是来自音乐的启示，就是这个道理。

2.培养求知的渴望和探索新事物的激情。科学发现常常是科学家从人们司空见惯的现象中发现了问题而开始的。牛顿从苹果落地这一人人皆知的现象发现万有引力，就是因为他具有强烈的求知渴望和探索事物奥秘的激情。因此，激发警察院校学生的好奇心，鼓励他们对事物的内在本质和规律进行探索，是培养他们创造性的重要前提。

3.培养从多角度思考问题的方法与习惯。思维中的定式常常束缚人的思维活动，使人的思维活动局限于已有经验的框架中而难以发挥创造性。因此，培养警察院校学生创造性思维能力，就要让他们学会多角度思考问题。可以尝试以下几种方法：其一，尽可能多地给一些东西或词下定义，定义越多表明越有创造性。其二，尽可能多地说出一些东西的用途，说出的用途越多，就表明越有创造性。其三，从复杂的图形中寻找出隐藏其中的几何图形，这种识别能力越强，就表明思维的灵活性越强。其四，对几个短寓言补充“结尾”，如一种是道德的结尾，一种是诙谐的结尾，一种是悲伤的结尾等。

4.培养执着进取、勇于实践、百折不挠的顽强意志。许多科学家在获得创造发明之前，都经历过千百次的探索、实验、失败和挫折，最后才取得成功。因此，培养警察院校学生勇于实践、大胆探索、不怕困难、不怕失败、百折不挠的顽强意志，是培养创造力的重要保证。

三、学习方法的改善

（一）系统地学习

知识本身就是一个系统，各部分知识之间是按一定结构有机地联系在一起的。因此，在学习时一定要系统地学习，努力做到心中有“树”，这是学习的一个最基本的方法。

值得注意的是，少数学生常常出于某种投机心理，出于应付考试的心理，不愿意全面系统地学习，而愿意采用一种“划重点”的学习方法，以为这样可以节省时间、提高效率，其实恰好相反，打乱知识本身固有的系统结构，孤立地记忆一个个重点，就好比撒落一地的叶片，要一个个捡起来，那是很费事的。而且由于缺少线索，好不容易记住的几个重点，稍不留神就会遗忘。同时，由于记忆顺序混乱，各部分“重点”往往容易混在一起，张冠李戴。

（二）协同学习

协同学习，实际上是系统学习的延伸和扩展，就是在学习时注意到不同门类知识之间的内在联系，尽量协同一致地进行学习。例如，在学习某门专业课时，选读有关英文资料，就可以在学习专业知识的同时，使英语水平得到提高。

协同学习，是一个十分重要的学习方法。特别是现代社会，人的工作和生活节奏大大加快，时间十分宝贵。如果不能协同学习，每一门知识和技能都专门划出一块时间来学习，一是不可能，二是效率低。掌握协同学习方法，则可一举多得、事半功倍，大大提高学习效率。

（三）分阶段有步骤地学习

这也就是“化整为零，化繁为简，化多为少，化难为易”的方法，这是提高学习效率的一个非常有效且普遍适用的基本学习方法。举一个例子：假定要记住圆周率小数点后一百位数字，若要一下子都记住是非常困难的，怎么办呢？可以采用分组的办法。这里需要注意的是，给知识分组时，每个小组所容纳的知识量一定要小一些，原则上不能太吃力、可以较为容易地将其消化吸收。

（四）抓住特点，模糊记忆，细部校准

对于所学的知识，找到它最主要、最基本的特征，记在心里，然后根据自己的理解对局部的细节进行补充和校正，这就可以将记忆、理解和发挥三者结合起来，从而大大减轻记忆的负担，提高学习效率。

这里特别强调的是，模糊记忆只适用于局部细节问题，而对于最基本、最主要的关键性内容，则一定要牢牢地记住，不能有丝毫的含糊，否则有可能导致前功尽弃。

（五）马上回想

心理学家经研究表明，人的遗忘有一种先快后慢的规律，学了一些知识以后，只是在人脑里形成了短时记忆，如果不及时复习，很快就会遗忘。反之，如果马上回想一遍，短时记忆就会变成长时记忆，就不容易忘记了，即使隔了很长时间以后仍然能够回忆起来，有时甚至终生不忘。

第三节　警察院校学生常见的学习心理问题及调适

一、常见的学习心理问题

健康的学习心理是警察院校学生在大学学习期间取得好成绩的前提和保障。但不少同学在学习过程中都有可能出现心理困扰，主要有学习动机缺乏、学习疲劳、注意问题、记忆问题、学习焦虑、考试焦虑和怯场等几种常见的学习心理问题。

（一）学习动机缺乏

学习动机，是指促使学生努力学习以达到学习目的的内在动力。学习动机具有启动、维持学习活动，指向学习目的，调节、强化学习行为的功能。

学生的学习动机并不是单一的，而是由多种动力因素组成，包括学习需要，学习兴趣，对学习目的、意义的理解，学习态度和学习习惯等构成的完整的动力系统。从某种意义上来说，警察院校学生学习动机的强与弱、持久与否，将直接影响他们的学习绩效与成才。

1.学习动机缺乏的表现

少数学生考入警察院校以后，学习动机明显缺乏，学习上提不起精神，存在“混日子”现象，具体而言，主要有以下一些表现：

（1）逃避学习。不愿上课，无抱负和期望，无求知上进的愿望。无奈之下“身在曹营心在汉”，上课不认真听讲，或打瞌睡，或看课外书，或做自己的事。

（2）厌倦学习。把学习看成被迫的苦差事，对学习冷漠、畏缩，常感厌倦，对学校与班级生活感到无聊。学习过程中无精打采，很少享受到学习带来的乐趣。

（3）缺乏适宜的学习方法。不愿积极寻求一些适合自己的学习方法，满足于死记硬背，应付考试。由于缺乏正确的、灵活的学习策略和方法，所以往往不能适应新的学习环境。

（4）注意力分散。注意力涣散，兴趣转移，学习时易受到各种内外因素的干扰，对学习以外的事反而兴致勃勃，如网上游戏、网上聊天、外出游玩、看电影等。

（5）独立性差。在学习上没有明确的目标，学习行为往往表现出依附性，随大流，极少有独立性和创造性。

2.产生学习动机缺乏的主要原因

（1）上大学前后的“动机落差”。在高中阶段，学生以考上大学为唯一目标，一旦目标实现，容易产生松懈心理，希望在大学里能够好好享受，没有及时树立明确的学习目标，造成了上大学前后的“动机落差”。在中学阶段，很多学生兴趣狭窄，爱好很少，一门心思考大学。一旦进入大学，就迫切想发展自己的兴趣爱好，把主要精力放在一些兴趣爱好的培养上，而对学习逐渐失去兴趣。

(2)缺乏明确的奋斗目标。学习目标不明确、动机很弱的同学往往对自己不能作出客观而全面的认识，不知道自己的优势和不足究竟在哪里；还没有认真思考过人生的本质，以及社会对人的要求；或者不能将这些思考整合起来，形成有关自己未来生活目标的明确规划。可以说，他们处在一种迷茫的状态，像一个站在十字路口的迷路人，不知道方向，当然也就没有动力。

(3)对专业无兴趣，甚至讨厌。一些同学的学习动机缺乏来源于对专业无兴趣，甚至讨厌、反感。专业性是大学学习的主要特点，尤其在警察院校，专业性较其他院校显得更强。但是，部分学生在报考警察院校时，只是凭着自己的直觉或兴趣，对警察职业的特点知之甚少，带有很大的盲目性；有的同学在报考警察院校时由父母做主，自己并不十分愿意。这些都容易产生与本人的志向、兴趣、潜能不符的情形。在这种情况下，警察院校学生如果不能深刻认识本专业的社会意义、价值，不去适应所学专业，就会对学习产生厌倦、冷漠，认为没有前途，导致学习动力不足。

(二)学习疲劳

学习疲劳是因为学习强度过大，学习时间过长，让人在生理和心理上产生劳累感，使学习效率下降，并渴望终止学习活动。学习疲劳包括生理疲劳和心理疲劳，生理疲劳主要是肌体受力过久或肌肉重复收缩而造成的一些肌体上的疲劳症状；心理疲劳一般是由于长时间从事心智活动，大脑得不到休息，大脑皮质的兴奋区域代谢旺盛或兴奋持续时间过长，消耗过程超过恢复过程，脑细胞处于抑制状态所引起的心理反应。

学习疲劳是一种保护性抑制，一般来说，经过适当的休息即可得到恢复，对大学生的身心发展不会造成重大影响。但如果长期处于疲劳状态，勉强让大脑的有关部位保持兴奋，就会导致大脑兴奋和抑制过程的失调，严重的还会引起神经症等疾病，并可能引发身体器官的病症，严重影响大学生的学习。

1.学习疲劳的表现

(1)生理疲劳。因在学习时间、强度等方面的过度，容易造成的生理疲劳，主要表现为肌肉痉挛、麻木、眼球发酸、头脑发胀、腰酸背疼、动作不准确、僵硬、打瞌睡等肌体反应。

(2)心理疲劳。注意力分散、思维迟钝、情绪易躁动、忧郁、易怒，学习效率下降，学习错误增多，易产生厌烦情绪。

2.学习疲劳的产生原因

(1)生理疲劳的原因。警察院校学生生理疲劳主要是由于学习、训练压力过大，学习时间过长，体能技能训练量大，不注意合理分配时间，不注意劳逸结合，睡眠时间不足，不注意用脑卫生和用眼卫生等造成。

(2)心理疲劳的原因。警察院校学生心理疲劳的原因是多方面的，除了因长期学习引发的生理疲劳而造成的心理疲劳外，还有因学习内容单调、枯燥、难度过大，学习、训练过于紧张而造成大脑神经持续处于高度紧张状态，对学习、训练缺乏兴趣；或受到其他因素的干扰，如家庭经济问题、思想问题等原因造成的心理疲劳。

（三）注意问题

1.在注意范围方面表现为注意范围变得越来越狭窄，难以被唤起；或者注意范围“变宽”，注意容易转移，很容易受到外界的刺激影响。

2.在注意力方面表现为注意“增强”，对一定对象的局部过分注意，而对其整体却难以注意，或者注意减退；或注意涣散，不能将注意力集中于一定的对象上，对已开始的活动常半途而废，难以始终坚持。

3.在注意力分配方面表现为注意难以同时指向和集中于不同的对象。例如，上课时需要听课、记笔记，还要看书、看黑板，而注意发生障碍时则手忙脚乱、顾此失彼。

4.在注意转移方面表现为注意难以根据新的任务，主动地从一个对象转移到另一个对象上，或者转移得过快或过慢。

（四）记忆问题

1.记忆增强。对过去已经遗忘的事情能清晰地回忆起来，而这些事情在心理正常的情况下一般是难以回忆起来的。

2.记忆能力减退。遗忘的速度、范围、程度超过了正常人，严重时表现为对经历过的事物无法再认或回忆。

3.记忆错误。在再认和回忆时发生错误、紊乱和歪曲。

（1）错构，即在回忆时添加一些原来没有的、错误的细节，或者忘掉了一些细节的东西，而选择了一些其他的特征。

（2）虚构，即以想象的、没有真实依据的内容填补记忆缺失，过去根本未经历的事仿佛确有其事，但由于其虚构情节不能保持，所以在被询问时内容常有变化。

（3）遗忘—虚构综合征，即近事遗忘、虚构和定向障碍。

（五）学习焦虑的表现

1.心理上多表现为忧虑、紧张、恐惧、慌乱，面对繁杂的学习内容心乱如麻，茫然不知所措，不能集中注意力，记忆力减退，思维迟钝，学习效率下降，情绪易怒、抑郁、烦躁，缺乏自信心，依赖性强，独立性差等。

2.生理上表现为肌肉紧张、呼吸急促、心率加快、头晕、大小便频率增加、多汗、恶心、睡眠不良、食欲不振、胃肠不适等。

3.行为上表现为坐立不安，采取逃避方式进行防卫。考试时胡乱作答，早早离开考场；或者东张西望，无心作答，趁监考人员不注意悄悄离开考场；或者采取作弊方式寻求解脱。

4.身体状况不佳。身患疾病、体质虚弱、疲劳过度、经常失眠的人，对即将来临的考试，容易激起较强的情绪波动，产生过度焦虑。

（六）考试焦虑和怯场

考试焦虑，是指担心自己考试失败而忧虑的一种负向情绪反应。考试怯场，是指考生在应试中的应激反应。考试焦虑容易分散和阻断注意过程，注意力不能集中，不能专注于学习和应试，而是专注于各种各样的担忧；妨碍记忆和回忆，使该记的记不住，想忆的忆不起：还会使思维呆滞凝固，使具体思维能力无法正常发挥，创造性思维更无法进行。

考试紧张是一种正常现象，但是要注意适度。适度会使人的活动变得积极，思维变得清晰，过度紧张使人的活动受到抑制。考试怯场的主要原因往往是缺乏自信。这种缺乏自信是由于过去考试失败而造成了心理定式，生怕考试再遭失败而产生的心理压力。在现实生活中，我们经常看到这样的学生，在应试过程中紧张恐惧，思维迟钝，记忆力下降，甚至还引起生理上的不适，如腹泻、失眠、恶心等。

二、学习心理问题的调适

（一）学习动机缺乏的调节

大学生的学习比中学生更复杂、更高级，同时也更需要自觉和独立。因此，学习动机的强弱对大学生的学业成就有着极大的影响。针对警察院校学生中存在的学习动机缺乏现象，应该采取有效方法，进行调节。

1.改变认知，明确学习目的

不知道学习的意义和目的，不清楚自己应该学什么、做什么，这样的学生不可能有学习的积极性和主动性。对于学习动机缺乏的同学来说，要改变过去对学习的态度，明确学习目的和意义，给自己确立一个具有现实意义的学习目标，清楚自己努力的方向，激发其学习动机。

2.感受成功，激发学习兴趣

缺乏学习兴趣，就不可能有正确的学习动机。因此，要引导和培养学生对所学专业的稳定的学习兴趣，通过专业介绍、讲座、讨论，通过对对口专业单位的参观，提高学生的学习兴趣。同时，要给予学生更多的鼓励，使他们在学习中获得成功的感受，提高他们对自己学习能力的信心，从而激发他们的学习兴趣。

3.正确归因，寻找恰当方法

有的学生学习动机缺乏，是由于不能正确地认识学习上受挫和失败的原因，或者是由于学习方法不当而导致长期的学习效果不佳。因此，对学习上遭受挫折和失败的学生，首先要帮助他们找到正确的成败归因模式，并引导他们正确评价自身的能力，同时还要帮助他们寻找适合于自己的学习方法，以增强他们的学习信心和动机。

（二）学习疲劳的调适

1.科学用脑

大脑是人体一切活动的中心，自然也是学习活动的中心。学习活动持续时间过长，就会影响大脑活动的正常运转，引起疲劳。因此，科学用脑，保证大脑的清醒状态，是缓解学习疲劳的有效方法之一。科学用脑，首先，从生理上要做到饮食合理，给大脑以充分的营养，保证其功能的正常发挥。其次，在学习时要根据不同的学习内容，合理安排用脑时间。大脑有左右两半球，左半球主要与抽象的思维活动有关，右半球主要与形象的思维活动有关，而大脑的各个半球又可以分成若干区域，不同的区域分别司管着不同的人体功能。因此，同学们平时应学会使大脑皮质兴奋与抑制区域不断轮换，轮流休息。最后，要注意不能用脑过度，不要等到“头脑麻木”了才停止学习和工作，否则极易引起大脑损伤，进而诱发各种身心疾病。

2.劳逸结合

不会休息的人就不会工作，休息好是为了更好地学习。因此，同学们要学会劳逸结合，才能更有效地预防学习疲劳的发生。要做到劳逸结合，首先，晚上要按时睡觉，保证睡眠的充足。其次，要养成良好的生活习惯，安排好学习和休息的时间。做到学习时专心致志，提高效率；休息时大脑放松，安心休养。同时，要熟悉自己身体机能工作的规律，合理安排学习与休息的时间。最后，要注意加强体育锻炼，使脑力劳动和体力劳动交替进行，它可以改善血液循环，有利于消除大脑和肌体的疲劳。

3.创设良好的学习情境

学习情境对人的心境有很大的影响，良好的学习情境可使大学生在学习活动中身心舒畅，提高学习效率：而在嘈杂的学习环境中，可能引起心烦意乱，焦躁不安。因此，同学们在学习时应尽可能地为自己创造一个良好的学习情境。

4.培养学习兴趣

对学习感兴趣，可以使大学生在学习时心情愉快，长时间学习而不知疲倦。反之，对学习不感兴趣，就会感到学习的内容枯燥、学不进去，很快就会进入疲劳状态。可见，同学们有意识地培养自己学习的兴趣，有利于避免学习疲劳的发生。

（三）考试焦虑的调适

考试焦虑是焦虑的一种情形，它是指在一定的应试情境激发下，受个体认知评价能力、人格倾向以及其他身心因素所制约，以担忧为基本特征，以防御或逃避为行为方式，通过不同程度的情绪性反映所表现出来的一种心理状态。

1.考试焦虑的特点

与一般性焦虑相比，考试焦虑有以下特点：

（1）考试焦虑是由应试情境引起的，它比一般性焦虑的威胁成分要简单得多。

（2）考试焦虑的持续时间短。

（3）考试焦虑不是一种人格特性，而是一种特定情境（考试情境）下的情绪状态反应。

适度的焦虑有利于考试。一般来说，考试过程中有适度的焦虑，会对考试者产生一定的激励力量，使其较好地发挥自己的水平，获得较为满意的成绩。但是，焦虑程度过强不仅会影响考试成绩，还会对人的身心健康造成潜在的威胁。

2.过度考试焦虑的消极影响

过度的考试焦虑对人的学习、考试成绩以及心理健康均有一定的消极影响：

（1）过度考试焦虑容易使考试者分散和阻断注意，从而影响学习和考试。

（2）过度考试焦虑会干扰回忆过程，使考试者头昏脑胀，致使回忆发生混乱，甚至无法回忆起学过的知识内容。

（3）过度考试焦虑会对思维过程产生瓦解作用，使考试者的思维陷入混乱乃至停滞，不利于考生水平的正常发挥。

（4）过度考试焦虑，还会危及人的身心健康。过度考试焦虑是一个延续的过程，从考试前的一个时段一直可以延续到考试以后的一个时段，这个"延续"可以是相当长的时间，它危害着考试者的心理，使他们终日处于烦恼不安之中，为自己的考试成绩担忧，时时感到胆怯自卑。考试焦虑所伴随的生理反应又会导致机体健康的变化，危害考生的身体健康，如神经症、胃肠功能紊乱等。考试焦虑所引起的生理变化，对机体的天然防御机制有破坏作用，使人降低对疾病的抵抗力。

3.缓解或消除过度考试焦虑的调适方法

如何缓解或消除过度的考试焦虑呢？以下的几个调适方法可以供警察院校学生们参考：

（1）考前认真复习，充分备考。认真复习所学过的知识，真正做到全面掌握要考试的内容，这是缓解或消除考试焦虑的重要途径。

（2）树立考试的自信心。很多警察院校学生考试时容易产生焦虑的心理状态，主要原因是考试的自信心不足，对自己的实际考试能力和水平估计不足。因此，对于那些容易产生考试焦虑的警察院校学生来说，应该树立考试的自信心，相信自己在考试中能够应对自如、考出好成绩。当然考试自信心的树立应该建立在对所学知识的全面掌握基础之上，否则不仅无法缓解或消除考试焦虑，反而会使学生在考试失败后陷入更大的失望和焦虑之中。

（3）形成正确的考试认知评价。警察院校学生要正确认识考试的重要性，既不扩大也不缩小考试的重要性，尤其是不要扩大考试的重要性，因为过分扩大考试的重要性，就会产生认知上的严重偏差，容易造成考前的过度焦虑，从而使自己在惶惑不安中等待考试的来临，显然这种状态不利于考试中的发挥。要形成对考试的正确认知评价，从而使自己在镇静之中迎接考试。

（4）学会必要的应试技巧。全面掌握所学的知识是考试获得较好成绩的基础。与此同时，掌握一定的应试技巧也是影响考试成绩的因素之一。如果考试者全面掌握了所学的知识、做好了充分的考试准备，那么，在考试中适当地运用考试技巧对他来说会有一定的帮助，也能够使这个考试者缓解或消除考试焦虑，顺利完成考试。[①]

警察院校学生在充分备考的基础上，要掌握科学的应试技巧：第一，做到对考试心中有数。考试前，对考试的题型、解题思路、答题要点等要进行全面了解，这样才能在考试

---

①刘志宏，王淑合主编，《公安院校大学生心理健康教程》，中国人民公安大学出版社，2014年版。

中做到泰然自若。第二,在考试过程中,要做到心态平静,排除一切杂念,集中注意力。做题前了解试卷全貌,答题时先易后难,做完后认真检查以免粗心出错,掌握好考试的时间。第三,考试后,切勿过分关心考试题目做得对错与否,以免影响后续科目的考试。过去的考试已经成为“过去”,要把着眼点放在未来的考试科目上,一心一意准备未来的科目考试。只有这样,才能缓解或消除焦虑。

第四节 警察院校学生使用网络的健康心理

21世纪,人类正处于以计算机、信息技术和大数据为支撑的网络时代。互联网为人类信息交流提供了快捷、便利的手段,也对人类生活的方方面面的变革起到了巨大的推动作用。网络的发展和普及使人类社会在科技的道路上迈进了一大步,同时网络时代的到来也对大学生心理健康产生了巨大的影响。警察院校的学生虽然是封闭式警务化管理,但有形的围墙却阻挡不了无形的互联网的影响。因此培养学生使用网络的健康心理十分重要。

一、网络心理健康的标准

基于心理健康的一般标准,结合生理、心理、社会适应的要求,大学生使用网络心理健康标准包括以下四个方面。

(一)培养正确的网络心理健康意识或观念

网络是把机遇与挑战并存的“双刃剑”,只要善加利用,合理运用但不依赖网络,也就没有必要视网络如洪水猛兽一般。大学生应养成良好的网络使用习惯,合理安排上网时间,注意网络信息安全。网络是一个信息极其丰富多彩的世界,信息量大,更新速度快,自由度宽,因此要学会对网络信息进行合理评估、判断和选择,不要受网络上不良信息的影响,继而造成认知和行为上的偏差。网络所形成的虚拟社会与现实社会一样,同样受法律法规的制约。大学生要了解网络法律法规知识,不做违反网络道德与法制观念的行为(如不登录、不浏览不良网站,不盗用他人信息资源,不散播色情、暴力和反动言论等),文明上网,自觉维护良好的网络秩序。

(二)形成健全的网络社会人格

人格是具有一定倾向性且比较稳定的心理特征的总和。一个人的人格受遗传和后天环境的影响。大学生网络人格是大学生在网络交往过程中形成的心理品质和人格特征。大学生作为网络当中最为活跃的群体之一,其网络人格表现出双重性或多重性,甚至出现人格分裂。网络的虚拟特性给大学生提供了一个全新的虚拟生存平台,他们不必以现实生活中真实的身份出现,如此便会形成不一样的虚拟人格。他们需要时常在虚拟的网络世界和现实社会中进行角色转换和思维、行为协调,一旦转换出现问题,就容易出现心理障碍。因此,大学生要正确把握虚拟世界与现实社会之间的关系,培育健全的网络社会人格。

(三)协调网络人际交往与现实人际交往之间的关系

网络沟通是单一的语言沟通,文字表达存在隐匿性的特点。网络沟通能够满足大学生伪装自我的需求,使他们达成现实生活中无法企及的完美的"我"。网络社会能给大学生带来足够的安全感和归属感,体现其个人价值。相比现实人际交往,越来越多的大学生更偏好网络人际交往,更加信任网络朋友。这样会让他们表现出一种特定的认知偏差,从而导致他们依赖于虚情假意的网络社交,逃避现实,在现实人际交往中不能进行正常的情感交流和体验,容易出现孤僻、不合群的现象。因此大学生要学会合理安排上网时间,处理好网络人际交往与现实人际交往之间的关系,在网络交流和交往中同样保持真诚、自律,并且不影响现实生活中的人际关系的协调发展。

(四)保持网络与学习、生活之间的平衡

网络提供给大学生便捷的服务、大量的信息、轻松自在的氛围,容易使其不知不觉沉溺其中无法自拔。从一个网站链接到无数的网站,部分大学生的注意力长期被新奇的网络世界所吸引,却忽略了当下的学习和生活。大学生在利用网络为己所用的同时,要学会进行自我管理,规划好学习和生活,有效约束和控制上网时间,不因上网而影响自己正常的作息时间。并且大学生不能过度依赖网络,把网络作为逃避现实生活的方式。尤其在学习、生活中受到挫折和困难时,大学生应能主动寻求支持,勇敢地面对挑战和解决问题。

二、常见的网络心理问题

近年来,随着网络的普及,大学生心理问题出现了一个新的发展趋势,即偏好把网络当成宣泄的对象,这种虚拟的宣泄方式给大学生带来了网络心理问题。大学生网络心理问题是指大学生无节制上网导致行为异常、人格障碍、交感神经系统功能失调等。其主要表现症状为:开始是精神上的网络依赖,渴望上网;随后发展为身体上的依赖,不上网则情绪低落、疲乏无力、外表憔悴、茫然失措,只有上网后精神才能恢复正常。警察院校学生网络心理问题的基本类型主要有以下几种。

(一)网络依赖

网络依赖是指长时间沉溺于打网络游戏、上网聊天、网络技术使用,醉心于网上信息浏览、网上猎奇,造成对网络的精神依赖。一些大学生对网络相当依赖,上网亢奋,下网颓废,沉溺于虚拟世界,个人身心受损,正常学习、生活及社会交往受到一定程度的影响。网络依赖者更有可能发展为网络成瘾。网络依赖包括以下6种类型:

1.网络色情依赖

大学生正处于青春期,性生理已趋于成熟,而性心理仍处于延迟满足期,因此他们与其他年龄段的人相比,对性更加敏感,也更容易受到色情内容的诱惑而形成网络色情依赖。因此,整个社会都应提高警惕,高度重视网络色情的严重危害性,共同打击网络色情。大学生也应当不断加强自身素质的培养，坚决抵制网络色情的诱惑，养成健康的上网习惯。

2.网络交际依赖

QQ、微信、微博等社交聊天软件的出现，使人们可以跨越时空结交世界各地的朋友。网络交际依赖者每天花费大量时间和精力上网，与屏幕另一端的人交流，吐露自己的真情实感，甚至把网上结识的网友看得比现实中的家人、朋友更重要。大学生渴望友情与爱情，因各种原因在现实中无法满足需求，部分大学生就转而在虚拟世界中寻求满足，最终导致他们现实中人际交往能力退化。

3.网络游戏依赖

这是最早引起人们关注的网络依赖。很多大学生在层出不穷的各类网络游戏中不能自拔，甚至因此废寝忘食。他们或与计算机程序设定对打，或通过互联网与网友联机进行团战，以击败对手和进行游戏晋级而获得满足感和成就感。如果大学生长时间无法自控地玩游戏，学业会日渐荒废，心理状态甚至人格也会发生扭曲。

4.网络恋情依赖

爱情是大学校园里永恒而美好的话题。网络的发展和兴起使恋爱蒙上了一层神秘的面纱，更令富有好奇心的大学生对于虚幻的网络恋情充满了向往和想象。网络恋情中的双方突破时间和空间的限制，无须在现实生活中交往，而在网络中通过文字，图片等形式相互结识，拉近距离。网络恋情比现实生活中的恋情更容易让人得到虚拟的情感满足，获得情感交流的快乐体验。陷入网络恋情的人会投入更多的时间和精力，被网络的另一端所吸引而陷入其中，这样容易导致网络恋情依赖，造成其回到现实生活中时产生情绪低落、生物钟错乱、注意力缺失等问题。而且，由于网络交往角色的虚拟性，既有人真情付出，也有人利用网络的隐匿性遮掩自己游戏爱情的目的，欺骗他人的感情。这样不仅让有些脆弱的大学生产生情感的大起大落，也会导致游戏爱情等畸形恋爱心理的滋长，这样的网络恋情迷惑、扰乱了大学生正常的人际交往和情感交流。对网络恋情的过度依赖会让大学生远离当下的生活和人际交往，在现实生活中越发孤独。

5.网络信息收集成瘾

在信息爆炸的时代，网络使信息的采集、传递的速度和规模达到空前的水平，网络实现了全球的信息共享与交互。人们对信息的吸收也是成平方数增长的。多数人是有选择地浏览网页，有选择地吸收对自身有意义的信息，而网络信息收集成瘾者上网时冲动地、强迫性地从网上收集无关紧要的或者不迫切需要的信息，不断储存和传播这些信息，他们每天都将大量时间花在上网浏览信息上，但心里还是不踏实，总担心漏掉重要的信息。一旦出现网络堵塞、断网导致网页无法打开等现象，他们就会感觉极其不适应，变得焦虑不安、心情浮躁。此外，大量吸收信息容易因信息超载而影响人的身体健康，导致大脑过度疲劳，严重时会引起头疼、烦躁、易怒等症状。

6.网络交易依赖

多数大学生进入大学以来，第一次远离家庭和亲人，需要学会自主购置生活用品及规划日常的消费开支。电子商务在国内飞速发展正好满足了大学生的各种购物需求,但也会致使大学生长时间陷于挑选、比价、咨询客服等行为而不自知。网络购物往往伴随着无数的促销广告或满减优惠活动,自制力不强的大学生易进入循环消费,掉入商业陷阱,入手一堆不需要的物品,反而浪费了有限的生活费,造成生活困境,导致内心矛盾和冲突,心理上难以承受而使自己陷入抑郁、焦虑、悲伤等心理困境之中。有的大学生对自己的过度网络消费后悔、焦虑,却抗拒不了这种诱惑及冲动。网络交易的便捷也使部分大学生"宅"在宿舍,不愿意与同学、朋友一起出门购物,导致其社会孤立和人际焦虑。还有些大学生着迷于外卖、跑腿代购、网上拍卖等不能自拔。网络交易采用的网上支付而非现金支付方式,也让大学生忽略了金钱流失,以致有的大学生因还不起巨额消费账单而陷入经济危机,甚至走上偷盗等犯罪道路。

在这6种类型中,网络交际依赖者、网络游戏依赖者、网络恋情依赖者及网络信息收集成瘾者占大学生网络依赖群体中的多数。

(二)网络孤独

网络交往这种匿名、隐匿性别和身份的交往形式受到很多大学生的青睐。有的大学生上网向网友发泄自己的不良情绪,排解忧虑,讲自己的"心情故事"。这时他们的心情会得到一定的放松,从网友那里得到了一定的心理支持,可下网后他们发现自己面对的依然是周围没有人的孤独。在人与人之间的交往中,80%的信息是通过非语言的方式,如身体语言中的眼神、姿势、手势等传达的,那些善于通过这些身体语言来解读对方心理的性格内向者,试图借助网络来排解自身的孤独时,会发现网络所能给的只有键盘、鼠标和显示器。网络孤独多发生在性格内向者身上,其典型症状是:沉溺于网络,脱离现实,寡言少语,情绪抑郁,社交面狭窄,人际关系冷漠。

(三)网络成瘾

《中国青少年健康教育核心信息及释义(2018版)》指出:网络成瘾是指在无成瘾物质作用下对互联网使用冲动的失控行为,表现为过度使用互联网后导致明显的学业、职业和社会功能的损伤。但对网络成瘾的界定,需要根据相关标准进行严谨、专业的评估。判定网络成瘾的关键在于"无法控制,功能失常"。

绝大多数大学生都喜欢上网,网络成瘾患者或多或少都承受着一些自身无法解决的现实问题或无法改变的现状,从而导致他们开始进入虚拟的网络世界进行宣泄或逃避,慢慢地形成了一种习惯,逐渐网络成瘾。网络成瘾患者在进行治疗时,应当选择专业、正规的医疗机构,接受规范治疗,而不能采用过激手段。例如,某些自诩专业的民间治疗中心利用网络成瘾患者治疗心切的心理,在缺乏专业精神医生指导的情况下,盲目采用非正常手段对网络成瘾患者进行所谓的"治疗",导致被治疗者在生理、心理方面受到严重的伤害,对他们今后的身心发展极为不利。

(四)网络人格障碍

由于网络交往具有匿名性与隐身性,为大学生进行多重人格的嬗变提供了"方便",

大学生可以在网络空间中拥有多种虚拟身份，扮演多种角色。通过网络的虚拟角色，大学生可以隐藏自己的性别、年龄、学历等，表现出一个截然不同的“我”，彰显自己所谓的个性。如果长期在网络交往中戴上各种面具，扮演不同的角色，有些大学生就可能出现自我心理失调，自我认知混乱，并进一步导致其人格分裂或异化，形成网络人格障碍。[①]

三、培养健康使用网络的心理行为

作为使用网络非常活跃的群体之一，大学生的心理和行为不可避免地深受网络影响。网络为大学生的学习和生活提供了一个极大的空间，但也容易使他们迷失其中。如何培养使用网络的健康心理成为警察院校学生心理健康教育的重要内容。

（一）树立正确的网络认知

网络的出现，宣告着人类信息时代的真正到来。它消弭了人类跨地域沟通的“时带”，拓宽了人类的交往空间，深刻地改变着人与人、人与社会的关系，给人类带来了一个全新的时代。在家办公、网上学校、电子商场、电子银行等新生事物的出现，使人类的生活方式发生了深刻的变革。网络也同样改变了大学生的学习、生活和交际方式。大学生能够客观正确地认识网络世界，是培养使用网络的健康心理的关键。网络所包含的信息量极大，更新速度快，实现了全球共享知识成果，极大地满足了大学生的求知欲。网络为大学生打开了通往知识宝库的大门，但是，网络世界既是一个充满自由、开放、平等的世界，也是一个充满诱惑与陷阱的危险之地。网络只是一个工具，网络资源是人类社会不可缺少的财富，对网络的破坏与滥用就是对社会正常秩序的极大破坏，会危及生活中的每一个人。大学生要认清网络社会并非真实的社会，网上暂时的成功并非真实的成功，虚拟的情感宣泄与满足也并不能得到真正的快乐。那些迷恋上网而不能自拔的大学生，随着上网时间不断延长，记忆力开始下降，对学习也逐渐产生厌烦感，进而出现逃课上网、对各种活动漠不关心、进取意识减弱、与周围同学关系紧张等现象。夸大网络的功能进而使人们认为网络是解决一切问题的灵丹妙药；或认为网络使人迷失自我、相互欺骗、使社会秩序混乱，从而否定网络的作用，这些观点都是错误的。大学生只有对使用网络树立正确的认知，明确上网目的，端正上网动机，才有可能正确地面对网络，合理地使用网络资源，提高网络信息处理能力，准确把握自我，正确处理现实社会与虚拟社会的关系，避免产生网络心理问题。

（二）加强自律与自我管理

网络为大学生提供了获取信息和沟通交流的新渠道，他们可以通过网络搜索和订购各类演出票，省去路上颠簸，节约了时间和精力；也可以通过网络报名各种证书考试；还可以利用网络查询考试结果，不用再等遥遥无期的邮件通知。他们更乐于运用社交软件与世界各地的朋友及时交流沟通。因此，大学生每天花费在网络上的时间和精力相当多，但真正获取的有效信息却难以达到预期。培养大学生形成坚定的网络意志和健康的

①崔荣凤，李娜：大学生网络成瘾现状及影响因素分析，现代交际，2021(13).

网络心理,规范其网络行为,网络环境是外部因素,而大学生进行自我修炼是内因,也是根本。一个人没有自我修炼的高度自觉性,外部的网络环境再好,也毫无意义。因此,大学生的自律及自我管理显得尤为重要。对于大学生来说,只有自律才能既充分体现其自尊、自主与自由,又充分培养其自我控制力,养成良好的慎独习惯。大学生在大学期间要明确学习目标和生活目标,合理规划自己的日常学习、生活和工作,积极参加各种社会活动,控制上网时间,规范上网、理性上网。必要时大学生应制订校园学习生活规划量化表。通过一段时间的记录和比较,大学生从数据上能一目了然地看出自己的合理规划和自己使用网络的时间与次数,以此来获得戒除网瘾的信心和成就感。

校园学习生活规划量化表

项目时间	时 间						
课堂	周一	周二	周三	周三	周五	周六	周日
课外自学							
睡眠							
图书馆							
课外活动							
上网							
其他							

(三)增强道德规范和法律意识,自觉维护网络秩序

良好的网络环境培育健全的人格,恶劣的网络环境造就有缺陷的人格。共同维护网络环境,一方面需要社会、学校等多方力量加强监管,抵制不良信息的入侵,净化网络环境,学校还要大力开展网络道德的宣传教育。另一方面,大学生在现实生活中道德规范和法律意识较强,但是网络的虚拟性会使他们缺乏自我约束,缺失自律意识,甚至降低道德水准,淡化法律意识,在网络社会中随心所欲,做出违反道德标准或法律法规的言行。因此,大学生要努力提高网络道德素养,自觉维护网络秩序,主动参与到净化网络环境的行动中来。

(四)主动接受心理咨询和心理辅导

大部分高校都开设了线上线下心理咨询和辅导。大学生可通过微信、QQ、微博、电话等方式,也可以采用直接与心理咨询师面谈的方式,请专业心理咨询师帮助其答疑解惑。这样既可以保护大学生的隐私,使大学生能敞开心扉诉说心理困扰,又可以让大学生听从专业指导,精准解决心理问题,成为符合时代要求的网络达人。同时,接受团体心理辅导也是一个行之有效的方法。在团体中,网络心理障碍者会发现自己的心理问题并不是独一无二的,团体中的其他人也有相似的困扰,甚至比自己还要严重,从而降低其心理上的担忧与焦虑程度。由于有共同的心理体验,团体成员的心理认同感很强,群体归属感也会增强,进而感受到社会的支持。团体成员可以订立互相监督上网的契约,对彼此的行为能起到有效的约束作用。团体动力和心理咨询技术的交互作用,可以帮助每位成员学会自助、解决共有的心理问题。

◆课程实训

实训一:大学生学习心理团体辅导训练

团辅活动名称:大学生学习团体心理辅导

团辅活动目标:引导学生形成良好积极的学习习惯,削弱网瘾的消极影响,提高学生的学习能力,以适应大学的学习生活

团辅活动领导者:心理健康课程教师、辅导员

团辅活动的对象:大一新生

团辅活动的规模:自然班或专业班40~60人

团辅活动的时间:结合心理健康课程或班会

团辅活动的次数:1次,2课时

团辅活动的场地:教室、学校团体辅导室

(一)团辅方案设计(见下表)

大学生学习心理团体心理辅导计划书(总方案)

活动名称	活动目标	活动主要内容	预计时间
一、学习习惯培养	引导学生建立良好的学习习惯,认识和改正不良的学习习惯。	1.全体报数分组 2.讨论习惯培养	50分钟
二、兴趣比拼,战胜网瘾	引导学生在现实生活中找到健康的兴趣爱好,从而替换网络虚拟世界的消极兴趣。	1.兴趣爱好填表 2.建立互助小组	20分钟

(二)内容与流程(见下表)

活动名称	活动内容及流程	操作提示
一、学习习惯培养	1.全体成员通过报数分为等额的小组,每组7~8人,大家按组围坐成一个圈,老师向成员分发笔和卡片。 2.请每名成员首先在自己的白色卡片上写下自己的三个学习好习惯和三个不好的习惯。 3.写完之后在其背面写下好习惯和不好习惯在学习中产生的作用是什么。 4.写完之后小组成员一一发言,相互分享,然后大家按照重要程度依次选出三个公认的好习惯和不好的习惯。 5.各小组代表分别上台分享选出的好习惯(或不好习惯),所有小组分享完毕之后,大家一起投票选出在学习方面最重要的五个习惯,作为重要的学习习惯,并相约在以后的学习过程中共同实践,相互监督,共同成长。 最后老师总结“行为形成习惯,习惯形成性格”。	

活动名称	活动内容及流程	操作提示
二、兴趣比拼，战胜网瘾	1.将你在网络上喜欢做的事情填在下表对应的位置上。 2.从现实兴趣中选取自己觉得最有可能替代网络行为的事情，并填在右边的表格里。 3.也可以填写你自己认为更愿意从事的现实行为。 4.写完之后可以与同学们相互交流，看看其他同学的内容。 5.找到与自己有同样现实爱好或兴趣的同学，结成互助小组，互相监督和鼓励，以更好地摆脱网瘾。 (具体内容见下表)	

网络与现实兴趣大比拼

序号	在网络上喜欢做的事情	在现实中喜欢做的事情
1		
2		
3		
4		
5		
6		
7		
8		

实训二：网络成瘾自测

网络成瘾自测

如果你怀疑自己已经上网成瘾了，可以通过以下测试了解自己是否已经成瘾和成瘾的大概程度。

这个测试是给那些怀疑自己的网络行为已经开始成瘾的同学用的。如果你有兴趣，请对以下20个陈述按照发生的频度，用0～5分进行评分，0～5分的具体含义如下：

0分表示没有，1分表示罕见，2分表示偶尔，3分表示较常，4分表示经常，5分表示总是。

1.你发现待在网上的时间会超出预计时间。

2.由于上网太过频繁，以至于忘记了要做的事情。

3.你觉得网上的愉悦已经超过了与恋人或伴侣间的愉悦。

4.你会与网上的人建立各种关系。

5.你的亲友会抱怨你花太多的时间上网。

6.你花在网上的时间太多，以致耽误了学业和工作。

7.你宁愿去查收电子邮件，也不愿意去完成必须做的工作。

8.上网影响到了你的学习或工作业绩和效果。

9.你会尽量隐瞒你在网上的所作所为。

10.你会同时想起网上的快乐和生活中的烦恼。

11.在准备开始上网时,你会觉得你早就渴望上网了。

12.没了互联网,你的生活会变得枯燥、空虚和无聊。

13.别人打扰你上网时,你会恼怒或吵闹。

14.你会因为深夜上网而睡不着觉。

15.睡觉时你仍全身心想着上网或幻想着在上网。

16.你上网时老想着“就再多上一会儿”。

17.你尝试减少上网时间,但却失败了。

18.你企图掩饰自己上网的时间。

19.你会选择花更多的时间上网,而不是和别人出去玩。

20.当你外出不能上网时,你会感到沮丧、忧郁和焦虑,但一上网后,这些感觉就消失了。

心理测试说明:请把你选择的各项分数加在一起,计算得出总分,对照以下不同分数段的解释,评判自己上瘾与否或上瘾程度。

0~23分:目前,你没有上网成瘾,应继续保持健康的用网习惯。

24~49分:你是一个一般的上网者,只是有时会上得多些,但总体上仍能够自我控制,尚未沉溺于网络。

50~79分:对你来说,上网似乎开始引起一些问题,你该谨慎对待上网给你带来的影响以及对你身边的人带来的影响。

80~100分:上网已经给你和你的日常生活带来很多问题,你必须马上正视并解决这些问题。

课后作业

1.试说明大学生学习与中学生学习有哪些不同?

2.结合所学知识谈谈警察院校大学生如何提升自己的能力?

3.你在警校学习过程中有哪些困惑和疑问,是如何解决的?

第八章　警察院校学生情绪管理

◆**思维导图**

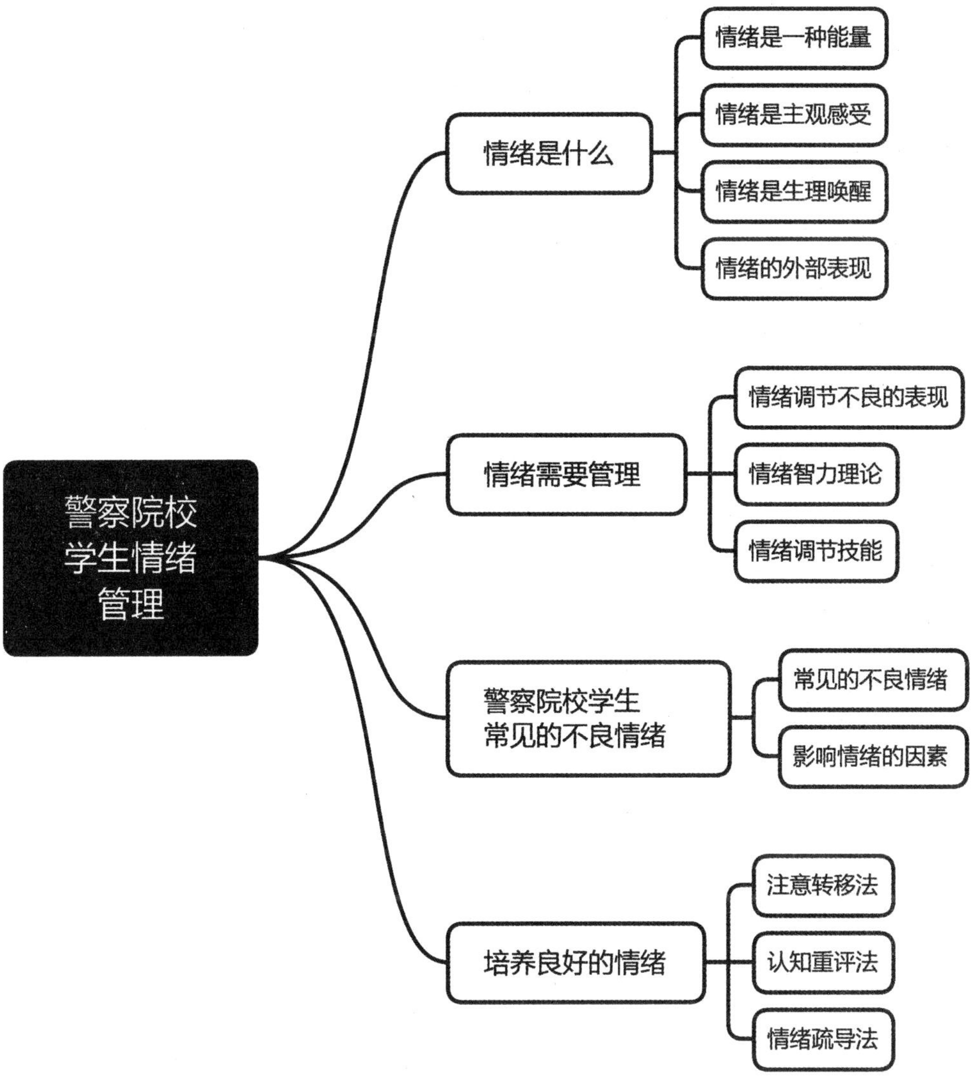

◆**课程思政**

2013年09月09日，《人民日报》发表“深入学习贯彻习近平同志在全国宣传思想工作会议上的重要讲话精神”文章强调：“要直面社会热点难点问题，坚持主动引导、及时引导、深度引导，抓好经济民生问题、突发事件引导，抓好思想理论领域问题引导，着力解疑释惑、疏导情绪，既讲“怎么看”，又讲“怎么办”，消解诱发矛盾的负面因素，引导社会情绪、社会心理朝着积极健康的方向发展。”①

◆**课前测量**

1.情绪反应持续时间

当你回想一个重大情绪事件时，试着回想一下，你的坏情绪持续了多久？

____1～2分钟 ____大约5分钟 ____10～20分钟 ____30分钟到1小时

____超过1小时 ____半天 ____一整天 ____超过一天到一周

2.情绪反应的顺序

坏情绪的表达并不一定要大喊大叫或者拳打脚踢，就像悲伤的表达不一定非得哭泣，恐惧的表达不一定非得躲藏或者逃离。

下面的列表是发脾气时常见的生理反应。想象你自己的坏情绪事件，试着回想一下，它们是怎么开始的，评估一下你对坏情绪的初始生理反应。在它发生之前，你可能都注意不到任何生理反应，但如果仔细观察，就会看到蛛丝马迹。

肌肉绷紧。身体变得紧张、警觉，许多人会感到颈部、肩部、背部或胸部绷紧。

心率加快。你可能会感到心率略微加快，或感到心脏怦怦乱跳。

呼吸急促。呼吸变快、变弱。

冒汗。有些人会感到自己“体温升高”，有可能脸部、颈部、腋下或手会出汗。

发抖。肾上腺素和去甲肾上腺素释放会导致肌肉紧张，身体晃动或颤抖。

哭泣。有些人在非常生气时或生气过后会哭。

第一反应就是自动反应，要摆脱自动反应，就要让自己能够有空间观察我们自己的情绪反应，做出有选择性的“行动”，而不是自动化的“反应”。请按顺序列出坏情绪触发事件发生时，最常见的生理反应。练习这项技能，你将更容易识别自己的情绪反应。

第一反应：________________________________

第二反应：________________________________

第三反应：________________________________

第四反应：________________________________

第一节 情绪是什么

一、情绪是一种能量

人非草木，孰能无情，情绪是人自然而然的流动在身体里的一种能量。它是一种你能感受到的能量，它是一种有生物学基础的能量，它是一种你能观察到的有外部行为反

①中央政府门户网站：人民日报：牢牢把握“两个巩固”根本任务.http://www.gov.cn/jrzg/2013-09/09/content_2484037.htm.

应的能量，它是一种人性的欲望或者需求满足与否的表达。情绪是由诱发事件引起的伴随着生理唤醒、外部表现的主观体验，包括感觉、认知过程、外部表现、生理唤醒四个成分。诱发情绪的原因有三个方面：外部环境刺激、身体生理刺激和认知评价刺激。情绪的感受来自我们对世界的看法以及我们与周围人的关系。

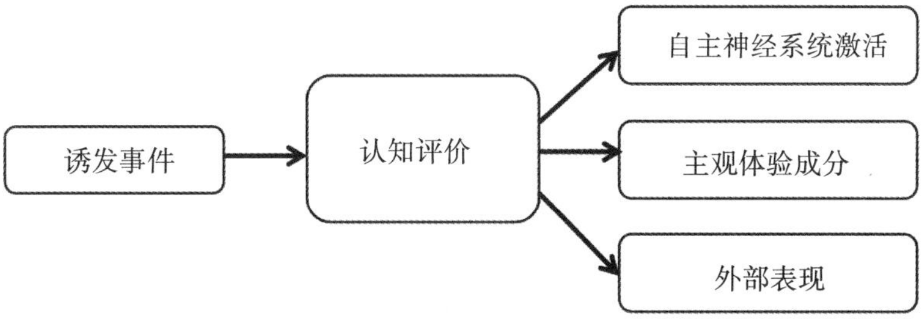

《荀子·正名》说："性者，天之就也；情者，性之质也；欲者，情之应也。"荀子从性与情、欲关系的角度，将性、情与欲三者统一起来，主张展现于人身上且成于天之自然的东西，叫人性，情是人性的质体，欲是情之所应。王充在《论衡·祭意》里曾说："凡人有喜怒也，有求得与不得，得则喜，不得则怒。"这里，"得与不得"相当于现代心理学的需要满足与否，因此，王充的这句话已明确指出，人的情绪的性质与需要满足与否关系密切。《朱子语类》卷五所说："欲是情发出来底。心如水，性尤水之静，情则水之流，欲则水之波澜，但波澜有好底，有不好底。"朱熹主张情是人性自然而温和的流动，而欲则是人性剧烈的翻动，犹如"水之波澜"一般。情与欲虽都是人性的流动，但二者在运动的强度上有区别：情的运动强度较小，而欲的运动强度大，而且欲在性质上有好坏之分，而情绪没有好坏之分。

二、情绪是主观感受

（一）基本情绪的分类

埃克曼（Ekman）（1987）将基本情绪体验分为快乐、悲伤、愤怒、恐惧、惊喜、厌恶等六种基本情绪。

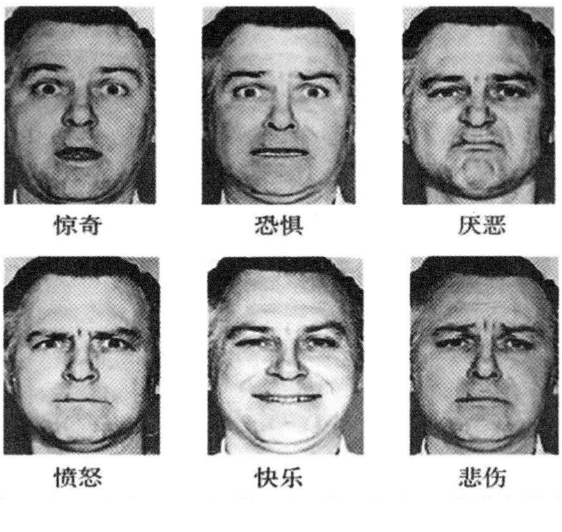

据《左传·昭公二十五年》记载，"民有好、恶、喜、怒、哀、乐，生于六气。是故审则宜类，以制六志。哀有哭泣，乐有歌舞，喜有施舍，怒有战斗；喜生于好，怒生于恶。是故审行信令，祸福赏罚，以制死生。生，好物也；死，恶物也；好物，乐也；恶物，哀也。哀乐不失，乃能协于天地之性，是以长久。"这段话的内容非常丰富，它是中国古代情绪心理学思想的基础，它把情绪分为了两两对应的关系:好-恶、喜-怒、哀-乐;其中好恶是情绪感受的核心,由好恶产生出喜怒和哀乐。这个观点与Russell等人提出的核心情感的概念相一致,后者认为情绪心理表征的核心是一种愉快或不愉快的心理状态,即核心情感。核心情感是所有情绪共有的,并在此基础上建构从而形成某种特定的情绪。

情绪感受状态可以由愉悦度—唤醒度—支配度三个维度来进行描述。愉悦度指积极或消极的情绪状态,如兴奋、爱、平静等积极情绪与羞愧、无趣、厌烦等消极情绪。唤醒度指生理活动和心理警觉的水平差异,低唤醒如睡眠、厌倦、放松等,而高唤醒如清醒、紧张等。支配度,意指影响周围环境及他人或反过来受其影响的一种感受,如愤怒、勇敢或焦虑、害怕。高的支配度是一种有力、主宰感,而低的支配度是一种退缩、软弱感。

(二)主观感受性

鲁迅先生说过:"人类的悲欢并不相通,我只觉得他们吵闹。"情绪最核心最显著的特点在于主观体验,情绪状态是认知过程(期望)、生理状态和环境因素在大脑皮层中整合的结果。环境中的刺激因素,通过感受器向大脑皮层输入外界信息;生理因素通过内部器官、骨骼肌的活动,向大脑输入生理状态变化的信息;认知过程是对过去经验的回忆和对当前情景的评估,来自这三方面的信息经过大脑皮层的整合作用,才产生了某种情绪体验。许多研究者提出通过测量其他情绪指标来代替自我报告法。但是面对同样的环境刺激、生理激活,每个人的认知过程可能是不一样的,感受也可能是不一样的,因此,为实现对情绪的全面了解,自我报告的方法不能被其他测量方法完全代替。

(三)内省法

由于我们对情绪最深刻的印象便是情绪产生时的内心感受,因此很多人认为主观体验是情绪最主要的成分。但长久以来,能否实现对内部体验的准确测量一直是心理学家争论的主题。心理学家一直重视使用内省方法研究内部状态,内省观察是我们需要优先并要一直使用的研究方法。但是,我们似乎并不善于探究自己的内心想法,对于自身行为的原因有时很难找到真实答案,因此要经过一些训练和努力才能让内省方法发挥功效。

(四)情绪的适应功能

根据情绪的适应功能理论,情绪能够帮助有机体做出与环境相适宜的行为反应,从而有利于个体的生存和发展。情绪是在进化过程中个体对来自环境的各种挑战和机遇的适应,任何不好的感觉都有合理的理由。长期压抑自己的情绪会让自己变得麻木不仁,保持自我觉察与自我悦纳可以让自己的情绪的能量和气息与他人相通,与天地万物相通。

三、情绪是生理唤醒

(一)自主(植物性)神经系统与詹姆斯-朗格情绪理论

自主(植物性)神经系统包括交感与副交感神经活动,情绪心理生理学研究发现正、负性情绪间的自主神经反应模式是不同的，存在“负性偏倚”现象，即负性情绪较正性情绪有更大的自主神经激活。与年轻人相比，老年人正性情绪体验更多，对正性表情的识别维持得较好，表现出一种对正性信息的偏好。如果我们常常体验到负性情绪，也许是因为我们年轻的心脏（自主神经系统）需要激活。

詹姆斯-朗格情绪理论。詹姆斯根据情绪发生时引起的植物性神经系统的活动，和由此产生的一系列机体变化，提出情绪就是对身体变化的知觉。他说：“情绪，只是一种身体状态的感觉；他的原因纯粹是身体的。”又说：“人们的常识认为，先产生某种情绪，之后才有机体的变化和行为的产生，但我的主张是，先有机体的生理变化，而后才有情绪。”当一个情绪刺激物作用于我们的感官时，立刻会引起身体上的某种变化，激起神经冲动，传至中枢神经系统而产生情绪。在詹姆斯看来，悲伤乃由哭泣而起，愤怒乃由打斗而至，恐惧乃由战栗而来，高兴乃由发笑而生。

朗格认为，情绪是内脏活动的结果。他特别强调情绪与血管变化的关系：“情感，假如没有身体的属性，就不存在了。”“血管运动的混乱、血管宽度的改变以及各个器官中血液量的改变，乃是激情的真正的最初原因。”朗格以饮酒和药物为例来说明情绪变化的原因。酒和某些药物都是引起情绪变化的因素，他们之所以能够引起情绪变化，是因为饮酒、用药都能引起血管的活动，而血管的活动是受植物性神经系统控制的。植物性神经系统活动减弱，血管收缩或器官痉挛，结果就产生了恐惧的情绪。因此，情绪取决于血管受神经支配的状态、血管容积的改变以及对它的意识。朗格与詹姆斯在情绪产生的具体描述上虽有不同，但他们的基本观点是相同的，即情绪刺激引起身体的生理变化，而生理反应进一步导致情绪体验的产生。

詹姆斯-朗格理论看到了情绪与机体变化的直接关系，强调了植物性神经系统在情绪产生中的作用，这有其合理的一面；但是，他们片面强调植物性神经系统的作用，忽视了中枢神经系统的调节、控制作用，因而该理论有一定的局限性。

（二）情绪脑（中枢神经）环路理论

詹姆斯—朗格情绪理论强调情绪是对内脏反应或对身体状态的感觉。但是人的内脏和植物性神经系统的功能变化只是情绪表现的一个侧面，更重要的是中枢神经系统的调节和控制作用，此外还包括面部表情和言语行为的情绪表现。某些情绪体验仅是个体的主观体验，并不一定表现出来。与情绪调节相关的脑功能区的发展和成熟是一个重要的考察方面。有效的情绪调节依赖于前额叶皮层功能。腹内侧前额叶和相邻的前扣带回在控制自身情绪方面起着重要的作用，腹侧区域负责情绪加工，而背侧更多与认知执行功能有关。

神经成像研究表明，情绪由大脑中的一个回路控制，包括眶额皮层、腹内侧前额皮层、杏仁核、下丘脑、脑干、扣带回皮层、丘脑、海马、伏隔核、脑岛及感觉皮层等，这些可能是情绪产生、情绪体验和调节情绪外部表现的关键脑区，不同性质的情绪可能具有特定的中枢神经环路。由于不同情绪存在正负效价、唤醒度等差异，因此，不同情绪可能会诱发不同脑区的激活,但也存在脑区的重叠激活。对一名左侧脑岛、壳核及苍白球受损病人的研究发现,该病人不能够识别厌恶情绪,不能识别言语声音表达的厌恶情绪(如呕吐声),不能对厌恶情景产生厌恶情绪,厌恶感受性显著降低。

恐惧加工的中枢神经机制主要涉及以下几个脑区:杏仁核、海马、前扣带回、内侧额叶皮层、眶额皮层。其中,杏仁核、前扣带回和眶额皮层在恐惧情绪的形成和表达中起重要作用;海马是恐惧记忆与巩固的神经基础;前扣带回、内侧前额叶是恐惧情绪的调节中枢;同时,内侧前额叶在条件化恐惧消退中发挥着重要作用。这些脑区交互作用,揭示了人类恐惧情绪加工的基本神经机制。

厌恶是由令人不愉悦、反感的事物诱发的情绪。负责厌恶加工的主要脑区有脑岛、基底神经节;相关脑区包括前扣带回、杏仁核和丘脑。除此以外,丘脑、内侧前额叶等也参与厌恶加工。

悲伤的表达如人的哭泣或动物的哀号由导水管周围灰质回路所控制。在人脑中,这一回路包括中脑、内侧丘脑、隔区、视前区和前带状束皮,刺激该回路可引起或加强哭泣,损伤该回路的相关区域,可减少或甚至消除哭泣或哀号。

(三)生化反应:内分泌与激素水平

在两个神经元相遇的地方,存在着一个非常小的间隙,也就是突触。沿着神经元轴突运动的电脉冲,必须转化成神经递质化学信号才能弥合这个间隙。这些所谓的化学信使参与了我们对各种情况的不同反应。你的情绪取决于神经递质的波动水平,这些神经递质会激活大脑中负责不同情绪的不同部分,或者激活了大脑中触发自主神经系统刺激的部分。

1.肾上腺激素位于每个肾脏上方的肾上腺腺体,是释放肾上腺激素的器官,肾上腺素可以增加流向我们肌肉的血液流量,提高我们的心率并扩张我们的瞳孔。肾上腺素在战斗或逃跑环境中的作用至关重要。

2.去甲肾上腺素类似于肾上腺素,释放这种化学物质会提高警觉性,帮助我们在必要时采取行动。它也会增加我们的血压、扩张动脉通道。

3.多巴胺是一种让人上瘾的化学物质,它能激发你去寻找生存所需的东西。有时我们会发现自己被这种古老的奖赏机制所奴役。

4.催产素,就是所谓的“拥抱荷尔蒙”,催产素是在你接近他人时释放的。它对建立牢固的社会关系是必不可少的,也是我们为什么要信任人类的一个关键因素。

5.γ-氨基丁酸负责调节肌肉张力,也调节脑细胞之间的通讯。对人的情绪调节也有很大的作用,比如缓解人们的焦虑、抑郁等情绪的功能。这是因为GABA能够与延缓焦虑的脑部内受体进行两者的结合,同时作用于一些相关的物质,阻碍中枢神经的焦虑信息接收,从而达到缓解或者直接抑制焦虑的作用。

6.乙酰胆碱是交感神经系统中的主要神经递质,减慢心率,收缩肌肉,扩张血管,增加身体分泌。

7.谷氨酸是脊椎动物神经系统中最丰富的神经递质，神经细胞利用谷氨酸向其他细胞传递信号，谷氨酸过量会引起认知损伤。

8.内啡肽可以抑制（产生兴奋感的）疼痛信号的传递。内啡肽也被称之为“快感荷尔蒙”或者“年轻荷尔蒙”，意味着这种荷尔蒙可以帮助人保持年轻快乐的状态。

9.血清素与我们的幸福和快乐有关，提高血清素含量能改善睡眠，让人镇静，减少急躁情绪，带来愉悦感和幸福感，带给人更多快乐。血清素含量较低时，大脑更难抑制愤怒反应。

四、情绪的外部表现

（一）微表情识别

微表情是一种人类在试图隐藏某种情感时无意识做出的短暂的面部表情。

微表情的持续时间仅为1/25秒至1/5秒，表达的是一个人试图压抑与隐藏的真正情感。

（二）语调表情

“听话听音”，话语除了其所表达的内容外，其音调也能提供丰富的信息（如年龄、性别、家乡）。笑声、哭泣、叹气、哈欠等诸如此类的语音也能够表达不同的情绪。语调表情通过言语的韵律、语音音响、响度、节律等组合模式的形式来表达。高兴的说话声音通常音高更高、响度更大、语速更快；而相应地，悲伤的说话声音音高较低（低沉）、语速较慢。

（三）姿态表情

情绪研究的先驱达尔文认为有些身体运动与姿态对应特定的情绪。

高兴：各种无目的的运动、跑跳、手舞足蹈、拍手、前俯后仰。

悲伤：身体无运动、垂头丧气、低头、胸部收缩。

骄傲：昂首挺胸。

羞愧：转身回避、弯腰、紧张不安的动作。

恐惧：缩头、抱头、身体僵硬、抽筋似的动作、手不停地在胸前抱紧松开并伴有抽动。

愤怒：全身颤抖、摔物、摇晃拳头、双拳紧握、怒目圆睁。

厌恶：吐口水、身体回避、抬肩、手臂夹紧。

轻蔑：转身。

第二节　情绪需要管理

《礼记·中庸》说：“喜怒哀乐之未发，谓之中；发而皆中节，谓之和。中也者，天下之大本也；和也者，天下之达道也。致中和，天地位焉，万物育焉。”《吕氏春秋·情欲》说：“天生人而使有贪有欲。欲有情，情有节。圣人修节以止欲，故不过行其情也。”中国古人强调对情绪要进行节制，这是一个人修身的重要方面。情绪表达得不合时宜，受到压抑或者表达过度对人的健康有害。注重涵养理性平和的情绪状态才是中国古人对待情绪修养的追求。

一、情绪调节不良的表现

没有有害的情绪，只有调节不良的情绪。情绪调节适应不良，是指个体面对不良的情绪进行调节时，或面临着一个艰难的情感体验时，无法控制情感体验充分参与在目标导向的行为中，或不允许情感体验自生自灭。情绪调节适应不良包括情绪调节不足和情绪调节过度两种情况。

1.情绪过度表达

情绪调节不足是指不能克服困难的情感体验而继续从事有目的的行为或不能抑制冲动行为。这类个体无法使用情绪调节策略控制自己的行为。

2.情绪被堵住了

情绪过度调节发生在个体使用情绪调节策略，努力阻止情感体验的展开。阻止情感体验展开的方式之一就是抑制某种情感表达。

3.情绪的自我屏蔽

阻止情感体验展开的另一种方式就是避免某种情感体验，《二程集》有言：医书言手足痿痹为不仁，此言最善名状。仁者，以天地万物为一体，莫非己也。认得为己，何所不至？若不有诸己，自不与己相干。如手足不仁，气已不贯，皆不属己。故“博施济众”，乃圣之功用。仁至难言，故止曰“己欲立而立人，己欲达而达人，能近取譬，可谓仁之方也已。”欲令如是观仁，可以得仁之体。

二、情绪智力理论

1997年，Mayer和Salovey在一篇题为“什么是情绪智力”的综述中提出，情绪智力包括：(1)准确觉察(perceive)、评价(appraise)和表达(express)情绪的能力；(2)使用(access)和/或产生促进思维的情绪的能力；(3)理解(understand)情绪和情绪知识的能力；(4)调节(regulate)从而促进情绪和智力成长的能力。

第一层，感知、评价和表达情绪

该维度关心的是个体如何准确和快速表达情绪，识别、觉察和解读情绪体验和情绪表现。在该维度有四种特定能力：

(1)能识别自己情绪的能力。当自己对某件事情有情绪反应的时候，能够通过生理唤醒识别到自己正在经历的情绪。

(2)能识别他人感受到的情绪的能力。该能力指个体能够通过情绪的外部表现准确地识别情绪(例如，他人是否感到生气、伤心等等)，尤其是通过加工非言语信息，比如面部表情和声音、语调。

(3)能够清晰地向他人表达自己情绪的能力。能够清楚地表达情绪和清楚地表达与情绪有关的需求的能力。

(4)觉察他人情绪表达的真实性。能够区分正确与错误或真实与虚假情绪表达的能力。这能帮助个体决定他们是否依赖他人的表情来推论态度、目标和意图或决定他们是否应该谨慎做出这些推论。

第二层,使用情绪的能力

该维度主要是个体如何使用情绪对认知活动的综合效应,如创造力和冒险等(Salovey & Mayer, 1990)。主要由两种能力组成:

(1)情绪对认知过程的综合效应的认识。这种能力主要与个体对情绪如何系统地指导认知活动的知晓有关(Fine et al., 2003; Morgan et al., 2010)。例如,在决策时,感到焦虑和风险规避具有很强的相关,因为焦虑提示当前环境不确定,而人们在不确定环境下更加偏好风险规避。

(2)利用情绪指导认知活动和问题解决的能力,即个体如何有效地根据认知活动的需要产生情绪,从而使认知活动适应于当前情景。例如,情绪先于思维转移注意到重要信息。情绪非常生动和有效有助于与情绪有关的判断和记忆。情绪能让个体在积极和消极观点来回变化,有利于从多个角度思考。

第三层,理解情绪的能力

该维度与个体如何准确推理各种情绪有关,如当他们定义情绪、在事件和情绪反应之间建立联系的时候。该维度包括三种能力:

(1)理解情绪语言的能力。给情绪贴标签的能力,认识词语和情绪本身的关系的能力,如喜欢和爱。这种能力指个体如何准确识别语言和情绪之间的关系,如何准确用语言描述自己和他人的情绪。

(2)分析事件和情绪的因果关系的能力。根据关系解释情绪传达的意义的能力,如失败/失去之后很伤心。解释情绪传递关于关系的意义的能力,如伤心经常伴随着损失。例如,这种能力较高的领导能准确预测不公平会引起员工的愤怒,而其他领导可能会忽略不公平程序导致的情绪后果。

(3)理解简单情绪如何组合成复杂情绪的能力。理解复杂情绪的能力,如爱恨交织,或者多重情绪的混合,如敬畏、恐惧和惊奇的混合。有了这种能力,当再体验到先前的事件时,个体就能够认识到感到幸福和伤心组合成了一个新的复杂情绪,如乡愁,而其他人不太可能从一个较为复杂的情绪经历中理解幸福和伤心。

(4)认识情绪间可能的转变,如从愤怒转到满足,或从愤怒转到羞愧。

第四层,调节情绪的能力

该维度与个体能多大程度上增加、保持或降低自己或他人的情绪的强度或持续时间有关。主要包括三种能力:

(1)设置情绪调节目标的能力。该能力指个体多大程度上决定他们目前的情绪是否在当前环境中是最佳的,从而视需要设定修改情绪的目标。如果不是最佳的情绪,个体设置改变情绪的目标,有的个体设置目标较其他个体更为合适。通过减弱消极情绪和提高积极情绪(不削弱或夸大这些情绪传递的信息)而管理自己和他人情绪的能力。

(2)选择情绪调节策略的能力。这种能力指个体选择能够激发想要的情绪的策略的程度。例如,选择情绪调节策略能力较高的领导或教练能够确定大量策略,例如,教练热烈的演讲,让队长给整个团队做演讲,将会更能激发团队的活力。

(3)使用情绪调节策略的能力。这种能力指个体如何使用情绪调节来产生想要的情绪效果。个体可能会选择适合的调节策略,但是他们可能不一定会有效运用这些策略。

三、情绪调节技能

情绪调节是指人们对保持、抑制和提高情绪体验和情绪表达的尝试。情绪调节既可以是有意的和受控制的,也可以是自动的情绪调节,自动情绪调节是无需意识决定的。从脑区分布看,腹侧前额叶负责有意的情绪调节和对结果的反馈,内侧前额叶负责自动的情绪调节。情绪调节的自适应是指允许一个人在自己的环境中适应的功能。有意进行情绪调节自适应的人,当他(她)面临一种艰难的情感体验时,能够相当克制这种艰难的情感体验而继续从事有目的行为,同时允许情感体验按照常规发展。这是通过使用各种不同的情绪调节策略而灵活实现的。情绪调节并非天生的自适应或适应不良,有效的情绪调节要求觉察、理解和阐明情绪反应,有效的情绪调节基本技能包括情感觉察、情感接纳和运用多种情绪调节策略。

(一)情感觉察

情感觉察。情感觉察是指个体觉察到自身当前的情感状态。人们识别和描述内部情感经历的能力非常重要,因为它提供了在这种情感下的适应功能的信息。情感觉察失常的例子之一,是述情障碍。关于述情障碍的研究表明,一个人情绪觉察不足的特质表现为情绪体验的符号表征和详细阐述情感体验上的困难,述情障碍提供的证据表明,低情感觉察可能与攻击行为有关。在述情障碍和非临床样本的冲动性攻击之间存在正相关,也与个体的反社会人格障碍有关。

(二)情感接纳

情感接纳。情感接纳是指不按个人道德标准评定所遇到的全部情绪,没有负面反应的情绪,换句话说,是指人们将积极情绪体验和消极情绪体验都看成是人的情感的必要组成部分,接纳而不是排斥消极情绪体验。情感接纳作为一种有效的情绪调节,是因为它允许伴随情感顺其自然的生理和心理过程。一个情感接纳困难的人,可能会避免或压抑自己的情感体验和/或表达,这也可能增加更严重攻击行为的可能性。

(三)情绪调节策略

多种情绪调节策略的运用。多种情绪调节策略,包括内在体验和外部行为调控。使用各种策略,允许个人对环境提出要求和追求长期目标实现时伴随的是适度的和优势性的情绪体验。情绪调节可作用于情绪产生的任何阶段,常见的有五类分别作用于不同情绪产生阶段的情绪调节策略。

第一类:环境选择。选择处于有利诱发目标情绪的环境,远离可能诱发自己非目标情绪的环境中。例如,当得知你非常不喜欢的同学也要参加同学聚餐后,你可能会选择不参加聚会。

第二类:环境改变。当处在非目标情绪的外部环境中(例如,不愉快的情绪),个体会通过改变环境从而改变环境对其情绪的影响。例如,当与男(女)朋友分手后,你可能会将你们以前的合照放在箱子里,而不是挂在墙上。需要注意的是,由于改变环境经常意味着创造一个新环境,因此有时很难将环境选择和环境改变进行区分。

第三类:注意分配。注意分配过程决定什么样的刺激进入情绪的产生过程。最常用的两种注意分配策略是选择性注意和分散注意力。选择性注意是指将注意力集中在刺激的某些特征或者属性上,而分散注意力是指通过将注意力集中于需要工作记忆参与的任务,从而来减少对情绪刺激的注意。例如,当你心情较差的时候,你可能会通过工作和学习来分散自己的注意力。正念,是指通过非判断和接受的方式有意地关注当下的经验,也是用来调节愤怒情绪的一种常见策略。正念可以通过有效地降低反刍从而缓解愤怒情绪。除此之外,正念也可以降低负性情绪诱发的生理激活。

第四类:认知改变。认知改变是指改变对刺激的评估。认知改变中最常用、研究最广泛的策略是认知重评。认知重评是一种先行聚焦策略,它指个体在情绪尚未充分流露时,重新理解刺激的意义从而改变刺激所诱发的情绪反应。与认知重评不同的另一种认知改变是反刍,是指个人对过去引发的愤怒事件的坚持不懈的反复思考,可能会有增加愤怒、攻击性的风险,这与降低自我控制能力相关。反刍与报复性行为、愤怒、反思成正比,且与分心组合控制组相比,愤怒反刍组会表现出更高的攻击性。

第五类:反应调整。反应调整主要是指对情绪表达行为的改变。表达抑制是指通过抑制情绪表达相关的行为来改变情绪。例如在愤怒情绪时使用抑制策略,是指一种隐藏愤怒表达的方式,比如面部或口头表情,或努力降低愤怒的内在体验。但是这种策略常被认为发生在情绪产生之后,与认知重评不同,且这种策略虽然可能会减少情绪的外部表达,降低情感事件的损伤,但并不能降低主观的情绪体验。同时,愤怒抑制可能会对健康造成负面的影响,血压升高、心血管反应性升高,也会增加疼痛的敏感性。习惯抑制愤怒的人群在愤怒时通常会将愤怒情绪向内压抑甚至转化为对于自我的攻击,这会造成一系列生理(如心血管疾病)和心理问题(如社会关系)。

袁加锦等人(2014)探讨了中国人采用表达抑制和认知重评两种策略调节负性情绪的时间动态特征。结果表明,表达抑制策略和认知重评策略,都能有效降低负性情绪体验。该研究中,被试的任务是在三种条件下观看图片:自由观看、表达抑制、认知重评,并且主试采集了被试观看图片时的事件相关电位活动(ERP)数据。结果表明,对中国被试而言,使用表达抑制策略降低负性情绪的速度显著快于认知重评,但表达抑制调节需要消耗更多的认知资源。

第三节　警察院校学生常见的不良情绪

警察院校学生的情绪特点具备大学生情绪的普遍性特点，同时由于警察院校的特殊性又具有一定的特殊之处。当今社会正处于一个加速变革的时代，随着科技进步和经济发展，中国社会城市化进程加速、社会竞争加剧、生活节奏加快、信息化程度加深、社会文化多元以及互联网、人工智能日趋普及，这些因素使得当今社会在人际交往互动、社会舆论表达、个人利益诉求、人生价值观培育、个体生活方式变化等方面都呈现出不同于传统社会的新特征，整个社会的复杂性、多变性和不确定性增加。时代的发展变化，使得个体发展变得更有意义和价值，很多研究开始关注个体心理发展的年代效应。

一、常见的不良情绪

（一）抑郁和焦虑情绪在大学生群体中相对较为普遍

根据 SCL－90 量表要求，每个维度平均分超过 2.5 分则表明被试在此维度上存在比较显著的情绪困扰，但这些情绪困扰并不一定达到情绪障碍的诊断标准，只是说明存在比较明显的抑郁、焦虑、敌对和恐怖等情绪状态。周少贤、窦东徽等人2019年的研究，为了进一步突出情绪困扰的典型性，将维度均分提高到3分（含3分），统计被试在抑郁、焦虑、敌对和恐怖四个情绪维度上超过3分的人数比例。通过对参加该研究的9524人的统计结果可以发现，抑郁维度超过3分的总人数为 239 人，比例最高；其次是焦虑，共有171人得分超过 3 分；敌对和恐怖分别是123人和77人。这一结果表明抑郁和焦虑情绪在大学生群体中最为普遍。统计结果和以往的研究结果比较一致，搜索国内公开发表的文献发现，我国大学生的抑郁情绪检出率是24.6%，抑郁情绪是大学生情绪困扰的主要表现形式。贠丽萍2021年采用广泛性焦虑量表（GAD–7）对3434名大学生进行的调查研究发现无焦虑症状的学生人数（<10分）占81.3%，轻度焦虑（10分～14分）的学生人数占13.3%，中重度焦虑（>=15分）的学生人数占5.21%[①]。从结果中可以看出，81.3%的学生无相关焦虑问题，18.7%的大学生存在不同程度的焦虑困扰，表明焦虑问题是大学生群体中相对较为普遍的现象。

（二）导致大学生产生抑郁、焦虑等情绪的主要因素

在周少贤、窦东徽等人2019年的研究中，对于每年筛查出来存在明显情绪困扰的学生，以“一对一访谈”的方式对学生的情绪状态进行进一步核对，并对产生情绪困扰的影响因素进行了深入的分析。通过对 452 名学生的访谈发现，导致学生出现抑郁、焦虑等情绪的原因较多，主要包括家庭压力、人际交往障碍、内心自卑、目标缺失、恋爱烦恼、高考失利和罹患某些精神疾病等。该研究将所有困扰学生情绪的因素进行了分类统计，最

①贠丽萍．健康中国视域下新时代大学生心理健康及其培育研究[D]．陕西师范大学，2021.DOI:10.27292/d.cnki.gsxfu.2021.000103.

终发现在452名同学中有53.7%的学生存在人际关系方面的问题；有36.5%的学生存在各种家庭问题；有30.9%的学生对自己评价较低，内心比较自卑；还有22.8%的学生缺乏生活目标。通过上述统计数据发现，人际交往困惑、家庭压力、内心自卑、目标缺失是导致大学生出现抑郁、焦虑等情绪的主要因素。这些因素中，人际交往困惑的因素占首位，其次是家庭问题。

学生表现出来的常见人际交往问题包括：性格敏感内向、缺乏交往技巧、公开场合讲话紧张；很难找到真正的知心朋友、感觉比较孤单；自我封闭、不愿意与人沟通甚至刻意躲避人群；跟同学朋友相比差异太大、缺少共同话题，时常产生冲突和矛盾等。学生表现出来的比较典型的家庭问题包括：经济非常贫困，生存压力较大；单亲家庭和重组家庭产生的家庭矛盾；家庭情感淡漠，子女长期不与父母生活在一起；父母存在严重的婚姻问题，经常吵架，家庭暴力等；家庭教育方式不当，父母期望过高，管教过严或过于溺爱；父母罹患重病特别是精神方面的疾病及家庭成员自杀。

二、影响情绪的因素

由于警察院校学生中存在特殊的心理问题，即警察院校不再是以前的“招警即入警”，警校大学生一样也面临着“毕业即失业”的威胁，加之每年的公安联考，有一部分名额面向社会考生开放，因此给警察院校的学生带来了很大的心理压力。

（一）对警务化管理的适应问题

警务化管理是警察院校最大的特色，学生必须按时作息，严格遵守一日生活制度，统一着装，整理内务，行进过程中要保持“两人成行，三人成列”的队列要求，很多学生之前没有经历过这种生活，到了大学之后，突然一下子过上这种极其规律的生活，很难一时适应，这直接影响很多学生存在着叛逆和抵触情绪，而这种情绪得不到舒缓、释放，就会造成心理压力，尤其新生在这方面的心理问题更为突出。他们需要学习许多规章制度和警务化管理的条例，严格遵守纪律和规范，生怕自己哪一个环节做错或者没有做好而被责罚。在这种情况下，学生又面临督查、检查的压力，如果这种压力得不到很好的缓解，就会导致心理问题，难以适应以后的大学生活和学习。

（二）对毕业前途的关注问题

近年来，警察院校毕业生的入警率虽然相对较高，但国家并未实行“招警即入警”的政策，还有相当一部分学生在毕业时不能如愿以偿地获得正式警察的身份，他们必须要通过警察院校大联考才能取得公务员资格。因此对于部分学生来说，在就业压力面前，只凭运气和聪明是行不通的，需要上进心和付诸努力才能竞争成功。对于缺乏竞争精神和吃苦精神的学生，毕业前的公务员考试竞争的心理压力巨大，一旦失败就面临毕业后的暂时失业，部分学生因此出现不良情绪困扰问题。

第四节　培养良好的情绪

网上有个提问:“一个人走向成熟的标志是什么?”有个高赞的回答是:“学会驾驭自己的情绪,而不是一味受它驱使。”每个人的生活都有烦恼,大学生也不例外,要学习和掌握一些调节情绪的方法,培养自我调节情绪的能力。

一、注意转移法

作为常用的两种情绪调节策略,注意转移法是将注意从情绪刺激转移从而达到降低情绪反应的效果,调节速度快,但会损害对情绪信息的记忆;而认知重评则通过改变情绪刺激的意义来达到情绪调节的目的,消耗个体大量的认知资源,但具有长期适应性。两种策略都被证明能够有效地调节情绪,已有研究表明,人们在面对低强度情绪情境时,会更多地使用认知重评策略;而在高强度情绪情境下,则会更偏好于使用注意转移策略。

(一)事不顺时,读书

很多人都会经历这样的时刻:被人误解、陷入低谷、压力大到爆炸……你可能会苦恼,会无助,会在夜晚情绪崩溃。这个时候,不妨读书。

书不是解药,解药在读书的过程中。一个丰满的故事,会让你暂时忘却痛苦,从中体会到生命的丰盈;一段睿智的话语,能够引导你跳出自己的思维定式,获得再次出发的力量。

人生难免遭遇疾风骤雨,一本好书,能在痛苦时给你抚慰,绝望时给你光亮。那些你读过的书、看过的故事、得出的思考,会点醒你、塑造你,让你心沉静、脑清醒。善于阅读的人,纵使被生活暂时拖入泥沼,也会使你拥有从泥沼中走出来的精神力量。

(二)气不平时,运动

运动,是负面情绪的头号克星。爱运动的人能更快摆脱抑郁和压力,在自我突破中变得更愿意接受挑战、更热爱生活。就像这段话所说:“运动的过程中,也许没人跟你讲话,你却在跟世界交流。听脚下沙沙作响,感受风穿过你的身边。也许,困扰你很久的事情都得以释然了。”

难过时,去跑跑步、跳跳绳,汗水冲刷了身体,也能帮助你扫除精神上的郁闷;生气了,去打沙包、打打球,高强度的锻炼消耗了能量,也能帮助你赶走心里愤怒的小人儿。

运动,自带修复内心的力量。一场大汗淋漓下来,你会发现,很多事,其实没什么大不了。

(三)心不静时,放空

你是不是也曾有这样的感受?学习压力一大,人就烦躁;明明有急事要做,可就是没法专注。其实,困住我们的往往不是事情本身,而是我们的情绪。再遇到这种情况,不妨立刻停下手中的事,闭上眼睛,放空10分钟,让大脑快速清醒,等待情绪重回正轨。

放空给了我们沉静自我的时间,进而帮助我们回归理性思考。屏蔽外界的纷扰,你可以专注于当下,换种角度和心态,很多看似棘手的事情往往也能迎刃而解。内心若是秩序井然,即便风波四起,你也能从容以对。

二、认知重评法

了解自己的需要,每一种情绪背后都有一种需求被压抑、被曲解、被忽视,这个时候,我们就要耐心地分析一下,自己在这件事情上有什么样的需求。例如,人在愤怒的时候,会对他人有强烈的要求,觉得你应该改变,变得负责任、听话、勤劳、守承诺、上进、不小气、节约、有礼貌、宽容……愤怒背后渴望的获益就是:爱。愤怒是因为需要被爱。爱是什么? 爱就是体谅、认可、关注、重视、尊重、支持、帮助、保护、看见、接纳……一个人越是愤怒,越是说明他对爱越是需要。有人说,我不需要他照顾我,不需要他满足我,他只要离我远点,不要说伤人的话,就可以了。这个里面的期待,就是:他不要说伤我的话。

(一)情绪ABCDEF理论

情绪ABCDEF理论是由美国心理学家埃利斯创建的,该理论认为激发事件A(activating event的第一个英文字母)只是引发情绪和行为后果C(consequence的第一个英文字母)的间接原因,而引起C的直接原因则是个体对激发事件A的认知和评价而产生的信念B(belief的第一个英文字母),即人的消极情绪和行为障碍结果(C),不是由于某一激发事件(A)直接引发的,而是由于经受这一事件的个体对它不正确的认知和评价所产生的错误信念(B)所直接引起。错误信念也称为非理性信念。D:Disputation,反驳,也就是重新审视B的看法是否正确,有没有其他角度来看这件事情,重点是接受不能改变的,改变可以改变的。E:Energization,激发,经过D反驳之后,如果形成了对事情新的看法,就会激发新的行为。F:new feeling,指治疗或咨询后的新感觉。

(二)情绪创造力

情绪领域的创造力主要有三个方面:情绪创造力、情绪交流的创造力和情绪调节的创造力,这三个方面分别对应情绪体验、情绪交流和情绪调节。人们创造自己的情感体验,而不是仅受自己感觉的支配,这是情绪创造力的关键,意味着个体拥有自主操控他们的情感体验以及决定如何表达情绪的自由。情绪交流的创造力是指人们可以创造性地描述情绪。个体可以通过在语义上的创新,描述自己的情感体验,并成功传达这种情绪,通过产生情感描述性的隐喻来交流情感。隐喻的产生涉及与发散性思维相关的大脑区域,这是一个内在的创造性过程。隐喻的产生与流体智力相关,类似于发散思维测试的表现与流体智力的关系,隐喻语言在情感发展中起重要作用。总的来说,个体可以利用隐喻来创造性地表达、理解和交流情绪。情绪调节的创造力表明个体可以创造性地管理或调节情绪。日常生活中,个体经常需要重新理解情境,调节自身情绪,从而确保自身的心理健康和人际适应功能。情绪调节是指个体对具有什么样的情绪、情绪什么时候发生、如何进行情绪体验与表达施加影响的过程。

(三)认知重评创造力测试

认知重评是指有意识地从不同的角度去观察一个情绪事件,重新解释其含义,从而改变其对情绪的影响，它以更积极的方式重构情绪事件，可以有效提高个体的心理健康水平，降低其抑郁和焦虑症状。认知重评的合理使用可以帮助我们改善心理问题或生活困惑，通过深刻的隐喻性解释改善个体的认知。认知重评创造力测试通过衡量个体在有限的时间内对引发愤怒的情况尽可能多地产生截然不同的重新评价的流畅性和灵活性来评估认知重评创造力。具体流程是：通过呈现小短文配以相应图片的方式来诱发个体的愤怒情绪，要求参与者想象情景发生在自己身上，并在3分钟之内尽可能多的产生不同的重新评价来降低自己的愤怒。认知重评创造力构成了一种将创造性应用于解决日常场景中的问题的新方法，这是一种更自发的、现实生活中的创造力，是与情绪调节有关的创造力，区别于传统创造力。

三、情绪疏导法

梳理认知观念，情绪的产生必有其诱因。首先从认清自我认知的循环系统了解情绪问题产生的基本诱导因素。从原生家庭的养育模式到自我认知偏差的情绪的积累及泛化，进而形成了情绪的发展路径图。找到自己潜在的控制力、成就力和力量感，加深自我积极观念，从而更好地激发个人的潜能。

（一）艺术疗法

许多艺术形式，包括舞蹈、美术、诗歌、音乐和戏剧，从社会发展开始就被用作交流内心情感的手段。所有创造性艺术疗法都有一个共同点，那就是参与者能够以传统谈话疗法无法实现的方式进行交流和表达。在大学生心理健康教育中，灵活应用艺术疗法，如舞蹈疗法、美术疗法、音乐疗法等，可以有效帮助大学生改善身心健康状态，坦然面对烦恼，摆脱心理困扰，更好地适应大学学习和生活。

1.音乐疗法

乐者，药也，在古代汉语中，乐、药、疗三字同源。听音乐能够调理人的情绪，演奏或哼唱音乐能够表达人的情绪，通过音乐调节法可以使不良情绪得到化解，使心情恢复平和。“情发于中而声应于外”，带有情绪的音乐才能打动人，才是好的音乐，当一个人有了情绪时，他可以通过音乐表达出来，也可以通过音乐来平复情绪。《礼记·乐记》说：“乐者，音之所由生也；其本在人心之感于物也。是故其哀心感者，其声噍以杀；其乐心感者，其声啴以缓；其喜心感者，其声发以散；其怒心感者，其声粗以厉；其敬心感者，其声直以廉；其爱心感者，其声和以柔。六者非性也，感于物而后动。”良性的音乐能够提高大脑皮层的兴奋性，使血压降低，基础代谢和呼吸的速度减慢，分泌多巴胺和内啡肽，从而改善人们的情绪。

2.舞蹈疗法

我们的情绪和身体之间存在双向关系。我们的面部表情和身体姿势都能反映和改变我们的情绪状态。例如，研究表明，弯腰、驼背、萎靡不振的身体姿势与消极情绪有关；直立姿势反映了积极的情绪、增强的兴奋、高自尊和较低的恐惧心理，所有这些都与慵懒的姿势相反。舞蹈是一种交流形式，通过身体动作、象征、镜像和有节奏的集体活动作为治疗手段。一个人通过运动所经历的一切永远无法通过语言来模仿。当个体能够根据自己的情绪或行为对压力的反应移动身体时，这种运动可能会引发新的想法和发现。跳舞可以减轻压力，增加5-羟色胺和内啡肽等激素水平，促进积极情绪，提升精神状态。

3.绘画疗法

绘画疗法是艺术治疗的方法之一，是让绘画者通过绘画及其创作性的自由表现过程，利用非言语工具，将潜意识内压抑的感情与冲突呈现出来，并且在绘画的过程中获得疏解与满足，从而达到疏解与治疗的良好效果。目前，绘画疗法在心理治疗领域已经得到广泛的应用，成为心理咨询和治疗的一项重要技术。在实际应用中，常用的绘画形式主要有三种：一是不作任何要求的自由绘画，如涂鸦画；二是规定了内容的主题画，如画人、画树、画人际关系、画情绪、画愿望等；三是对未完成的绘画进行添补的完形绘画，如添人物、绘画接力等。

（二）情志疗法

中国古代情志疗法主要是用五行相克理论来表述情绪之间相互制约关系的经典方法，其基本原理是脏腑情志论和五行相克论的结合，将人体归纳为五个体系并按五行配五脏五志，然后利用情志之间相互制约的关系来进行治疗的心理疗法，即运用一种情志纠正另一种失常情志。因此，它在心理治疗方法上独具特性。五行相克理论认为，五行之间存在着一种相互制约的相胜关系，即金胜木，木胜土，土胜水，水胜火，火胜金。《黄帝内经》具体论述了情志相胜心理疗法的基本程序：喜伤心，恐胜喜；怒伤肝，悲胜怒；思伤脾，怒胜思；忧伤肺，喜胜忧；恐伤肾，思胜恐。

◆课程实训

实训一：情绪主观体验的测量训练

1.激情爱量表

激情爱量表（Passionate Love Scale，PLS）是对爱的情绪体验评价的典型测量工具。该量表是一个自我报告工具，完整版本包括30个项目，简明版本有15个项目。该工具是用来测量激情爱的认知、情感和行为因素。其中，情感部分包括爱情进展顺利时的正向感觉、进展不顺利时的负向感觉、渴望感情的交互等。

激情爱量表（简明版）

请你在脑海中想象那个你深爱的人。如果你目前并不处于热恋状态，请回想你最近一次热恋过的人。如果你从未恋爱过，请想象一个最能让你以热恋状态投入的人。

请试着根据你最强烈的感觉来回答，答案范围从“（1）完全不符合”，到“（9）完全符合”，请选出那个能最能代表你的感受强烈程度的数字。

（1）如果他/她离开我，我将感到非常绝望。

(2)当我做了什么让他/她感到开心的事情后,我也会感到开心。

(3)除了他/她,我不想跟任何人在一起。

(4)每当我想到他/她曾经深爱过别人,我会感到非常嫉妒。

(5)我渴望知道关于他/她的一切。

(6)无论生理层面、情感层面还是精神层面,我都想拥有他/她。

(7)我渴望得到他/她无尽的爱。

(8)对我而言,他/她最完美的恋人。

(9)当他/她触碰我时,我会产生身体的反应。

(10)他/她似乎总是萦绕在我的脑海里。

(11)我想让他/她了解我,包括我的想法、我的害怕以及我的希望。

(12)我迫切地找寻任何能表明他/她渴望我的信号。

(13)我对他/她有着强烈的吸引力。

(14)当我和他/她的关系出现问题时,我会非常沮丧。

(15)有时我会感到自己难以安心工作或学习,因为我的脑子里全是他/他。

其中,106~135分=疯狂的,甚至是不顾一切地爱;86~105分=激情的,但是不那么炽烈的爱;66~85分=偶尔爆发的激情;45~65分=不热烈的爱,罕见激情;15~44分=没有激情。

2.积极-消极情感量表

积极-消极情感量表(Positive and Negative Affect Schedule, PANAS)是David Watson, Lee Anna Clark和Auke Tellegen于1988年提出的一种心理测量量表,是基于积极-消极情感模型而建立的用于测量情绪状态和特质的研究工具,包括积极情感和消极情感2个分量表,各有10个项目,每一项形容词以五点计分。要求被试评定在一段时期或特定时间段内感受到某种情绪的程度。PANAS简单易行,在临床研究中具有重要作用,能够很好地区分焦虑和抑郁两种情绪。

指导语:下面有20个形容词,请根据自己的情绪感受进行选择。

积极-消极情感量表

	几乎没有	比较少	中等程度	比较多	极其多
1.感兴趣的	1	2	3	4	5
2.心烦的	1	2	3	4	5
3.精神活力高的	1	2	3	4	5
4.心神不宁的	1	2	3	4	5
5.劲头足的	1	2	3	4	5
6.内疚的	1	2	3	4	5
7.恐惧的	1	2	3	4	5
8.敌意的	1	2	3	4	5

	几乎没有	比较少	中等程度	比较多	极其多
9.热情的	1	2	3	4	5
10.自豪的	1	2	3	4	5
11.易怒的	1	2	3	4	5
12.警觉性高的	1	2	3	4	5
13.害羞的	1	2	3	4	5
14.备受鼓舞的	1	2	3	4	5
15.紧张的	1	2	3	4	5
16.意志坚定的	1	2	3	4	5
17.注意力集中的	1	2	3	4	5
18.坐立不安的	1	2	3	4	5
19.有活力的	1	2	3	4	5
20.害怕的	1	2	3	4	5

实训二:情绪感受觉察

1.情绪感受类型

在活跃的坏情绪下,往往会伴随着其他的微妙感受。以下列表是生气时的常见情绪,请勾选你在生气时最常产生的那些情绪。

____伤心　____焦虑　____被指控的　____绝望　____害怕

____负罪感　____无力　____孤独　____被贬低的　____羞愧

____压力大　____不可靠　____身心疲惫　____沮丧　____被厌弃

____尴尬　____被忽视　____不讨人喜欢　____不抱希望　____无足轻重

回想一下你最近一次重大情绪事件,以上面列出的选项为指导,试着回想一下,你除了愤怒之外的其他感受,也请随时写下上面没有列出的感受。

2.情绪反应的强度

在决定最佳的情绪反应之前,你必须能够评估自己的情绪反应强度。如果你被坏情绪的生理体验弄到不知所措,那就不会在认知上或情感上做好准备与其他人进行富有成效的情感互动。可以通过以下0~9分的尺度来衡量你的情绪反应强度。

0=一点也不生气,身体没有激动感。

1=有点恼火,身体有轻微激动感。

2=沮丧,身体有更多激动感。

3=被激,身体的激动感在进一步增强。

4=加重,身体一般激动,愤怒症状显现。

5=激动,外部愤怒信号更加明显。

6=被激怒,坏情绪的生理症状增多,该将自己从当前情绪中解脱出来了。

7=生气了,坏情绪的生理症状增多,逐渐失去控制,应该把自己从当前情景中解脱出来。

8=狂怒,身体被坏情绪整得不堪重负,情绪反应更加不可控制,急需从当前情景中解脱出来。

9=情绪爆发,身体陷入全面激动状态,这时其他人可能会受到惊吓。

想想你最近一次重大情绪事件,它的强度是多少?

实训三:情绪探索日志

心理学研究发现:撰写情绪探索日志是情绪管理的有效方法。在情绪觉察过程中,一个完整的情绪探索日志包括情绪激发事件、感受到的情绪强度、身体感受、消极想法、外在行为表现、事件结果、情绪调节等几个部分。

1.情绪激发事件:

该事件包括三个W,和谁(Whom)在一起发生的,什么时候(When),发生了什么(What)。

2.你的坏情绪在从0~9的范围内有多强烈(9表示最强烈)

3.你的身体有什么感觉(比如:心率加快、出汗、颤抖、呼吸加快)?

4.哪个消极想法助长了你的坏情绪(比如:我感觉自己没有用,他在故意找茬)?

5.当时你的身体表现是什么(比如:不说话,流泪,扔东西)?

6.该事件的结果是什么(积极、消极、中性)?

7.你觉得自己本来哪里可以做得不同?

实训四:基于脚本的认知重评测试

请撰写3个关于个体日常生活情境的脚本,内容可涉及多种情绪,例如,自我原因引发的愤怒情绪、他人原因引发的愤怒情绪和即将到来的威胁引发的恐惧情绪。具体流程是:以脚本的形式呈现日常中愤怒或恐惧的情境,并通过产生不同的认知重评来减少负面情绪。请在每个产生新的认知重评后,对情绪的性质(正性/负性)和唤醒度进行九点评分,并写下自己的认知重评策略。请注意觉察自己60秒内产生认知重评策略的流畅性和灵活性。

情景一:

认知重评一:

认知重评二:

认知重评三:

实训五:画“我的情绪”

主题不限,可分别采用“自画像”“心灵涂鸦”“房树人”“爬山图”“雨中人”“九宫格”等。将那些深深印在内心深处、无法用言语来表达的情绪和感受,用不同的颜色、不同的线条,不加任何构思地画在纸上。然后彼此交流,“这是一件什么事情?”“它给我带来的感受”“它对我的影响”等等,通过绘画和分享,认识并疏导自己的情绪。

课后作业

1.请解释情绪是什么。

2.请谈一谈如何培养良好的情绪。

第九章　警察院校学生人际交往

◆**思维导图**

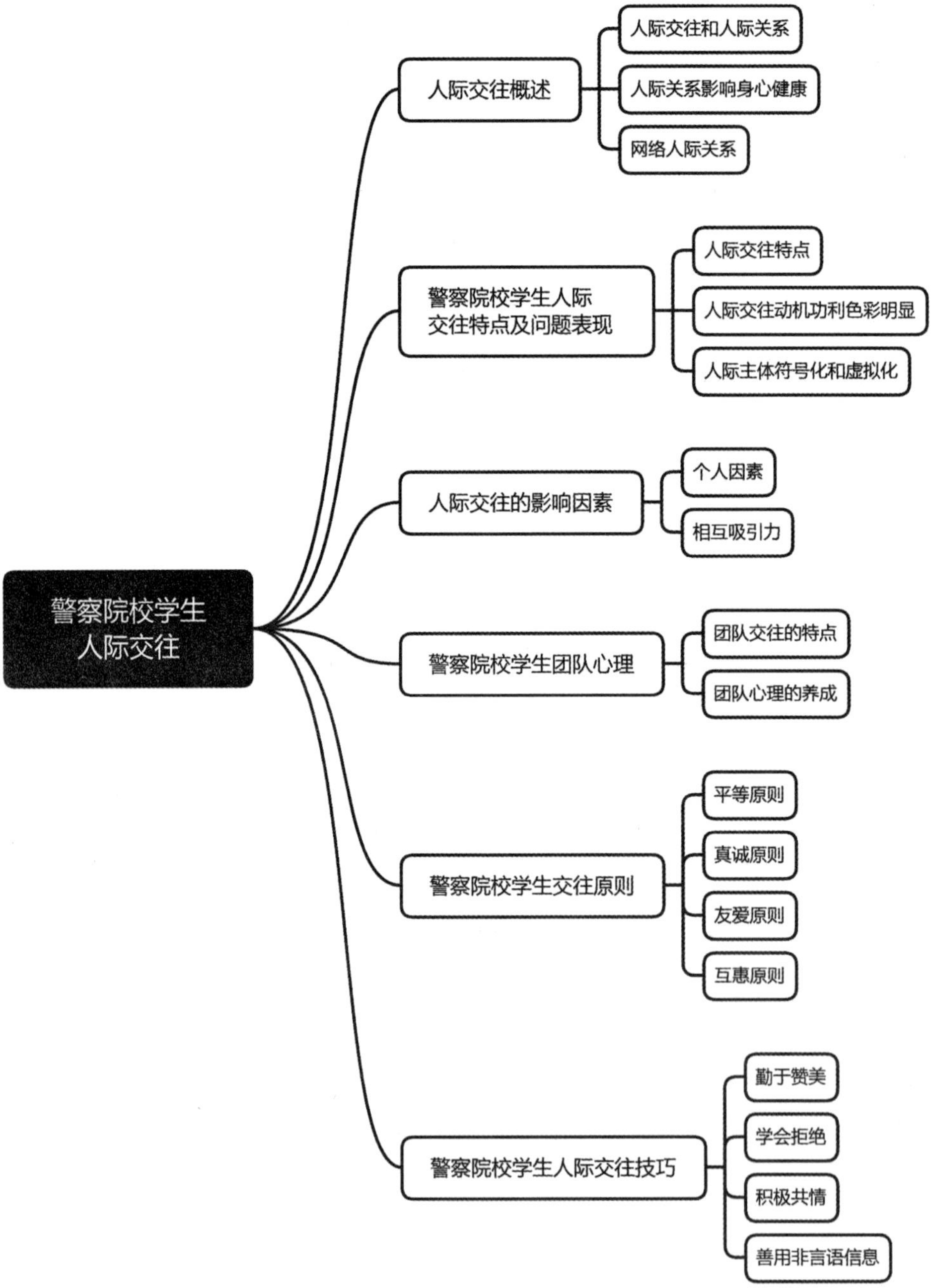

◆**课程思政**

中国有着五千年的悠久文明，中华传统文化流传着丰富的哲学思想和人生智慧，大学生可以从中学习到很多有利于身心健康、人格发展、构建和谐人际关系的方法。

吾日三省吾身，为人谋而不忠乎？与朋友交而不信乎？传不习乎？

——《论语·学而》

发然后禁，则扞格而不胜；时过然后学，则勤苦而难成；杂施而不孙，则坏乱而不修；独学而无友，则孤陋而寡闻；燕朋逆其师；燕辟废其学。此六者，教之所由废也。

——《礼记·学记》

见善如不及，见不善如探汤。——《论语》

二人同心，其利断金；同心之言，其臭如兰。——《周易·系辞上》

◆**课前测量**

大学生人际关系综合诊断量表

这是一份由郑日昌等人编制的人际关系行为的诊断量表。共28个问题，请根据自己的实际情况，在相应选项上做出倾向性的判断，并用"√"或"×"表示。然后参考题后的计分标准、结果解释，了解自己人际关系的和谐程度。

【问卷项目】

1.关于自己的烦恼有口难言。（　）
2.和陌生人见面会感觉不自然。（　）
3.过分地羡慕和妒忌别人。（　）
4.与异性交往太少。（　）
5.对连续不断的会谈感到困难。（　）
6.在社交场合感到紧张。（　）
7.时常伤害别人。（　）
8.与异性来往感觉不自然。（　）
9.与一大群朋友在一起，常感到孤寂和失落。（　）
10.极易受窘。（　）
11.与别人不能和睦相处。（　）
12.不知道与异性相处如何适可而止。（　）
13.当不熟悉的人对自己倾诉他的生平遭遇以求同情时，自己常感到不自在。（　）
14.担心别人对自己有什么坏印象。（　）
15.总是尽力使别人欣赏自己。（　）
16.暗自思慕异性。（　）
17.时常避免表达自己的感受。（　）

18. 对自己的仪表(容貌)缺乏信心。 ( )

19. 讨厌某人或被某人讨厌。 ( )

20. 瞧不起异性。 ( )

21. 不能专注地倾听。 ( )

22. 自己的烦恼无人可倾诉。 ( )

23. 受别人排斥与冷漠。 ( )

24. 被异性瞧不起。 ( )

25. 不能广泛地听取各种意见、看法。 ( )

26. 自己常因受伤害而暗自伤心。 ( )

27. 常被别人谈论、愚弄。 ( )

28. 与异性交往不知如何更好地相处。 ( )

计分标准:“√”计1分,“×”计0分。

结果解释:

0~8分:在与朋友相处上的困扰较少。

你善于与朋友相处,人缘很好,容易获得许多人的好感与赞同。

9~14分:与朋友相处存在一定程度的困扰。

和朋友的关系时好时坏,经常处在一种起伏波动的状态之中,人缘一般。

15~28分:在同朋友相处上有一定的困扰。

分数超过20分,则表明你的人际关系存在明显的行为困扰,你可能不善于交谈,也可能有明显的自高自大、讨人嫌的行为。

第一节 人际交往概述

人际关系是人与外界建立联系的途径,对大学生的个人发展而言,人际交往发挥着举足轻重的作用。警察院校大学生就业方向相对明确,在未来的工作中需要与各种各样的人打交道,处理各种各样的社会事件。因此,在大学期间学习并掌握一定的人际交往技巧,对于未来的工作和生活来说格外重要。

一、人际交往和人际关系

人是社会性动物,人的本质就是一切社会关系的总和。在现实生活中,人们需要与他人不断进行信息交流和情感沟通。人际交往就是在社会活动过程中,人与人之间运用语言或非语言符号进行情感交流、信息沟通和相互作用的过程。从传播学的角度观察沟通过程:从信息发出者解码信息并发出信息,经过信道将信息传至信息接收者,接收者接受信息并译码,这是较简单的沟通过程模型 。[1]大学生人际交往是指大学生彼此之

①张淑华.人际沟通能力研究进展[J].心理科学,2002(04):503-505.

间在心理上或行为上相互作用,相互影响的过程。通过彼此互动,大学生们可以交换信息与思想,表达情感与需要,交流经验与技能,从而实现彼此间的认识、理解、合作与促进。大学生人际交往的直接结果是建立一定的人际关系,即在各种活动中建立起情感上的相互联系,也表现为大学生之间心理距离的远近。这种关系一旦建立,又反过来影响和制约大学生的交往行为。

人际关系是在人际交往中建立起来的人与人之间的心理关系,反映着人与人之间心理距离的远近。人际关系包括我们与他人的关系,对大学生来说,主要指同伴关系、师生关系、异性关系、家庭关系和社会关系等。一般而言,师生关系主要指学生与授课教师和管理人员的关系。对普通高校学生来说,管理人员包括行政教辅人员和辅导员等。对警察院校学生来说,管理人员包括大队长、辅导员等学管干部人员。不同的管理机制也使得警察院校学生与老师之间的关系有着特殊的交流模式。

二、人际关系影响身心健康

研究表明,好的人际关系会带来更高的身心健康水平。人际关系是否和谐更是心理健康的核心要素。有心理学家曾做过一个"剥夺"实验,要求参与者在一间与外隔离的小房子里独居,不能与外界任何人以任何一种方式联系。参与者被告知,居住时间越长,得到的报酬越多。在丰厚报酬的条件下,也没有人能在这个实验中独居超过8天。坚持到最后的参与者坦言:再在里面多待一分钟,我都要疯了! 可见,与他人交往本身就是人必不可少的需要。积极心理学之父塞利格曼甚至把人际关系列为幸福人生的五大要素之一。人本主义心理学家马斯洛在其需求层次理论中更是把人际关系看作人缺失性的需要,在人身心健康中起重要作用。

三、网络人际关系

"信息化2.0"的时代,网络人际交往成为一种新型的人际关系模式。2022年中国互联网络信息中心(CNNIC)发布第49次《中国互联网络发展状况统计报告》[①],截至2021年12月,我国网民规模达10.32亿,普及率为73.0%,网民人均每周上网时长达到28.5个小时,较2020年12月提升2.3个小时,互联网深度融入人们的日常生活。网民中以青少年、青年和中年群体为主。当下,"00后"成为大学生的主力军,网络交往已经成为他们日常生活重要的社交方式。网络人际交往大大突破了现实的限制,大学生可以在一个很宽广的环境中根据自身的爱好、志向选择交往的对象、内容。网络世界提供了丰富的资讯,对大学生进行知识更新和调整自身的知识结构大有益处;更便捷的人际互动,还使他们的社会接触范围大大拓宽;更安全的交往空间则提供了一个更舒适地表达自我的平台。

网络人际关系具有如下特点:

(1)匿名性。由于网络人际交往中通常并不使用真名,匿名性可以给人带来人际交

①中国互联网络信息中心,第49次中国互联网络发展状况统计报告[Z],北京:2022.2:17-19.

往的安全感。相对于现实中人与人面对面的交流,人们更乐于向网络上遇到的陌生人进行自我暴露,通过网络放心地向陌生人倾诉心中的话,可以更自由地展现真实的自我。

(2)平等性。现实中的人际交往由于身份、职业、背景、阶层等不同呈现出一定的等级交往关系,而虚拟的网络人际交往中,个人可以突破现实中身份、地位的不平等,处于平等的心态,实现了精神上的平等性。

(3)多元性。大学生网络人际交往的内容和形式都呈现多样性。交往内容上有获取新鲜资讯、交换观点的,也有寻求情感宣泄和支持的;交往形式则主要是通过聊天软件、邮件、论坛、游戏、直播平台等展开。网络交往环境与现实交往环境不一样,人们可以在丰富的网络空间中加深自我表露,探索感兴趣的领域,逐步塑造更为丰富、多样性的自我。微博、微信和网络直播为每个人提供了个人自媒体的机会,每个人都有机会在网络世界塑造更立体、更理想的自我。

(4)依赖性。受社会历史条件、家庭环境等影响,许多大学生的成长过程中以家庭、学习为主,在很长时间内都是以自我为中心的,他们也渴望与人交流和拥有自己的交际圈。上大学后,他们在交友的过程中难免会遇到各种各样的烦恼,感觉通过网络进行人际交往轻松很多,于是很容易对网络人际交往产生依赖性,这种依赖性可能会对现实的人际关系产生一定的负面影响。

网络人际交往与现实的人际关系有一定区别,对社会带来了深远影响,也造成了当下大学生"数字公民"身份与现实身份的差异。随着我们的现实生活越来越和网络生活连接在一起,虚拟网络人际交往和现实人际交往的界限也越来越模糊了。网络人际交往在很大程度上扩展了人们的交往范畴,使人们获得了更丰富和复杂的感情。网络人际交往显然是一种新型的人际关系网络的建构,健康的网络人际交往可以使现实人际交往和虚拟人际交往模式互补。

第二节　警察院校学生人际交往及影响因素

课堂上,当问及心情不好会向谁诉说时,多数学生的回答是向同学、好朋友讲,可见大学生非常看重与同伴的人际关系。在大学阶段,学生应该了解人际关系的影响因素,正确处理好自己与同学、朋友之间的关系。

一、人际交往特点

警察院校学生的人际关系,呈现出如下一些特点:

(一)交往需求迫切,理想主义色彩浓厚

相对而言,大学生的交往动机较为强烈,渴望与别人交往。从中学走入大学,生活和学习环境发生了很大变化,原有的朋友和家长都已不在身边,新的人际关系尚未建立,大学生急于找到心理归属感。尤其是在警察院校,大学生每天在忙于适应大学学习新模式

的同时,还要服从严格的警务化管理:严格的内务要求、严格的队列管理、相对严格的请销假制度等。在适应过程中产生的不适应,需要通过彼此间的倾诉和交流来达成认同。此外,一些学习成绩很好的学生,周围人认为他们很优秀,应该活得很充实,而事实上他们的内心却孤独无助,有一种“高处不胜寒”的感觉,内心同样希望与人交往。

大学生的人际交往带有浓厚的理想主义色彩。他们在交往中十分注重感情交流,习惯以理想的标准要求对方。他们总是崇尚高雅,鄙视庸俗,崇尚真诚,希望交往的对方是纯洁而真诚的。因此,当他们在日常交往中一旦遇到感情投入过多而回报较少时便会产生失落感。另外,由于交往技能的欠缺,很多交往并不令人满意,并不像想象的那样好。这种理想与现实的反差很容易带来心理上的困扰,产生挫折感。

(二)需求扩大,现实交往范围相对固定

随着大学生的交往需求不断增加,交往意识不断增强,交往范围也不断扩大。警察院校学生在校内除了和本区队、本年级、本专业的同学交往之外,还会努力将自己的交往领域扩大至学校其他专业,甚至学校以外的更大范围。因而大学生的交往需求呈现出多层次、多侧面的特点。与大学生多层次、多侧面交往需求相对应的是交往方式日益多样,如参加学校或社会上的各种活动或通过网络与朋友建立起密切的关系。

受到学校警务化管理制度的影响,学生出校交往相对不自由。宿舍成为大学生学习之余联系最密切、交流最频繁的场所,许多宿舍都在茶余饭后、熄灯之前就各种题材自发召开“恳谈会”或“卧谈会”。每个宿舍都成为学生们的“小家”,很多宿舍成员都按年龄大小进行排行。宿舍关系的好坏成为衡量大学生人际关系好坏的重要标志。

(三)交往形式多样,但深交不多

大学生正处于朝气蓬勃的年龄,他们有理想、有抱负,对未来充满了向往和希望。由于大学生思想活跃,兴趣广泛,交往的内容和形式十分丰富多样,涉及政治、经济、文化、体育、艺术、娱乐等各个领域。交往的形式也在不断拓展,在传统的学习、聊天、联欢、社会实践活动等基础上,通过请客吃饭、上网聊天等方式进行交往,交往中的物质投入明显增多。由于大学生的自我意识不断增强,有些学生受虚荣心的影响,彼此之间的交流不够深入,往往只交流不交心。

(四)自我意识增强,追求人际平等

随着大学生自我意识的不断发展,独立性和自尊的要求日益增强,尤其是离开家庭和父母,产生了强烈的“成人感”,对平等交往的要求越来越高。在平等对待他人的同时,也希望他人能够平等对待自己。因此,大学生往往选择与自己经历相似的同伴进行交往,知心话愿意和朋友说而不愿意和老师及父母讲,期望交往的对方真诚坦率,彼此尊重,不喜欢对方居高临下、盛气凌人。

二、人际关系问题表现

人是各种社会性关系的总和,每个人都生活在各种各样的人际关系之中。人际交往是大学生在校期间的重大发展课题。但是,如何建立人生中很有价值的良好的人际关系,并不是每个大学生都做好了准备。在大学校园这一新环境里,刚走出高考的大学生都希望发展良好的人际关系,但因为价值观不明确,家庭教育和中小学教育的不足,部分大学生(包括警察院校学生)难免出现沟通不畅、情感对立、关系异化等人际交往方面的问题。

(一)人际交往动机功利色彩明显

受时代影响,大学生在进行人际交往的过程中,其交往价值取向更倾向于功利主义和实用主义。大学生虽然渴望建立互利共赢的人际关系,但交往的目的却不仅仅是为了与他人进行情感交流,而是把交往当作了实现自身目的和利益的一种工具,这就有可能物化人际关系。

学生人际交往动机的功利化,具体表现在两个方面,一是注重利己,计较得失。比如:在交往中过度重视自身需要的满足,忽视他人情感或利益;在与集体和组织进行交往时过度注重利己和实用,无视集体利益等。二是人际关系物化。在与他人交往时过于看重金钱、物质交往,通过物质来衡量人际关系的远近亲疏。比如:同学过生日要送礼物,感情的深浅以礼物的价格来划分。获得奖学金或当上学生干部要请客吃饭,通过消费来维系人际关系等。

(二)人际交往以自我为中心

许多学生都有以自我为中心的特点,在与他人的交往过程中倾向于认为别人的行为与想法都应该与自己的一致。当别人的想法和行为与自己的不一致,甚至产生矛盾时,有的大学生会试图强行去改变他人的意志,对他人提意见或者跟别人吵架,甚至产生过激行为,造成严重后果。有些大学生不善于发展平等相待的人际关系,而是倾向于维持一方压制另一方的不和谐关系,从而造成人际交往的困难或障碍。

(三)人际关系主体符号化和虚拟化

随着移动互联网技术的发展,基于网络的虚拟交往成了大学生人际关系的重要部分,手机和电脑成了大学生重要的交往工具。网络社交的开放性、隐匿性、便捷性等特点,使得一些性格内向的大学生也可以通过网络社交实现较为轻松的交流互动。虽然网络交往存在一定的合理性,但如果沉迷网络迷失自我,则与最初的目的相违背,从而导致异化。

与现实社会相比,网络人际关系建立在虚拟环境中,可以远离父母、老师、亲友和现实社会的约束,与陌生人随意交流、畅谈或游戏。网络社交活动中,交往对象的年龄性别等都可能是未知的,双方的情感或思想主要通过语音、文字、图片等符号来传递。现实交往中,人们通过彼此的言语、表情、动作、穿着等信息表达情感、交流思想。而网络人际交往的高度符号化和虚拟化,不强调交往主体间真实的情感交流,对大学生的现实社交能力产生一定的负面影响。

（四）人际关系异化

大多数大学生都可以维持较为正常的人际关系，具备一定的人际关系交往能力，但也存在一些人际关系异化的现象。大学生交往关系的异化，主要表现在学生与学生、学生与老师、学生与家长等三类关系上①。

1.学生与学生关系的异化。主要指学生家庭环境、生活习惯、能力性格等都存在差异，如果处理不好就会给学生与学生的交往形成阻碍、产生矛盾，甚至破坏关系。

2.学生与家长关系的异化。主要指学生与父母在价值观念、生活阅历、实践能力、交往方式上的差异导致隔阂甚至冲突。亲子之间价值理念的代沟在互联网时代反映的更明显，可能导致当代大学生交往的亲密性出现断裂，陷入交往困境之中。

3.学生与老师之间关系的异化。师生之间的关系异化往往不仅表现为师生之间关系疏离，还带有功利化色彩。一方面，学生认为老师下了课就算完成了任务，课后与老师联系很少，师生交往也多与学业有关，较少情感交流和生涯上的指导帮助。另一方面，有的师生关系通过利益纽带连接起来。学生为了功利性的目的对老师进行讨好，导致师生之间本来纯洁的师生关系走向异化。这都会影响师生之间自由平等的交往，对大学生身心健康发展不利。

三、人际交往的影响因素

在人际交往过程中，哪些因素会影响到人与人之间的相互接纳和喜欢呢？社会心理学家在人际吸引领域的研究，发现人际吸引的条件主要在以下方面：

（一）个人因素

1.外貌：容貌、体态、服饰、举止、风度等个人的外在因素在人际交往中的作用是很大的。尤其是在交往的初期，好的外貌容易给人一种良好的第一印象，人们往往会以貌取人。外貌美能产生光环效应，即人们倾向于认为外貌美的人也具有其他的优秀品质，虽然实际未必如此。

2.才能：才能一般会增加个体的吸引力。如果这种才能对别人构成社会比较的压力，让人感受到自己的无能和失败，那么才能不会对吸引力有帮助。研究表明，有才能的人如果犯一些“小错误”，会增加他们的吸引力。

3.人格品质：人格品质是影响吸引力的最稳定因素，也是个体吸引力最重要的因素之一。美国学者安德森研究了影响人际关系的人格品质。下表所示的是主要研究结果。我们可以看出，排在序列最前面、喜爱程度最高的六种人格品质是：真诚、诚实、理解、忠诚，真实、可信，它们或多或少、直接或间接与真诚有关；排在序列最后、受喜爱水平最低的几种品质如说谎、装假、不老实等也都与真诚有关。安德森认为，真诚受人欢迎，不真诚则令人厌恶。

①韩宇.新时代大学生人际交往问题研究[D].河北师范大学，2020:21-23.

影响人际关系的主要人格品质

最积极品质	中间品质	最消极品质
真诚	固执	古怪
诚实	刻板	不友好
理解	大胆	敌意
忠诚	谨慎	饶舌
真实	易激动	自私
可信	文静	粗鲁
智慧	冲动	自负
可信赖	好斗	贪婪
有思想	腼腆	不真诚
体贴	易动情	不善良
热情	羞怯	不可信
善良	天真	恶毒
友好	不明朗	虚假
快乐	好动	令人讨厌
不自私	空想	不老实
幽默	追求物质	冷酷
负责	叛逆	邪恶
开明	孤独	装假
信任	依赖他人	说谎

(二)相互吸引力

1.熟悉度:熟悉或交往频率高能增加喜欢的程度。大量的实验证据表明,彼此接近、常常见面是建立良好人际关系的必要条件。

2.相似性:人们往往喜欢那些与自己相似的人。这里所说的相似性不是指客观上的相似性,而是人们感知到的相似性。研究者让互不相识的17名大学生住在同一间宿舍里,对他们的亲密化过程进行了近4个月的追踪研究。结果发现,在见面初期,多是住在附近的人成为好伙伴;随着时间的推移,态度相似的人逐渐成为好朋友。

3.互补性:人们喜欢那些与自己个性品质相反的人。一个主动的支配型男性和一个被动的顺从型女性彼此间有吸引力。选择与自己个性品质相反的人可以起到互补的作用,相互满足需要。互补性原则看来似乎与相似性原则是矛盾的,但从角色作用的观点看却是一致的。支配型男性和顺从型女性在对男女关系中男女角色的看法上是一致的,他们认为男性应起支配作用,女性应当顺从。

第三节　警察院校学生团队心理

警察院校学生一进校,最先接受的考验是警务化管理,需要在内务、纪律、队列训练等方面反复适应。除了"最终养成学生令行禁止、服从命令、听从指挥的作风"目的以外,警察队伍还高度重视培养团队协作精神。警察院校学生需要意识到,同学、同事之间的人际交往带有浓烈的团队特点。

一、团队交往的特点

（一）集体中心的交往

警察队伍是一个高度集中、组织严密的集体，以集体活动为中心、团结协作，成为警察人际交往的最重要特点。这种人际交往成为同事之间形成亲密战友关系的有利的客观外在条件。

（二）人格平等的交往

在警察队伍里，不论职务高低，上级还是下级，政治上一律平等。平等交往有利于警察心情舒畅、身心健康，有利于增强警队的凝聚力。彼此尊重，相互关爱，平等互助的交往模式对于形成警队内部的团结具有重要意义。

（三）听从指挥的交往

一切行动听指挥，这是纪律，也是人民警察夺取胜利、完成各项任务的保证。有严密的组织系统和铁一般的纪律作风，是警察人际关系区别于其他群体人际关系的一个显著特征。警察人际交往的服从性与平等性并不相互对立。服从性主要体现在工作关系上，是正式组织意义上的等级关系，是非情感性的。尊重与爱护警察互相促进、互为因果，就能形成一种极为牢固的良好的警察人际关系。

警察交往的心理学原则反映了人际交往普遍的心理规律，也是进行友好交往的一个实践准则。只有把握和遵循这些原则，才能在交往中产生良好的心理反应，引发积极的交往行为。

二、团队心理的养成

“团结就是力量”，对警察院校学生来说，团队合作心理是必须具备的特质。从未来的职业发展角度考虑，警务工作往往非常强调“去个性化”，强调“令行禁止、整齐划一”的工作作风。警察院校学生团队心理养成，最直观的就是班集体建设，增强区队班集体的凝聚力。

（一）高校班集体是团体心理养成的主阵地

建立在专业基础上的“班集体”——区队，是警察院校的基本细胞，是教育教学、思想政治教育的基本单位，在学风建设、人才培养以及学生心理素质培养中发挥重要作用。例如，在警察院校“先进集体”评选活动中，学管组织通过对学生学业、操行、党团活动参与人数或者获得奖励等指标，对区队集体组织效果进行评价。优秀的班集体能够增强学生的自信心；增强自我认识及班级内同学们之间的相互认同；提高学生综合心理素质；增强班级凝聚力。

（二）凝聚力是团体心理建设的核心

清华大学的一项实证研究结果表明，毕业班先进集体的学生，其来自集体的归属感、感受到集体的凝聚力、同学间的人际支持和对集体认同这四个因子都显著高于来自非先进集体的同学。学生的心理健康、集体满意度水平也是比较高的。

凝聚力,是指团队成员留在团队中的所有力量的综合,或者说是一个团队对成员的吸引力,使成员在团队中感觉温暖舒心,他们重视团体,并反过来感觉到自身价值及被其他成员无条件的接受与支持[①]。

警察团队凝聚力是实现警察团队功能、达到警察组织目的的重要条件。其具体表现为组织对个人的吸引力、警察对集体的向心力、领导对部属的感召力、上级对下级的驱动力。这种团队凝聚力不仅决定着警察队伍的战斗力,而且决定着警务工作的成败[②]。警察院校特别注重培养学生团队凝聚力,注重学生区队建设。

(三)创建高凝聚力团队

以学生班级区队建设为例,保持和增强团队的凝聚力,可以从以下几方面着手:

1.充分发挥学管干部和学生干部作用。领导者是集体的核心,学生干部团队内部的团结一致水平,会直接影响区队的凝聚力。如果领导班子自身不团结,互相扯皮、拆台,区队班级便失去核心,凝聚力将受到很大影响。学管干部要注重学生干部的选拔培养,在个人身心健康水平、学习力、领导力等方面进行有针对性的引导和训练。一个区队的班委是团结协调、有活力的,主要班干部是有一定的权力性和影响力的,则区队成员就会紧密的团结在他们周围,营造学生满意的班级氛围,产生较强的凝聚力。

不同的领导方式对团队凝聚力影响也不同。勒温和怀特等人经过实验发现,民主型领导方式能使全体成员有充分表达自己意见的机会,成员有较强的参政意识,成员之间团结协作、互助友爱,因而有较强的凝聚力;而专制型和放任型领导方式则往往弱化凝聚力。

2.维持稳定的班级规模。团体的规模应既能保证团队的工作机能,又能维持团队凝聚力。规模过大,成员之间相互接触的机会则会相对减少,彼此之间的关系也会比较淡薄,易造成意见分歧,从而弱化团队的凝聚力。若规模过小,则群体力量不足,又会影响整体任务表现。因此,在学生班级规模方面,警察院校学生班集体更需要重视,学生区队往往会维持一个稳定的、恰当的规模,每个专业年级分班规模相差不大。

3.注重培养和提高区队成员的共性。如果团队成员有共同的目标、共同的需要、共同的兴趣爱好,则成员之间的行为表现容易达成一致,团队的凝聚力就更强。可以通过各种形式开展区队文化建设、情感建设,提高区队学生之间的相互理解、培养共同的志趣爱好。

4.注重营造公平、民主的班级氛围。在区队管理过程中,学生奖惩、日常分工、处理人际关系冲突等,都涉及公正、平等的问题,处理不好,会造成区队内部矛盾,使区队成员感情受挫、滋生不满情绪,甚至引发激烈冲突。

学管老师、学生干部需要注意,一方面,要对区队成员的贡献、个人需求给与恰如其

①团体心理治疗——理论与实践[M]北京:中国轻工业出版社,2021,47.

②警务心理学[M]北京:中国人民公安大学出版社,2018,92.

分的承认和回应，提高团队凝聚力。另一方面，要着力挖掘区队成员的主动性，鼓励每位学生都积极参与区队管理和决策活动。

5.保持有效的信息沟通。一个具有凝聚力的区队，内部的信息沟通必然是高效、顺畅的。有效的信息沟通，一是老师、学生干部、学生相互之间的沟通良好，班级管理严肃活泼、内部交往顺畅；二是区队内部在处理日常矛盾分歧时，能够预防和制止破坏性冲突，适当发展建设性冲突，区队内部形成畅所欲言、据理力争的民主气氛。

第四节　警察院校学生人际交往原则及技巧

一、人际交往的基本原则

（一）平等原则

人与人交往，平等是前提。虽然人与人之间职位有高低、能力有大小，但每个人在人格上都是平等的。人人享有平等的政治、法律权利和人格的尊严、都应得到同等的对待，因此人与人之间交往要平等相待，一视同仁，相互尊重，不卑不亢。要尊重别人的爱好、习惯、风俗。只有尊重别人，才能得到别人的尊重。

（二）真诚原则

真诚待人是人际交往得以延续和发展的保证，人与人之间以诚相待，才能相互理解、接纳、信任，才能团结，相处真诚、团结，是现代社会事业成功的客观要求。就人生而言，仅靠个人微薄的力量是难以到达成功、幸福境界的。交往中要真诚待人，实事求是，要胸怀坦荡，言行一致。只有相互信任、尊重别人、谦虚谨慎、文明礼貌，才能建立良好的人际关系。

（三）友爱原则

中国儒家有"仁者爱人"之传统，强调人与人交往应团结友爱。人际交往中要主动团结别人，容人者，人容之。学会表达善意，能够对他人的善意做出恰当的反馈，是处理人际关系过程中的基本原则。

（四）互惠原则

互相关心、互助互惠，是人际交往的客观需求。"来而不往非礼也"，只有单方获得好处的人际交往是不能长久的。要双方都受益，不仅是物质的，还有精神的。所以，交往双方都要讲付出和奉献。一般而言，善于交往的人，往往善于发现他人的价值，懂得尊重和信任。"你要别人怎样对待你，你就怎样对待别人"，人际交往就是建立在情感或物质的相互满足基础上，要交值得交往的朋友，做值得交往的人。

二、人际交往的技巧

人际交往方面,大学生需要掌握一些一般性技巧。

(一)乐于赞美

赞美,在人际交往中可以拉近人际的距离。真诚地赞美不但会使被赞美的人产生心理上的愉悦,还可以使赞美的人经常发现别人的优点,从而使自己对人生持有乐观、欣赏的态度。

虽然人人都喜欢听赞美的话,但并非任何赞美都能使对方高兴。适时适度、发自内心地赞扬别人,不要乱戴高帽。内容上最好真实、具体,才能营造融洽的交往气氛,强化人际吸引力。

(二)学会拒绝

大学生日常人际交往中难免遇到不符合自己意愿的要求,为了不委屈自己,要学会拒绝。恰当、得体、不伤害的拒绝无疑是对个人情商的一种考验。拒绝的能力往往与自信紧密联系,缺自信和自尊的人常常为拒绝别人而感到不安,而且有一种别人的需求比自己的更重要的倾向。

小贴士

关于拒绝的5个建议:

1.简单回应。如果你要拒绝,就应坚决而直接。使用短语拒绝,如“感谢你看得起我,现在不方便”或“对不起,我不能帮忙”。尝试用你的身体语言强调“不”,无须过分道歉。

2.给自己一些时间,你会更有信心去拒绝别人。

3.区分拒绝与排斥。记得你是拒绝请求,而不是排斥一个人。

4.不要感到愧疚。你有拒绝的权利,就像他们有权利要求你帮助一样。有时拒绝别人是让对方学会为自己负责。

5.做回自己。要明确和坦白什么是你真正想要的,要更好地认识自己。

(三)积极共情

共情能力是能够理解别人的想法、感受,并将这种理解和体会反馈给对方的能力。它不仅仅是个人心理活动的表现,也是一个生理过程的表现。每个人都有共情的能力,也具有培养共情能力的生理基础。当我们打哈欠的时候,身边的人可能会被感染也会打哈欠,当我们看见笑脸的时候,也会不由自主地展现笑脸——人体神经系统中有一群被称为“镜像神经元”的神经元细胞,它可以让人们体验到别人的情感。

研究发现,积极共情能力高的人,他们的人际关系质量更高,对人际关系更满意、更能体验到亲密感和信任感,他们的幸福感也更高,他们能够从分享他人的积极情感中获益,他们会有更多的积极情绪,对生活的满意度也更高。此外,积极共情能力能够提升人们的个人资源(例如韧性),让人们更好地迎接生活的挑战和机遇。

小贴士

我们可以通过以下方法训练自己的共情能力：

1.有意愿：你是否真的愿意去理解他/她？去关注他/她所说的？去体会他/她的感受？如果是，那么恭喜你，你已经迈出了提高共情能力的第一步。

2.倾听：倾听是共情能力的基础。个人只有了解了对方在说什么，才能更好地理解对方，因为自己的想法往往会阻碍自己理解对方。

当你的朋友在诉说一件烦心事的时候，你只需要静静地倾听，不要发表自己的意见，只用"嗯""哦""这样"等简单的方式回应你的朋友，表明你在听。等朋友诉说之后，你可以向朋友反馈你所听到的内容，看看他的反应如何，如果他愿意继续跟你谈论，那么恭喜你，你的倾听能力有进步了。

3.关注情绪：非言语信息往往比言语更能准确地告诉人们对方的真实感受，因此，可以学习如何准确地识别情绪，以便更好、更真实地理解对方，快速地抓住对方想表达的重点。

4.换位思考：尽可能地站在他人角度来考虑问题。设想如果自己处于对方的情境，会怎么想，怎么做，有什么样的感觉，用对方的思维来考虑问题。要做到这一点，你需要真正地去了解对方的处境、遭遇、背景等。

5.及时反馈：在理解别人的想法和感受后，还应该学会将自己的理解或感受反馈给对方。尽量将积极正面情绪带给别人，这样不仅使自己的人际关系质量更高，而且自己的主观幸福感也会更高。

（四）善用非言语信息

在人际交往中，除了交流的态度、言语内容本身，也要关注并应用好非言语信息，也就是穿着、眼神、表情、身体动作、声调等非语言行为和人际空间距离等。在人际交往中，非言语信息能微妙地传递语言难以表达的"弦外之音"，起着非常关键的作用。在人际交往中注意一些必要的非言语交往技巧，可以提高人际交往能力，这对未来的职业工作也非常重要。

1.目光技巧。目光指向的方向、眼球的转动、眨眼的频率，都可以表示态度、传递感情。比如，一般情况下，正视表示尊重；斜视表示轻蔑；左顾右盼让人感觉心不在焉等。交往中，适当的目光接触可以表达彼此的关注。因此，学生应有意识地培养自己用眼睛"说话"的能力。

2.体势技巧。人际交往中，人的举手投足都能表达特定的态度和含义，这里的"举手投足"包括体态、身体动作、手势等。在人际交往中，身体略微倾向于对方，表示热情和感兴趣；摆手表示制止或否定；竖起大拇指表示夸奖等。在一般性场合，有些手的动作容易造成失礼，如手指指向对方面部、单手重放茶杯等。

3.声调技巧。同一个内容，在不同场合、用不同的语音语调表达，会带来不同甚至相反的沟通效果。在人际交往中，还需注意，要根据沟通目的、场合、对象等，恰当地运用语音语调。一般情况下，柔和的声调表示坦率友好；用鼻音显示傲慢、冷漠、鄙视，容易引起对方的反感。学生在人际交往中要细心体会声调的微妙变化，学会正确运用声调，以加强语言表达的效果。

4.距离技巧。交往过程中，人际距离的远近与交往的场合、对象、情境等都有关。一般来说，关系越密切，人们的人际空间距离就越近。根据不同的交往对象和情境，有四种交往距离：

（1）私密距离。这是人际交往中的最小间隔，一般在0.45米以内。这个距离属于家庭成员、亲密朋友等关系最密切的人。在亲密距离交往的人，相互挽臂执手，促膝谈心，不拘小节，无话不谈。亲密距离具有排他性，不熟悉的情况下贸然接近他人的私密距离，会引起对方的反感，甚至引发误会。

（2）个人距离。交往距离在1米左右。这个区域有较大的开放性，朋友或熟人可以自由地进入这个空间。

（3）社交距离。交往距离在1～4米，保持这一距离的人们，已超出了亲密或熟人的人际关系，体现出一种社交性的或礼节性的关系，一般出现在工作环境或社交聚会中，谈话的内容也较为正式和公开。

（4）公众距离。交往距离在4米以上，在这个空间内，人际间的双向交往大大减少，更多的是一种单向交往，如演讲、报告等。队列训练、指挥位置的设定过程中，都需要考虑距离因素。

◆课程实训

实训一：共情能力训练

做一做：

学生可以与同学、室友或朋友一起尝试这个练习。

1. 提前准备若干张写有情绪名称的卡片，例如喜悦、愤怒、忧伤、抑郁、愧疚、委屈、伤心、害怕、担心、焦虑等。

2. 大家围坐一圈，每人抽一张卡片，只能自己看卡片上的词语，不要让其他人看到。

3. 每个人围绕自己抽到的卡片上的情绪词语，依次讲一个发生在自己身上的故事，在这个故事中自己清晰地体验到了这种情绪。

4. 当一个人讲完故事后，其他人可以反馈如下3个问题：当我听到他讲的故事时，我有哪些感受？我猜他抽到的词语是什么？我说些什么，能够让对方体验到被理解？

5. 反馈者对于故事表达的情绪与讲故事者进行核实，讲故事者也可以就哪种反馈最能打动自己进行再反馈，在互动中检验彼此的共情能力。

6. 参与者分别完成积极共情能力评估，分享自己对结果的理解，并讨论有哪些具体方法可以提高共情能力。

积极共情能力评估

题 目	完全不符合 1分	有点符合 2分	比较符合 3分	符合 4分	非常符合 5分
当别人得到惊喜时，看到他们的反应我会很兴奋					

当我看到别人微笑时,我会情不自禁地跟着微笑					
如果我不理解别人为什么兴奋,我会试着想象他们的处境,去理解他们的想法和感受是什么					
当别人情绪很高涨时,我也会情不自禁地兴奋起来					
当别人在某个事情上取得成功时,就算我觉得这不怎么重要,我仍能理解他们为什么开心					
当人们谈论自己的希望和梦想时,我常常希望他们能实现这些希望和梦想					
当我跟其他兴奋的人在一起时,我也常感到兴奋					

计分方式:根据自己与题目叙述的符合程度进行评分,填完后,将所有分数相加。

结果解释:积极共情能力评估分数反映了个人在多大程度上能够理解他人的积极情绪,并且体会和分享他人积极情绪的能力。分数越高,意味着个人理解和体会他人积极情绪的能力越高。

实训二:人际交往个人特质自测

活动名称:我的朋友圈。

活动目的:了解影响人际交往的个人特质。

活动时间:20~30分钟。

活动准备:8~10位同学组成一个小组,每人准备好纸和笔。

活动步骤:

1.完成"我的朋友圈":请将自己的姓名写在最里面的圈内,将自己目前的人生知己写在第二个圈内,将自己目前的好朋友写在第三个圈内,将自己目前的一般朋友写在第四个圈内,如下图。

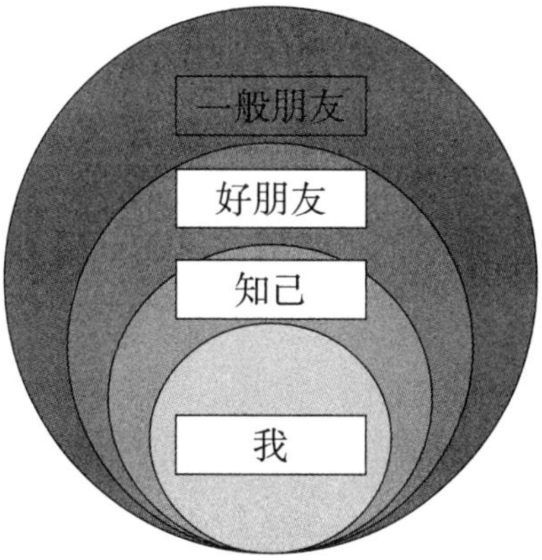

2.请反思以下5个问题。

(1)你对自己目前的朋友圈满意吗?

(2)你是怎样区分知己、好朋友、一般朋友的?

(3)你的这个朋友圈是否会固定不变?他们有可能互换位置吗?

(4)你的好友有哪些共同特点?

(5)你是否想扩大你的朋友圈?

3.分组讨论以下两个问题。

(1)问题一:你愿意跟什么样的人交往?说出他们的特点。

(2)问题二:你最不愿意跟什么样的人交往?说出他们的特点。

4.将各组讨论的结果写在黑板上,看各组结果有哪些异同,思考以下两个问题。

(1)"问题一"中的特点你具备哪些?

(2)"问题二"中的特点你具备哪些?

实训三:人际沟通练习

活动形式:情景再现

活动目的:通过角色扮演,把寝室中常见沟通矛盾具象化,引导学生通过现场模拟扮演,发现并解决问题。

活动时间:40分钟

活动准备:6位同学组成一个小组,每人准备好纸和笔。

活动步骤:

(1)给定故事背景:假设寝室有位同学小李特别喜欢英语,每天早上都会在集合前提前20分钟下楼去早读。每天早上,小李起床洗漱都比较小心,但还是会把室友吵醒。于是,大家想着该如何沟通让小李注意一点。

(2)角色扮演活动1:每个小组的同学抽签选取一位同学扮演小李,其余同学轮流扮演不同沟通风格的室友(剩余一位同学作为观察员)。尝试用符合人物性格的语言与小李进行沟通。

室友A:被吵醒有点烦躁,在床上翻来覆去、大声咳嗽,想提醒小李,但小李没注意到。

室友B:戴着耳塞,还是会被吵到。不想去提醒小李,怕小李不高兴,但自己又确实睡不着,劝自己再忍一忍。

室友C:"能不能自觉点,这么早还让不让人睡觉!"说了还不解气,又踢了床板。惹得小李也很不高兴,眼看就要吵起来。

寝室长D把C和小李拉开,进行劝说:……

(3)反馈和讨论1:

小李反馈,自己最能接受的沟通方式和最反感的沟通方式。

其余同学反馈,自己在扮演过程中的发现和感受。

观察员反馈，观察到沟通过程中哪些做法是值得借鉴的，哪些做法效果不太好。

4.角色扮演活动2：根据之前的反馈，选取小李认为最能接受的沟通方式再次演练：

指定一人扮演小李，一人扮演有效沟通的同学，其余同学扮演其他室友和观察员，再次尝试沟通解决问题。

5.反馈和讨论2：

小李反馈，沟通过程中，什么地方让自己感觉比较容易接受。

其他同学反馈，哪名同学在沟通过程中表现得比较好，具体哪些做法比较好？

6.活动小结：好的沟通应该既能够真实表达情绪，又能够顾及彼此感受，让人愿意接受。

教师根据《非暴力沟通》一书中介绍的沟通要素，引导学生区分观察、感受、需要和请求。

7.活动结束：寝室有话好好说。

每位同学总结，在寝室如何做到有话好好说，争做文明寝室，争做友好室友。

课后作业

1.请尝试与10位陌生人主动交往（打招呼、攀谈，或者参加一个活动等），并把自己的感受写下来。

2.假设你是警察院校学生，周末约好要外出给好朋友庆祝生日并看电影。周五下午放学前，班主任紧急通知本周因故不能离校。请设想自己和朋友分别会有什么感受，并提出解决思路。

第十章　警察院校学生恋爱与性心理

◆思维导图

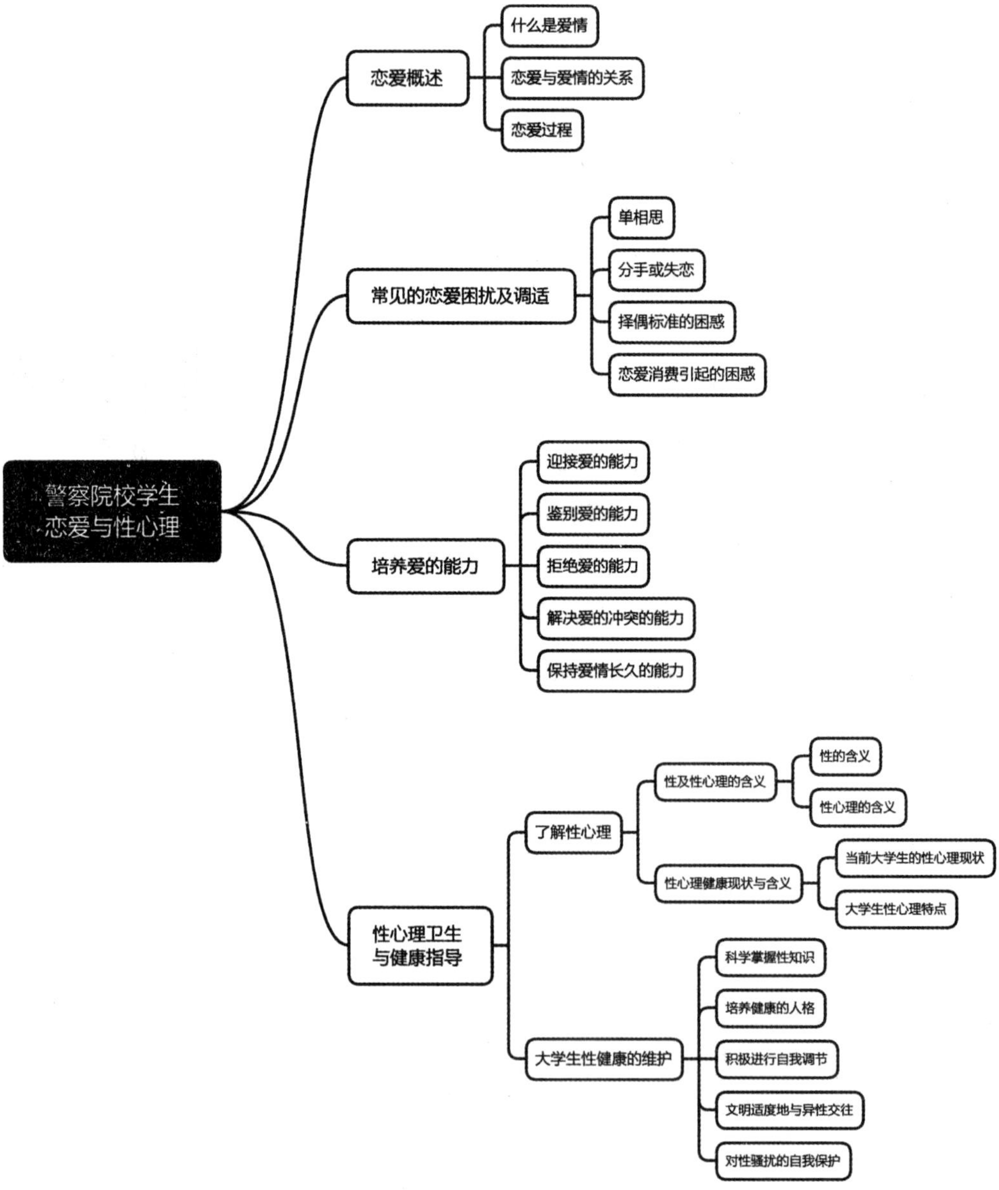

◆课程思政

习近平总书记在十九大报告中，号召“全党同志一定要永远与人民同呼吸、共命运、心连心，永远把人民对美好生活的向往作为奋斗目标”，作出“中国特色社会主义进入新时代，我国社会主要矛盾已经转化为人民日益增长的美好生活需要和不平衡不充分的发展之间的矛盾”的重大战略判断，同时提出“满足人民过上美好生活的新期待，必须提供丰富的精神食粮”。[①]这启示我们，进入新时代、化解新矛盾、满足新期待，必须在推动高质量发展的基础上进一步繁荣发展社会主义文化，提供更加丰富优质的精神文化食粮，以更好满足人民日益增长的美好精神文化生活需要。

◆课前测量

你的恋爱观是什么？

恋爱观就是人们对恋爱问题的看法，它决定着爱情心理和行为，包括对美的认知、评价标准，择偶的标准与条件，恋爱的目的和方式，对幸福的理解等多方面的内容。渴望爱情的你在行动之前，不妨先来了解一下自己的恋爱观。

1.你认为恋爱作为人生一个极其重要的环节，最终要达到的目的应当是（　　）。

A.找到一个情投意合的伴侣　　B.成家过日子，抚育儿女

C.满足性的饥渴　　D.只是觉得新鲜有趣，没有明确的想法

2.（男女单独做）

（1）如果你是位先生，你对未来妻子最主要的要求是（　　）。

A.善于持家，利落能干　　B.容貌漂亮，气质高雅

C.人品不错，能体贴帮助自己　　D.只要我爱她，其他一切都无所谓

（2）如果你是位女士，你在选择丈夫时首先考虑的是（　　）。

A.潇洒大方，有男子气度　　B.有钱有势，社交能力强

C.为人诚实正直，有进取心，待人和蔼可亲

D.只要他爱我，其他都不考虑

3.你决定和对方建立恋爱关系的心理依据是（　　）。

A.彼此各有想法，但大体相互尊重　　B.我比对方优越

C.对方比我优越　　D.没想过

4.你对最佳恋爱时间的考虑是（　　）。

A.自己已经成熟，懂得了人生的意义和爱情的内涵，并且明确了事业上的主要方向

B.随着年龄的增长，自有贤妻或佳婿相伴，“月老”不会忘记任何人

C.先下手为强，越早越主动

D.还没想过

5.你希望自己结识恋人的方式是（　　）。

A.青梅竹马，情深意长　　B.一见钟情，难舍难分

C在工作和学习中逐渐产生恋情　　D.经熟人介绍

---

①学习强国网站：习近平：决胜全面建成小康社会 夺取新时代中国特色社会主义伟大胜利.https://www.xuexi.cn/02882008f2aa5c55411a8ca74cbeff8c/e43e220633a65f9b6d8b53712cba9caa.html.

6.你认为增进爱情的良策是(　　)。

A.极力讨好取悦对方　　B.尽力使自己变得更完美

C.百依百顺,言听计从　　D.无计可施

7.人们通常认为,恋爱过程是个相互了解、相互适应和培养感情的过程,但了解、适应就需要花时间,那么,你希望恋爱的时间是(　　)。

A.越短越好,最好是“闪电式”　　B.时间依进展而定

C.时间要拖长些　　D.自己无主张,全听对方的

8.谁都希望完整、全面地了解对方,你觉得了解他(她)的最佳途径是(　　)。

A.精心安排特殊场面,不断对恋人进行考验

B.坦诚地交谈,细心地观察

C.通过朋友打听

D.没想过

9.你十分倾心于你的恋人,但交往一段时间后,却发现对方有一些缺点,这时你(　　)。

A.采用婉转的方式告知对方并帮对方改进

B.因出乎意料而伤脑筋

C.嫌弃对方,犹豫动摇

D.不知道如何是好

10.当你已在爱河之中,一位条件更好的异性向你表示爱慕时,你会(　　)。

A.说明实情,忠实于恋人　　B.对其冷淡,但维持友谊

C.向其献媚并瞒着恋人和其来往　　D.感到茫然无措

11.当你忽然发现爱慕已久的异性另有所爱时,你(　　)。

A.静观待变,进退自如　　B.参与角逐,继续穷追

C.抽身止步,成人之美　　D.不知道

12.恋爱过程很少会一帆风顺,当恋爱中出现矛盾和波折时,你感到(　　)。

A.既然已经出现,也是件好事,双方正好趁此了解和考验对方

B.伤心难过,认为这是不幸的

C.疑虑顿生,就此提出分手

D.束手无策

13.由于性情不合或其他原因,你们的恋爱搁浅了,对方提出分手,这时你(　　)。

A.千方百计缠着对方　　B.到处诋毁对方名誉

C.说声再见,各奔前程　　D.不知所措

14.当你十分信赖的恋人背信弃义甩掉你之后,你(　　)。

A.只当自己眼瞎,认错了人　　B.既然他(她)不仁,休怪我不义

C.吸取教训,重新开始　　D.痛苦地难以自拔

15.你的爱情路途坎坷,多次恋爱均告失败,随着年龄增长,已进入“男大当婚,女大当嫁”的行列时,你会(　　)。

A.一如从前,宁缺毋滥　　B.厌弃追求,随便凑合一个

C.检查一下自己的择偶标准是否实际　　D.叹息命运不佳,从此绝望

根据下面表格的评分标准计算你的总分。

题号	A	B	C	D
1	3	2	1	1
2	2	1	3	1
3	3	2	1	0
4	3	2	1	0
5	2	1	3	1
6	1	3	2	0
7	1	3	2	0
8	1	3	2	0
9	3	2	1	0
10	3	2	1	0
11	2	1	3	0
12	3	2	1	0
13	2	1	3	0
14	2	1	3	0
15	2	1	3	0

总分35~45分为A型,总分25~34分为B型,总分15~24分为C型,七道以上题目得0分为D型。

A型:恋爱观成熟正确

你是一个成熟的青年,你懂得爱什么和为什么爱,这是你进入情场的最佳入场券。不要怕挫折和失败,它们是考验你的"纸老虎",终将在你的高尚和热忱面前逃遁。尽管大胆地走向你梦中的恋人吧。

B型:恋爱观尚可

你向往真挚而美好的爱情,然而屡屡失败,一时难以如愿。不妨多看看成功的朋友,并将恋爱作为圣洁无比的追求,不断校正爱情的航线,这样你与幸福就相隔不远了。

C型:恋爱观需要端正

你的恋爱观存在不少问题,甚至有不健康之处。它们使你辛勤播撒的爱情种子难以萌芽,更难以结出甜蜜的果实。如果你已经轻率地开始恋爱,劝你及早退出。

D型:恋爱观还未形成

你或许年龄还小,不谙世事;你或许年纪虽已不小,却仍天真幼稚。爱情对于你来说还是个迷惘未知的世界,你需要防范圈套和袭击。建议你读几本关于两性关系的书籍,待变成熟后再涉爱河也不迟。

第一节　大学生恋爱心理

一、恋爱概述

(一)什么是爱情

爱情是受社会因素影响的生理、心理和主观情感结合的复杂现象,不同时代、文化、

学科的学者们对爱情都有着不同的理解和定义。总的来说，爱情指男女双方基于一定的社会关系和共同的生活理想目标，在各自内心形成的对对方最真挚的倾慕，并渴望与对方形影不离、灵肉交融，成为终身伴侣的高级情感；它是人类特有的一种高尚的精神活动，是精神需求升华的产物。爱情包括性爱与情爱。性爱的性欲基础使爱情具有排他性、冲动性和直觉性。

(二)恋爱与爱情的关系

恋爱是男女双方在相互倾慕的基础上，培育爱情的过程；而爱情是恋爱的最终结果，两者是相辅相成的，没有恋爱的过程，男女双方就不可能深入地了解对方，就不可能寻找到真正适合自己的终身伴侣。但仅仅处于恋爱阶段，男女双方的感情就永远得不到升华，爱情就无法开花结果。因此，恋爱是爱情的土壤，爱情是恋爱精心培育的果实，两者密不可分。

(三)恋爱过程

虽然说爱情是非常复杂的人际感情，没有预先设定的模式或者固定的过程，你遇到什么样的人，或者说你爱上什么样的人，就会有一段什么样的爱情。不过，恋爱还是有着可以触摸的一般规律的，恋爱过程大致可分为以下几个阶段。

1.感受阶段

男女在交往中，产生了对具有吸引力和魅力的异性感兴趣的阶段。在这个阶段，他们或者一见倾心，迅速地诱发出火热情感；或者由于羞怯或迟疑等原因而未曾吐露自己的心声。异性的外表在这一阶段起到十分重要的作用，它能够激起感官吸引。一些人可能凭着这短暂的感受就一下子跌入"情网"，导致盲目恋爱，因为这是一种原始的感受，所以在这个阶段极易见异思迁。

2. 注意阶段

当接触到某个异性而在心理上激起波澜时，或感到与某个异性之间有莫大的吸引力时，往往有一种想去接触和亲近对方的强烈愿望。这时，个体就会自觉地将注意力集中指向这位异性所从事的一切活动、兴趣爱好以及家庭背景等，进而考虑能否和他(她)接近，如何表露真情，并时而创设一些相会的情景。

3.求爱阶段

这一阶段是重要而且困难的阶段。该阶段求爱者心理负担较重，各种担忧不断涌现，该阶段容易出现求爱挫折，产生心理障碍。因此，通过学习求爱的技巧，提高求爱的成功率，是男女度过该阶段心理困扰的关键。而要提高求爱的成功率，关键在于把握三点：一是正确判断对方对你的印象和态度；二是选择合适的求爱方式；三是把握好求爱的时机。

4.恋爱阶段

在这一阶段，一方表白，另一方接受，双方的恋爱关系就确定了。求爱成功之后，爱情的方舟就驶入了恋爱的海洋，两个异性之间就开始了共同的情感交流活动。在这个阶段，成熟起来的人能正确看待爱情和学业、事业的关系，同时考虑到爱情的前途和未来。但也有少数心理不够成熟的人，不能自由地驾驭自己的感情，恋爱的盲目性较大，从而影响了学习工作和发展，造成了不良的后果。

5.成功或分手

确立恋爱关系后，有的男女青年可能达到以日后结婚为标志的成功境界，有的则可能经历另一个过程即分手。分手的原因很多，有可能是各种外部条件造成的，也有可能是主观因素造成的，如父母反对、相互误解，第三者插足、个性不合等原因。恋爱时间越长或恋爱关系越深，分手时造成的打击就越大。只有当能愈合失恋伤痛的幸福时刻到来后，分手所造成的打击才会随着时间的流逝而成为回忆，爱情可能会在各个阶段来来回回跳来跳去地反复发展，但想要让一段美丽的爱情有美好的结局，相爱的双方必须有诚意有毅力，还要有智慧。如果爱情能够完整地经历这五个阶段，那么，当相爱的两个人决定结婚时，他们就能发展出真正和谐美满的婚姻，否则，他们的婚姻是很难理想的。这也就是在现实生活中许多夫妻之间婚姻关系不尽如人意的原因。提醒恋爱中还没有结婚的朋友，要好好反省自己的爱情。

二、常见的恋爱困扰及调适

（一）单相思

单相思是指男女之间只有单方面的爱恋思慕，也比喻双方中只有一方有愿望或热情。单相思是一种进入爱情的准备阶段，但是也很有可能停留在这样的状态中无法得到必然的发展。无论哪种类型的单相思，都是一个人的“恋爱”，都不是真正的恋爱。

（二）分手或失恋

曾经的恋爱是如此幸福，让人难以忘怀。失恋后，人们总是会沉浸在对过去的美好回忆中无法自拔。所有的失恋者都有一种难以摆脱的情绪，那就是“我的幸福没有了”。怀着这种悲观的情绪，失恋者不敢面对失恋的现实和未来，陷入越痛苦越思念、越思念越痛苦的循环怪圈。而且，如果一段恋情走到了分手的地步，有时候会使人们怀疑自己、否定自己，从而感到痛苦和受伤害。

（三）择偶标准的困惑

面对信息多元化的世界和越来越大的社会压力，大学生的择偶标准呈现出价值多元化的特点。家庭财产、社会地位、潜在能力、个人素质等因素正在考验着年轻的大学生们，使他们在爱情之路上充满了选择的困惑。另外，由于大学生的择偶标准还未成熟，他们对双方是否匹配、是否合适也感到困惑。有些大学生虽然在谈着恋爱，但更多地感受到不是爱情的甜蜜，而是平淡无奇，这是因为这种爱情不是自己所希望的。

（四）恋爱消费引起的困扰

大学生所处的年龄段正是接触时尚、追求时髦、渴望浪漫的时期，对爱情的浪漫需求比较高，可浪漫需要一定的物质基础来维持，导致部分学生出现了攀比的现象，在攀比之中，恋爱消费水涨船高，有的甚至已经表现出许多非理性的消费心理，这对于没有任何收入来源的大学生无形中增加了很大的压力。

三、培养爱的能力

大多数人认为爱是一种令人心旷神怡的感受，是一种强烈的情感，认为恋爱是一种与生俱来、不学而能的能力，其实爱是一项决定，一种判断，一种承诺，更是一种能力。

爱的能力是指建立亲密关系的能力，它既包括从父母那里获得的爱的储备，又表现为在爱的过程中的学习能力。那么该如何建立、发展健康的恋爱关系获得美好的爱情呢?

（一）迎接爱的能力

迎接爱的能力包括表达爱的能力和接受爱的能力，前者是主动给予爱，后者是被动接受爱，当你喜欢或是爱上一个人时，能否用恰当的方式和语言向对方表达出来？爱，要勇于表达，要让对方看得到，听得到、感受得到。对于大学生来说，这种以心换心的事，最好是以朴素的、细微的，绵长的方式进行，这也和我们平凡且细微的生活吻合。

（二）鉴别爱的能力

鉴别爱是指能把爱情与其他情感区分开来。一方面要鉴别自己的感情，分辨出是友情还是爱情；另一方面还要有效识别首因效应、光环效应等心理效应的影响；最后，在爱情中还要觉察移情现象所产生的情感反应。

那么，该如何区分爱情和友情呢?异性之间的友情可能是一段爱情的基础，但友情和爱情在某些方面是截然不同的。首先，两者的基础不同。爱情是以两性吸引为基础的强烈情感；而友情则没有性的欲念，是同学、朋友之间一种平等、诚挚、相互信任的友爱之情。其次，两者的性质不同，爱情具有排他性和封闭性，不容许有任何第三者插足；而友情则产生于普遍的人际关系中，是开放、广泛和可以传播的。最后，两者承担的义务不同。友情一般只承担道德义务，而爱情总是与婚姻、家庭联系在一起，同时又必然对社会生活产生影响，因此爱情双方不仅要承担道德义务，还必须承担法律义务。

（三）拒绝爱的能力

拒绝爱的能力意味着敢于理智地拒绝不希望得到的爱情，因为爱情来不得半点勉强和将就。因此，大学生要掌握恰当的拒绝方式，学会勇敢地说“不”。首先，要向对方表达自己的尊重，感谢对方对自己的欣赏和感情；其次，要态度明确，表达清楚，避免模棱两可而给对方留下幻想；再次，行动和语言要一致。在大学校园里，有很多同学怕对方受到伤害而继续保持亲密关系，其实这对双方关系都是不利的；最后，要避免简单，粗暴和伤害性的拒绝。你可以拒绝一个爱你的人，但请不要伤害一颗爱你的心。

（四）解决爱的冲突的能力

在大学校园中，很多同学将恋爱对象理想化，一旦进入热恋，就以为对方能完全理解自己，认为爱情可以永远保持完美状态，但大学生是不断成长的群体，他们之间的感情会随着双方的变化而变化，性格的差异、日常生活的琐事、学业的负担等都可导致两人之间的冲突。对于这些冲突，我们要勇敢而对，合理解决。

（五）保持爱情长久的能力

在漫长的人生道路上，维系爱情需要智慧、耐力和付出。因此，积极培养维护爱的能力，使爱情之树常青，是每一个大学生都应该学习的人生课题。

首先，爱情需要双方具有独立成熟的人格。任何一段成熟的爱情和婚姻，都需要有成熟的自我作为基石。在爱情中，我们首先要做的就是爱惜自己、肯定自己，然后才能有能力去爱别人。一个自我迷失的人，是不可能很好地爱别人的。其次，树立正确的恋爱观，发展适当的恋爱关系，这需要我们正确看待爱情在人生中的位置，理性分析自己的择偶标准，深刻理解爱情，还要提高恋爱挫折承受力。最后，要以发展的眼光对待爱情和恋人，任何一个人都是不断发展和完善的，不能以固化的观点去要求他(她)。

总之，对于每一个大学生来说在爱情中学习和成长，使珍贵的爱情体验成为人生之路上历久弥新的记忆，并能促进其未来的人生发展，这样你的青春和爱情就是值得的。

第二节　警察院校学生性心理卫生与健康指导

一、了解性心理

(一)性及性心理的含义

1.性的含义

一谈到性，大学生们就会表现得十分敏感和羞怯，往往容易片面地认为性是一种单纯的生理现象，是男女之间生理上的性关系。实际上，性既是生理现象，也是一种社会现象和心理现象。作为自然属性的性，是人类生存和繁衍后代的基础条件。从生物的形态学和生理学上来理解，性是伴随着性生殖出现的。人的基因与性器官的差异形成了雄性和雌性，性征便是两性特点的表达。作为社会属性的性是性的本质体现。人的性需要，不仅包括生理性需要，更重要的是包括社会性需要。例如，择偶的要求不仅是寻找一位异性，还要满足个人审美的需要、爱的需要、个人生活幸福与自我发展的需要，考虑对方的兴趣、爱好、学历、职业、家庭等社会因素。人的性行为必须通过婚姻、经济、法律、道德关系的规范才能够实现。

总之，性是人的自然属性和社会属性的统一体，这说明性既要受到人发展的生物规律的支配，又要受到人类社会文化发展条件和各种社会需要的制约。两者是有机联系、密不可分的。

2.性心理的含义

性通常可以分为性生理、性意识、性情感、性兴趣等几个方面方面。性心理是人类个体在性的生理成熟后伴随出现的一系列与性有关的心理现象，主要是指性意识及在此基础上产生的性情感、性兴趣和性兴奋。性意识是指在性的生理发育成熟程中，青少年会逐渐领悟到两性差异和两性关系，并随之产生从未有过的特殊心理体验；性情感是指对异性的倾慕和好感，渴望了解异性、亲近异性，感到异性对自己有一种吸引力，也希望自己能引起异性的注意，向往与异性交往；性兴趣是指对性知识的渴望和对性的好奇心；性兴奋是性欲的体现。

（二）大学生性心理现状与特点

1.当前大学生的性心理现状

（1）性知识的匮乏造成大学生存在着普遍的“性盲”。

性知识是指从各种渠道获取的与性相关的知识，它是性思维和性情感活动的基础。由于孩子在成长的过程中，不管是家庭还是学校，对于孩子性知识的传播与引导比较匮乏，在青春期接受过正规性健康教育的人数比例很小，导致我国大学生性知识的了解与掌握堪比“性盲”。大学生对于有关性爱知识的了解既没有系统性，又缺乏全面性，对有关性病，艾滋病等的传播、防治等问题更是一头雾水。大学生性知识来源的主流渠道堵塞，而非主流渠道获得的性知识很难保证其科学性、健康性，这是造成我国大学生“性盲”普遍性的根本原因。

（2）大学生获取性知识的途径广泛，但主要是以自学为主。

有关调查发现，我国大学生性知识的来源途径非常广泛，排在第一位的是媒体（电台，网络，报刊），第二位的是教育书籍，第三位的是朋友或同学，第四位的是色情书刊或光盘，第五位的是父母，第六位的是老师，由此可见，大学生从学校教育、家庭教育的“官方”途径中获取的性知识明显不足，这说明大学生了解性知识的渠道主要是靠自学，而通过非正规教育获得的性知识往往缺乏系统性、针对性和全面性的，这就势必造成目前我国大学生性知识的混乱。

（3）对性知识的掌握，男性优于女性，性知识获取的途径性别差异明显。

通过调查发现，我国大学生中对性知识的掌握，男性优于女性，并且男女大学生在获得性知识途径方面也存在明显的差异，女性更多的是通过网络、杂志获取性知识，并且女性通过家庭获取性知识的多于男性；而男性通过同性朋友和色情读物获取性知识的明显多于女性。这说明男性在获取性知识方面较为主动，女性在获取性知识方面较为传统。

2.大学生性心理特点

大学生正处在性生理趋于成熟而性心理发展正趋于强烈的时期，从生理上说，他们已经发育完全，在心理上并未成熟，因而其性心理方面表现出如下几个特点：

（1）本能性和好奇性

大学生性心理上日趋成熟，导致了心理上出现渴望接近异性的需求，他们开始关注异性，对异性产生浓厚的兴趣、好感和爱慕，这只是对异性的本能反应。由于受传统观念和我国各级学校性教育缺乏的影响，性的问题一直被蒙上了一层神秘的面纱。他们往往是怀着好奇心，秘密地探求性知识，对异性的兴趣、好感及爱慕比较朦胧，在朦胧纷乱的心理变化中，性意识将逐渐强烈并日渐成熟。

（2）强烈性与动荡性

随着性生理的成熟，大学生往往表现出强烈的性欲望和性冲动，这是其身体发育过程中正常的生理和心理现象。他们希望接近异性，迫切希望与异性交往，以得到性的生物性满足,但迫于现实压力,又不能随时释放内心的冲动。与此同时,青年中期(17~22岁)是人的一生中性能量最旺盛的时期,但由于许多大学生的性心理还不成熟,尚未形成稳固的、正确的性道德观和恋爱观,自控力较差,因而他们的性心理容易受外界的不良影响而动荡不安。

(3)矛盾性和压抑性

大学生与异性的接触,其内心往往充满了矛盾。有的想把成绩搞上去,又难以从与异性交往的误区中解脱;有的表面上无动于衷、故意回避,但实际上却十分想有性体验。内心的矛盾往往会产生强烈的压抑感。现实生活中五花八门的性信息的传播,使一些大学生的性意识扭曲,甚至以变态的行为表现出来,如窥阴癖、恋物癖等,严重者还会导致性变态等。

二、大学生常见的性心理困扰

大学生性的成熟与整个身体的发育已基本完成,但性心理的发展并未达到成熟。大学生性心理发展滞后于生理成熟速度,这使得他们对性与爱存有神秘与好奇心理,容易出现各种性心理困扰。

(一)性冲动与性压抑引起的困扰

性冲动是指由性刺激引起的性兴奋及性心理反应,并希望得到性满足的心理反应状态;性压抑是对个体性行为的某种限制。性压抑与性冲动是相抵触的,但适当的性压抑是必要的,也是个体性心理成熟的表现。大学生的性成熟以及外界的性刺激,会自然引发性冲动,但由于道德与法律的约束,使他们在性需求与性满足之间出现了冲突。

一般情况下,通过正常的学习、交往、集体活动,大学生的性冲动能得以释放,性情感也能得以减弱或转移。但也有些大学生尤其是一些性格内向、性知识匮乏、人际关系紧张的学生,往往无法缓解自己内心的冲突,强迫自己回避性需求,形成严重的性压抑,甚至个别的表现出性偏离倾向,形成了性心理障碍。

(二)性自慰引起的困扰

性自慰,也叫手淫,是指性欲冲动时,用手或其他物品摩擦、玩弄生殖器等性器官以引起快感获得性满足的行为,是与青年性生理发育相适应的一种自慰性性行为。手淫在大学生中是比较普遍的现象,但过度手淫也会对身体造成一些不利影响,容易给未来的正常性生活埋下隐患。

(三)性幻想

性幻想是一种正常的心理现象,它一般在入睡前及睡醒后卧床的这段时间,以及在闲暇时出现较多。青春期的性幻想是性冲动的一种发泄方式,适当的性幻想有利于释放压抑的性行为,但是,如果性幻想过于频繁且沉溺其中,容易影响正常的学习和休息,甚至把幻想当成现实,就会成为病态,即属于不健康状态,应加以调节和克服。

(四)与异性交往的不适

与异性交往的愿望从刚进入青春期时就开始萌发,对异性感兴趣,渴望与异性交往—恋爱—结婚,是一个人必然经历的生理、心理和社会行为的发展变化过程。大学生们与异性交往的愿望非常强烈,但是由于传统思想观念的影响,许多人缺乏与异性交往的正确方法,羞于与异性交往,在异性面前表现得非常紧张。

(五)性侵犯与性伤害引发的困扰

性侵犯泛指一切与性相关且违反他人意愿、对他人实施造成身心侵害的行为。包括强奸、诱奸、性骚扰在内的行为都可算是性侵犯,而暴露、窥阴也算是性侵犯的一种。对于受害者来说,不仅在当时,而且在以后相当长的时间里都会存在消极退缩、担惊受怕、回避人际交往、自尊心严重受损等心理症状,甚至造成婚后的性功能障碍。

三、大学生性心理健康的维护

(一)科学掌握性知识

大学生应该对性有科学的认识。性是一门综合性的科学,包括性生理学、性心理学、性社会学、性伦理学、性美学等。大学生应当努力学习和掌握性科学知识,避免性无知,消除把性仅仅看作是生物本能的片面认识。

(二)培养健康的人格

性不仅决定于生物本能,一个人对待性的态度也反映了一个人人格的成熟程度。人自身的尊严感和对他人是否尊重,都会在两性关系中充分体现出来。

1.要对性行为有社会责任感

性行为如果只停留在手淫、性梦等方式的自我宣泄上,不会影响他人。但是如果性行为涉及另一个人,那么便涉及许多社会责任。性行为可以给另一方造成心理和肉体上的伤害,可以产生第三个生命。这将影响另一个人的生活,也将影响你自己的生活,每一个成熟的大学生都应当了解个人性行为给他人、自我和社会带来的后果。尊重他人,尊重自我,对自我的行为负起责任。大学生要增强自己的性道德和性法律意识,用道德和法律规范自己的性行为。

2.要培养良好的意志品质

大学生自我控制性心理能力的大小,在一定意义上是由个人意志品质的强弱决定的。意志作为个体为达到既定目的而自觉努力的一种心理状态,具有发动和抑制行为的作用。尽管青年人有很强的性冲动,但人不同于动物,人有意志力,良好的意志品质可以抑制和调整自我的冲动。

(三)积极进行自我调节

每一个大学生都应该懂得:每个人都应该尊重任何人存在的价值;每个人都应该以希望他人对待自己的方式去对待他人;每个人发展自尊与自重都应该建立在良好的人格标准基础上,即责任心、诚实,善良,并对自己的道德能力有信心。性欲是正常的和健康的,而且是可以控制的。大学生要学会积极进行自我调节,用合理的方式控制性冲动,使自己更健康,快乐地成长。

(四)文明适度地与异性交往

与异性交往,可以满足青年期性心理的需求,缓解性压抑,异性交往有益于扩大信息,完善自我,对个人的恋爱婚姻以及成才发展都具有重要的作用。但大学生在与异性交往时要把握分寸,注意场合,规范行为,处理好友情与恋爱的关系。

(五)对性骚扰的自我保护

首先,大学生应当树立自尊、自重、自爱的自我形象,做到举止大方、行为得体、作风正派、衣着打扮不轻浮。其次,大学生应当学会自我保护。女生尽量晚上不要单独外出,更不要单独在男性家中或住所长时间停留。面对异性的非分要求,不要畏惧,要勇敢地说"不"。要以严厉的态度制止和反抗性骚扰,必要时向他人呼救或向公安部门寻求帮助。为了更快地消除自己的心理困扰,可以同父母、老师、知心朋友宣泄自己的情绪,也可以寻求心理咨询机构的专业帮助。

◆课程实训

实训一:心理团体辅导

活动目的:加深对男生、女生不同性别美好特性的认识

活动步骤:

1.每人在笔记本上独立完成下面的句子。

男生篇

因为我是男生,所以我擅长:

(1)

(2)

我喜欢我是男生,原因是:

(1)

(2)

女生篇

因为我是女生,所以我擅长:

(1)

(2)

我喜欢我是女生,原因是:

(1)

(2)

2.把4~5名同性别的同学分为一组,分若干个小组,相互讨论和交流。

3.把大家认为最好的句子统一汇总。

实训二:"谈练爱"心理团体辅导

团辅名称:大家一起"谈练爱"主题班会团体心理辅导

团辅目标:引导大学生树立正确的爱情观和恋爱挫折观,全面认识恋爱,理性处理恋

爱问题

团辅领导者:各学院心理工作负责老师、辅导员

团辅的对象:全校每个班级

团辅的规模:自然班或专业班60~100人

团辅的时间:结合本班班会

团辅的次数:1次,2.5小时

团辅的场地:教室、学校团体辅导室

(一)团辅方案设计(见下表)

大家一起“谈练爱”主题班会团体心理辅导计划书(总方案)

活动名称	活动目标	活动主要内容	预计时间
一、情感专栏(班会开始)	引入恋爱主题,学习相关理论,为后面的重点环节做准备	1.全体抽签分组 2.揭晓问卷结果 3.讨论恋爱困惑 4.学习恋爱理论	30分钟
二、恋爱前困惑	引导学生对恋爱前的相关问题与困惑做深入思考	1.我心目中的爱情 2.短辩论: 辩题:你会选择一个你爱的还是爱你的人谈恋爱 正方:选择我爱的人 反方:选择爱我的人 3.恋人选择价值观	25分钟
三、游戏环节	营造轻松而热烈的氛围,拉近班级成员间的距离,增强团体互动	1.情歌接龙与真心话大冒险 2.直男测试题	20分钟
四、爱情千千结	将心理学理论融入活动设计,引导学生认识并体验爱情发展的客观规律	1.情景剧表演:直观体现关系发展五阶段的状态。 2.平衡学与爱	40分钟
五、失恋的升级器	引导学生掌握失恋后相关问题的处理方法	1.短视频:有些离开,是为了使我们更好地走向未来 2.认识“哀悼失去”	20分钟
六、完美结局(班会结束)	促进班级成员充分表达,沉淀收获,结束班会	1.组内“我想对你说” 2.主持人、班长祝福 3.现场“每组三句话” (每位同学的班会心得之后上交)	15分钟

（二）内容与流程

活动名称	活动内容及流程	操作提示
一、情感专栏（班会开始） （30分钟）	1.全体抽签分组 由记录小组组织全体同学有序签到，伴随欢快甜蜜的背景音乐《我喜欢上你时的内心活动》，以抽签的方式将同学们分成I、L、O、V、E、Y、O、U八个组，每组8人，安排座位，等待主持人宣布班会正式开始。 2.揭晓问卷结果 主持人宣布班会正式开始，揭晓本次班会主题，宣布第一个环节——情感专栏，首先由班长揭晓问卷结果，该问卷在班会开始前制作并让同学匿名填写，以大致了解班上同学的恋爱情况和恋爱心理。 3.讨论恋爱困惑 由主持小组同时组织8个小组讨论，包括怎样找到自己的那个ta，恋爱时与恋人发生争执、失恋怎么办等问题，任何困惑都可以提出，并逐条记录备用。例如：你理想的另一半是什么样的？再如：拉着女朋友进商店，结果她“咣～”一声头撞在玻璃门上，店里所有人都转头看你们。你一紧张，______。再如：你是课代表，有一个女朋友，是别班的。今天约好下课后在车棚碰面。下课后，一个长的很白的女生过来问你数学题。你一看，是女友不喜欢的那个女生，但不好意思拒绝，就教她了。结果没把握好时间，等教好已经很久，一抬头，女友站在窗户边看着你俩。完蛋了，你______。 4.学习恋爱理论 由班会前接受过系统培训的专家小组同学引导大家学习《关系花园》书中的关系发展五阶段、爱情三角形理论，并结合上一环节所记录的困惑进行分析，按照班级8个小组成员的累计发言次数计分。	
二、恋爱前困惑 （25分钟）	1.我心目中的爱情 本环节是全班的交流环节，由影音小组同学引导，分别从现实生活、文学作品、影视作品三个领域里分享同学们心目中向往的爱情。 2.短辩论： 辩题：你会选择一个你爱的还是爱你的人谈恋爱 正方：选择我爱的人，反方：选择爱我的人 由记录小组成员组织，邀请学校辩论队评委，对整个过程做详细记录，记录小组最后总结时侧重表扬大家在辩论过程中对选择恋人的深入思考。 3.恋人选择价值观 由专家小组引导大家学习三种恋人选择价值观：To have，To do，To be。一看ta有什么，比如有好看的相貌、有房有车、有有钱的父母、有苹果电脑等；二看ta做什么，比如帮助别人、每天学习、每天请客等；三看ta是一个什么样的人，有什么潜力等，教会大家什么才是最重要的。	

活动名称	活动内容及流程	操作提示
三、游戏环节 (20分钟)	1.情歌接龙与真心话大冒险 主持人随机唱一首情歌,最后一句的那个字(或同音)即作为下一首情歌必须包含的元素,该游戏以小组形式进行,成功接上的小组加分并有权决定下一首由哪组回答,不能成功接上的就要接受真心话大冒险的惩罚。真心话大冒险也让团体互动进入高潮,由此也拉近了同学之间的距离。 2.直男测试题 此游戏由策划小组从各个寝室中挑选而来,随机抽选两位同学(一男一女)同时在黑板作答,其余同学在下面作答,答题结束后现场算分。通过这一套题,让男生们更加了解女生(化妆品、审美……),以帮助他们以后与女生们的交往,甚至恋爱。	
四、爱情千千结 (40分钟)	1.情景剧表演 该情景剧由班级定型小组——策划小组与专家小组根据关系发展五阶段编写剧本,招募班级成员表演形成非定型小组——表演队。每表演完一个阶段(一幕)暂停,让同学们讨论该阶段应注意的问题,最后专家小组公布顺利渡过每个阶段的要点,二、三、四阶段可能发生重合,以及五阶段是循环周期,大多都不是线性发展。 2.平衡学与爱 由影音小组播放PPT,说明大学恋爱应该平衡的三个关系。 (1)恋爱与学习的关系。学习是大学生的首要任务,应当把爱情作为奋发学习的动力。 (2)恋爱与关心集体的关系。恋爱中的双方不应该把自己禁锢在两个人的世界中。脱离集体,疏远同学,会妨碍自身的全面进步和发展。 (3)恋爱与关爱他人、社会的关系。爱的情感丰富博大,只专注对恋人的爱会显得自私和庸俗,若对他人和社会具有爱心则会使爱情变得高尚和稳固。	

活动名称	活动内容及流程	操作提示
五、失恋的升级器（20分钟）	1.短视频：有些离开，是为了使我们更好地走向未来 由影音小组播放自己组织同学拍的短视频，就像一个智慧老人突然出现，引导大家学会面对失恋，能够从失恋中收获经验与能量。 内容简介如下： 失恋 也许是不美丽的风景 有些离开 是为了使我们更好地走向未来 第一幕： 有一种分手叫不合适 有一种爱情是失去后才知道要努力 有一种生活是努力也可以诗情画意 第二幕： 失恋并不代表失败 失恋让你更了解自己和看清自己过的生活 失恋逼迫你不得不锻炼你的“沟通能力”和“表达能力” 失恋让你发现你情感上脆弱的一面 失恋让你感受“得到”和“付出”的气力 失恋让你学会耐心、平静、坚韧 失恋让你“学会放手” 2.认识“告慰失去” 由专家小组讲解，教会每位同学自己学会告慰失去，并学会更科学更专业地去支持身边失恋的朋友。 失去，可以是任何一种情况，失去机会、失去信任、失去恋人、失去时间、失去某种可能……面对失去的哀悼本来就是一件很私密的事情，没人有权评判你。往往在面对同样一种失去的时候，我们会有一套自己的方式。但，世界上永远有很多“热心人”，或者道德上的“先进兵”，总想闯入我们的私人领域，对我们指手画脚。 所以， 请关注与关心他/她 　但允许他/她 　以自己的方式 　以自己的速度 　去告慰失去 然后， 请爱自己， 生命中还有更多重要的事情。	

活动名称	活动内容及流程	操作提示
六、完美结局(班会结束) (15分钟)	1.组内“我想对你说” 策划小组让同学们挑选同组的一个人,并匿名写下自己想对ta说的话,小小的纸条包含了友情与感动。 班会结束后,在班群里开启匿名聊天功能,将这个环节范围扩大到整个班级。 2.主持人、班长总结班会,送祝福 3.现场“每组三句话” 班会即将结束时,组织8个小组每组说三句话,可由同一个代表说,也可由三个人说…… 伴随影视小组播放的轻快背景乐《我一定会爱上你》,班会圆满结束。 (每位同学的班会心得之后上交)	

课后作业

1.如何区别爱情与喜欢?

2.请谈谈你参加本节课程心理健康团体辅导训练之后的感悟。

第十一章　警察院校学生压力管理与挫折应对

◆**思维导图**

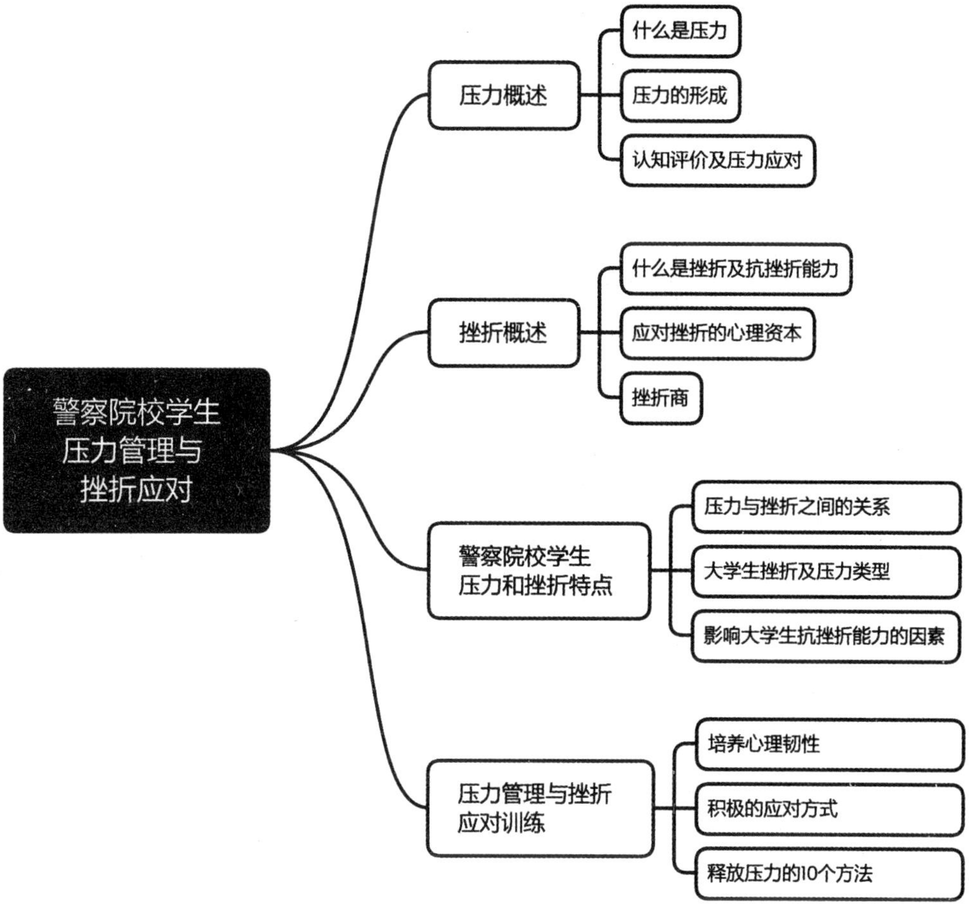

◆**课程思政**

习近平总书记指出:“千百年来,中华民族历经苦难,但没有任何一次苦难能够打垮我们,最后都推动了我们民族精神、意志、力量的一次次升华。今天,我们的生活条件好了,但奋斗精神一点都不能少,中国青年永久奋斗的好传统一点都不能丢。在实现中华民族伟大复兴的新征程上,必然会有艰巨繁重的任务,必然会有艰难险阻甚至惊涛骇浪,特别需要我们发扬艰苦奋斗精神。奋斗不只是响亮的口号,而是要在做好每一件小事、完成每一项任务、履行每一项职责中见精神。奋斗的道路不会一帆风顺,往往荆棘丛生、充满坎坷。强者,总是从挫折中不断奋起、永不气馁。"①

——习近平总书记在纪念五四运动100周年大会上的讲话

◆**课前测试**

简易应对方式问卷

说明:以下列出的是当你在生活中经受到挫折打击或遇到困难时可能采取的态度和做法。请你仔细阅读每一项,然后在右边选择回答,"不采取"为0,"偶尔采取"为1,"有时采取"为2,"经常采取"为3,请在最适合你本人情况的数字上打勾。

1.通过工作学习或一些其他活动解脱

2.与人交谈,倾诉内心烦恼

3.尽量看到事物好的一面

4.改变自己的想法,重新发现生活中什么重要

5.不把问题看得太严重

6.坚持自己的立场,为自己想得到的斗争

7.找出几种不同的解决问题的方法

8.向亲戚朋友或同学寻求建议

9.改变原来的一些做法或自己的一些问题

10.借鉴他人处理类似困难情景的办法

11.寻求业余爱好,积极参加文体活动

12.尽量克制自己的失望、悔恨、悲伤和愤怒

13.试图休息或休假,暂时把问题(烦恼)抛开

14.通过吸烟、喝酒、服药和吃东西来解除烦恼

15.认为时间会改变现状,唯一要做的便是等待

16.试图忘记整个事情

17.依靠别人解决问题

18.接受现实,因为没有其他办法

19.幻想可能会发生某种奇迹改变现状

20.自己安慰自己

问卷为自评量表,采用多级评分,在每一应对方式项目后,列有不采用、偶尔采用、有时采用和经常采用四种选择(相应的评分为0、1、2、3),由受试者根据自己情况选择一种作答。积极应对维度由条目1—12组成,重点反映了积极应对的特点,如"尽量看到事物好的一面"和"找出几种不同的解决问题的方法"等;消极应对维度由条目13—20组成,重点反映了消极应对的特点,如"通过吸烟喝酒来解除烦恼"和"幻想可能会发生某种奇

①学习强国网站:习近平在纪念五四运动100周年大会上的讲话.https://www.xuexi.cn/03e9d6261032c1c1733d895a6f2c3a6e/e43e220633a65f9b6d8b53712cba9caa.html.

迹改变现状”。结果为积极应对维度平均分和消极应对维度平均分。

特质应对方式问卷

指导语：当您遇到平日里的各种困难或不愉快时(也就是遇到各种生活事件时)，您往往是如何对待的？

1. 能尽快地将不愉快忘掉
2. 易陷入对事件的回忆和幻想之中而不能摆脱
3. 当作事情根本未发生过
4. 易迁怒于别人而经常发脾气
5. 通常向好的方面想，想开些
6. 不愉快的事很容易引起情绪波动
7. 喜欢将情绪压在心底里不让其表现出来，但又忘不掉
8. 通常与类似的人比较，就觉得算不了什么
9. 能较快将消极因素化为积极因素，例如参加活动
10. 遇烦恼的事很容易想悄悄地哭一场
11. 旁人很容易使你重新高兴起来
12. 如果与人发生冲突，宁可长期不理对方
13. 对重大困难往往举棋不定，想不出办法
14. 对困难和痛苦能很快适应
15. 相信困难和挫折可以锻炼人
16. 在很长的时间里回忆所遇到的不愉快事
17. 遇到难题往往责怪自己无能而怨恨自己
18. 认为天底下没有什么大不了的事
19. 遇苦恼事喜欢一个人独处
20. 通常以幽默的方式化解尴尬局面

特质应对方式问卷是自评量表，由20条反映应对特点的项目组成，包括两个方面：积极应对与消极应对(各含10个条目)。用于反映被试者面对困难挫折时的积极与消极的态度和行为特征。被试者根据自己大多数情况时的表现逐项填写。各项目答案从“肯定是”到“肯定不是”采取5、4、3、2、1五级评分。

特质应对问卷通常在生活事件问卷之后使用，但也可以作为一种独立的心理变量进行测试，被试对每一个条目作出1～5五级选择回答以后，其中消极应对分：将条目2、4、6、7、10、12、13、16、17、19的评分累加，即得消极应对分。一般人群的平均分为23.58±8.41，分数高，反映消极应对特征明显。积极应对分：将条目1、3、5、8、9、11、14、15、18、20的评分累加，即得积极应对分。一般人群的平均分为30.22±8.72。分数高，反映积极应对特征明显。

第一节　压力概述

一、什么是压力

压力又称为应激，压力是人与环境相互作用的产物。如果人认为内外环境的刺激超过自身的应对能力及应对资源时，就会产生压力。因此，压力是由于内外需求与机体应对资源的不匹配破坏了个体的内稳态所致。应激(Stress)研究的历史始于19世纪中叶，由生理学家克劳德·伯纳德提出，他认为人体细胞沐浴在一个固定的内部环境中，这种环境通过代偿性生理变化面对不断变化的外部条件。在二十世纪初，另一位生理学家沃尔特·坎农把这个概念称为内稳态。坎农描述了动物如何对那些能够威胁体内平衡的刺激做出生理反应，他称之为"战斗或逃跑"的生理反应。

1936年，生物学家汉斯·塞利观察到老鼠在受到一系列潜在有害刺激后的应激反应，他把这种应激反应称为适应综合征，该综合征包括三个阶段：警告、抵抗和耗竭。他在这篇简短的笔记中描述了老鼠在受到各种有害因素影响时的一种常见生理反应；他将这种反应称为应激反应。他在1936年的论文中报告说，当老鼠受到非特异性的损伤(例如暴露于寒冷、手术损伤或各种药物中毒)时，它们表现出一种典型的反应，这种反应不依赖于事件的性质。他描述了这种一般适应综合征的三个阶段：警告、抵抗和衰竭。警告与坎农所描述的战斗或逃跑反应相对应；抵抗在对身体适应反复暴露于压力时期一直持续；如果压力持续太久，就会而出现疲惫，使得症状复发。该综合征的主要特征是免疫系统受到抑制，胃和小肠黏膜溃疡。

应激时释放的促肾上腺皮质激素(ACTH)刺激肾上腺分泌多种激素，影响许多器官和系统，包括胸腺和胃。他认为压力不同于情绪唤醒或神经紧张，压力对所有生物体都有重要的保护作用。此外，他正确的提出，无论刺激是愉快的还是不愉快的，压力反应都是相同的——关键因素是是否需要适应刺激强度。

两个主要的神经激活应激反应系统——下丘脑-垂体-肾上腺皮质(HPA)轴和交感神经系统被激活。在HPA轴上，大脑下丘脑神经的激活触发促肾上腺皮质激素释放因子(CRH)的释放，进而导致脑底部垂体分泌促肾上腺皮质激素(ACTH)进入血液。ACTH刺激肾上腺皮质分泌激素，包括皮质醇。下丘脑的信号也会触发交感神经髓质系统，该系统增加心率，将血液从皮肤和肠道分流到骨骼肌，并从肾上腺髓质区域释放肾上腺素。肾上腺素和皮质醇协同作用，增加血液中的葡萄糖水平，提供战斗或逃跑所需的能量。

压力(Stress)在心理学中也叫应激，压力至少有三种不同的含义。

第一种：压力指那些使人感到紧张的事件或环境刺激。如有一份"压力很大的工作"，即将可能带来紧张的事物本身当作压力。

第二种：压力指的是一种心身反应。比如有人说"我要参加演讲比赛，我觉得压力好大”。这里他就用压力来说明他的紧张状态,压力是他对演讲事件的反应。这种反应包括两个成分,一是心理成分,包括个人的行为、思维以及情绪等主观体验,也就是所谓的“觉得紧张”;另一个是生理成分,包括心跳加速、口干舌燥、胃部紧缩、手心出汗等身体反应。这些心身反应合起来称为压力状态。

第三种:压力是一个过程。这个过程包括引起压力的刺激、压力状态以及情境。所谓情境是指人与环境相互影响的关系。根据这种说法,压力不只是刺激或反应,而是一个过程。在这个过程里,个人是一个能通过行为、认知、情绪的策略来改变刺激物带来的冲击的主动行动者。面对同样的事件,每个人经历到的压力状态程度却可以有所不同。这就是因为个人对事件的解释不同,应对方式也不同。

二、压力的形成

心理压力的产生原因是复杂的,我们将这些具有威胁性或伤害性并因此带来压力感受的事件或环境称为压力源。生活中的压力源可能存在于人们自身,也可能存在于环境中。但是,人类最主要的压力源是人,人际关系是造成压力的最主要来源。

心理学家在研究中把造成压力的各种生活事件进行分析,提出了四种类型的压力源:

1.社会性压力源:社会性压力源主要指导致个人生活方式上的变化,并要求人们对其做出调整和适应的情境与事件。社会性压力源包括个人生活中的变化,也包括社会生活中的重要事件。个人生活的改变常常会给人带来压力。心理学家霍曼和瑞希编制的生活改变与压力感量表,列出了43种大部分人都可能经历的生活事件。这些生活事件是:丧偶、离婚、夫妻分居、坐牢、直系亲属死亡、受伤或生病、结婚、失业、复婚、退休、家庭成员生病、怀孕、性生活不协调、新家庭成员诞生、调整工作、经济地位变化、其他亲友去世、改变工作行业、一般家庭纠纷、借贷大笔款项、取消抵押或贷款、工作责任改变、儿女长大离家、触犯刑法、取得杰出成就、妻子开始或停止工作、开始或结束学校教育、生活条件的改变、改变个人的习惯、与上司闹矛盾、工作时间或条件改变、迁居、转学、娱乐方式的改变、宗教活动的改变、社会活动的改变、少量抵押和贷款、改变睡眠习惯、家庭成员居住条件改变、饮食习惯改变、休假、过重大节日、轻度违法。

2.心理性压力源:心理性压力源是指来自人们头脑中的紧张性信息。例如心理冲突与挫折、不切实际的期望、不祥预感以及与工作责任有关的压力和紧张等。心理性压力源与其他类型压力源的显著不同之处在于它直接来自人们的头脑中,反映了心理方面的困扰。生活中的压力事件处处可见,但为什么有的人无动于衷,有的人却耿耿于怀呢?这是因为人们内心对压力的认知不一样。如果过分夸大压力的威胁,就会制造一种自我验证的暗示预言:我会失败、我应付不了。长此下去,会产生所谓的长期性压力感。

3.躯体性压力源:躯体性压力源是指通过对人的躯体直接发生刺激作用而造成心身紧张状态的刺激物,包括物理的、化学的、生物的刺激物。如过高或过低的温度、微生物、变质食物、酸碱刺激物等。这一类刺激是引起生理压力和压力的生理反应的主要原因。

4.文化性压力源:文化性压力源最常见的是文化性迁移,即从一种语言环境或文化背景进入到另一种语言环境或文化背景中,使人面临全新的生活环境、陌生的风俗习惯和不同的生活方式,从而产生压力。若不改变原来的习惯,适应新的变化,常常会出现不良的心理反应。例如出国留学或移民,如果缺乏对环境改变所应有的心理准备,没有一定的外语水平,在异域文化背景下就难以适应,无法交流。

三、认知评价及压力应对

事件或情境本身不会给我们带来压力,压力取决于我们对事件或情境的认知解释。压力源作用于个体后,能否产生压力,主要取决于两个重要的心理学过程:认知评价及应对。

1.认知评价:是指个体觉察到情境对自身是否有影响的认知过程,包括:对压力源的确定、思考及期待,以及对自身应对能力的评价,主要的心理活动包括感知、思考、推理及决策等。认知评价包含3种方式:初级评价、次级评价及重新评价。

(1)初级评价(primary appraisal):是指人确定事件与自己是否有利害关系及与这种关系的程度,评价的结果有3种:与个人无关的、有益的、有压力的。生活中遇到的一些事件可能与个人无关,有的可能对自己有益,一般不需要很高的应对技巧。当一个事件被评价为有压力时,可能有3种情况:伤害性或损失性、威胁性、挑战性。伤害性评价的性质一般与真实或预期的损伤有关,这种损伤一般对个人的身心健康有较大的损害,如离婚、亲人死亡等。威胁评价指某一情景所要求的能力超过个人的应对能力时,该事件被评价为威胁性,此评价的感情基调是消极的。它与损失评价所不同的是预感伤害事件将要发生,而事实上没有发生。挑战性评价是将某一事件评价为冒险性的,其感情基调是兴奋及期待,也包含焦虑与不安成分。

(2)次级评价(secondary appraisal):是对个人应对方式、应对能力及应对资源的评价,判定个人的应对与事件之间的匹配程度。它所要回答的问题是"在这种情况下我应该做什么"。次级评价后会产生相应的情绪反应,如果评价结果为有利,会出现高兴、骄傲、满足和幸福等正性情绪。挑战性评价会出现希望、信心十足或焦虑反应。伤害性评价会出现愤怒、焦虑、悲伤、害怕、恐惧等。

(3)重新评价(reappraisal):是指人对自己的情绪和行为反应的有效性和适宜性的评价,实际上是一种反馈性行为。如果重新评价结果表明行为无效或不适宜,人们就会调整自己对刺激事件的次级评价甚至初级评价,并相应地调整自己的情绪和行为反应。重新评价不一定每次都会减轻压力,有时也会加重压力。拉扎勒斯指出:"有效化解压力的关键在于对压力的积极评价。"

2.应对(coping):是应用行为和认知的方法努力处理环境与人内部之间的需求,解决二者之间的冲突,包括评价压力的意义、控制或改变环境的压力、解决或消除问题、缓解由于压力而出现的情绪反应。

应对方式包括采取积极行动、回避、任其自然、寻求信息及帮助、应用心理防御机制等。应对资源包括健康及良好的机能状态、个人的生活态度、解决问题的能力及判断能力、信仰及价值观、社会支持系统以及物质财富等。应对的功能有两种:解决问题或缓解情绪。应对的结果会影响个人的人生态度及观念、各种社会能力及身心健康。

第二节　挫折概述

一、什么是挫折及抗挫折能力

(一)什么是挫折

挫折是指个体在有目的的实践过程之中,因受到外界因素的干扰及阻碍,使得既定目标出现延迟实现或无法实现进而产生的不良情绪状态。

对于"挫折",大多数学者从主观和客观两个角度来界定"挫折",认为挫折一方面是主观产生的情绪感受,是因动机无法得到满足时的一种状态,这种情绪状态大多以失望、抑郁、焦虑等消极情绪状态为主,影响着人们的主观感受和实际生活状况;另一方面来自客观情境或事件。人们在有目的的活动过程中,总是不可避免地会遇到一些障碍,而这些障碍就构成挫折。

挫折心理的发生有三个必备条件:第一,个人目标强烈而坚定;第二,个人对于目标达成具有信心;第三,目标实现条件与现实条件难以融合。如果目标实现轻而易举即目标与现实条件容易融合就不存在挫折。引起挫折的原因是主观目标实现条件与客观现实条件难以融合,也就是主观原因与客观原因分离。主观原因主要是个人因素,如身体素质不佳、个人能力有限、性格缺陷、个人动机冲突等。客观原因主要是社会因素,如人际关系不协调、机制不合理、工作条件不佳等。挫折的来源既来自自身,也来自于外界环境。因此,挫折教育的形式和内容也不能是单一来源的,而应该是多样和动态的。

(二)什么是抗挫折能力

抗挫折心理能力是指个体遭受挫折后,能够承受和排解挫折的总水平,即个体承受挫折和排解挫折的一种能力,是个体心理素质的重要组成部分,简称抗挫折能力。

2020年12月9日,教育部《关于政协十三届全国委员会第三次会议第3284号(教育类316号)提案答复的函》(教思政提案〔2020〕367号)强调要加强对高校学生的挫折教育,提升大学生的抗挫折心理能力。

国内外学者对抗挫折能力的内涵有多种不同的表述,主要包含"挫折承受力""挫折容忍力""心理弹性""逆境商"和"抗挫折能力"这五种表述。罗森茨威格最早提出了"挫折承受力"的概念,他认为:挫折承受能力就是个体适应挫折、抵御和对抗挫折的能力,也就是个体在遭受到挫折时所能承受的精神上的打击,从而使心理或行为免于失常的一种能力。挫折容忍力是遭遇挫折时愿意继续坚持下去的倾向。个体在面对挑战性工作时,若想要自由而持续地参与,在这个过程中就必须要忍受可能遭遇的失败和错误,这种容忍程度可能会影响个体对冒险的程度以及失败的反应。

张旭东、车文博认为挫折承受力是指个体在遭遇挫折情境时，能否经得起打击和压力，有较好排解困境而使自己避免心理与行为失常的一种能力，即个体适应挫折、抵抗和应对挫折的一种能力，故又称挫折容忍力。心理弹性是指个体能从消极事件中恢复良好的一种心理素质。心理资本，是指个体具备的一种积极心理状态。一个具有丰厚心理资本的人在面对挫折情境更易于转化为奋斗力量。这种心理状态在成长和发展过程中起重要作用。心理资本是超越人力资本和社会资本的一种心理要素与心理资源。

总体看，大学生抗挫折能力应该包含两个维度：面对挫折的心理承受能力和克服挫折的排解能力。其中，面对挫折的心理承受能力是指个体面临挫折时，能够正视挫折，并能从挫折带来的消极情绪中恢复良好，保持心理和行为的正常能力；克服挫折的排解能力是指个体遇到挫折时，能够对挫折进行理性分析，从而采取有效方式克服挫折情境的能力。

抗挫折能力还应具备三种能力：有效处理紧张及压力并适应日常挑战的能力；从失望、困境及创伤中修复，并发展出明确且切合实际的目标的能力；与他人友好相处，能尊重自己及他人的能力。所以在高度竞争的环境中，抗挫折能力是最重要的能力之一，有了这样的能力，我们才不会被困境击倒。

二、应对挫折的心理资本

应对挫折需要足够的心理资本，充足的心理资本有助于战胜挫折。心理资本包括五大方面：一是希望，自己对未来充满希望的人才能热爱生命和生活。二是乐观，乐观者认为挫折和困难都是短暂和可战胜的，始终信念坚定。《乐观原则》一书中指出，乐观向上的人对积极事件记忆深刻，对于消极事件不会过多想起，更容易相信自我，认可自我与积极评价自我。而抗挫力薄弱的人正是缺乏对待问题的乐观态度。三是韧性，即当个体在遭受困难或者挫折时，个体有良好的适应能力和发展心态。具备韧性也是培育个体抗挫能力的主要因素之一。四是主观幸福感，心理学中认为自己心里觉得幸福，才是真正的幸福。五是情商，即感知自己和共情他人、进行自我激励、有效地管理自己情绪的能力。一些大学生心理承受能力薄弱，不具有强大的抗挫折能力是一种心理资本缺失的表现。恰是因为他们自身的消极特质非常多，例如自身情绪消极、看待事物悲观、自我认知不全面、自卑避世等，这些表现都是缺失心理资本中包含的要素所造成的，其中缺失严重的要素为乐观与韧性。

三、挫折商

挫折商也叫“逆境商数”（简称逆商），逆商是人在逆境之中做出的应对反应，即面对挫折、摆脱困境和超越困难的能力。该概念是咨询师保罗·斯托尔茨提出的。他专门研究学生们是如何应对生活中的逆境的。斯托尔茨的研究表明，有些人的“逆境商数”很高，这意味着他们能够有效地应对逆境。这是他们在童年时期学到的反应模式的一部分，逆境商数低的人会导致恐惧和不确定，斯托尔茨坚信，个体可以改变自己的逆境商数。逆境商数更广为人知的一种叫法是AQ，它是一门适应力科学，描述了一个人如何抵御逆境和克服逆境的能力，同样，它预示着谁将战胜逆境，谁将被压垮，谁将超越期望，谁将达不到目标，谁将放弃，谁将面临危险，AQ有三种形式，首先它是一个理解成功的概念框架，其次它是衡量一个人如何应对逆境的工具，最后它是一套以科学研究为基础的工具。

逆商包括四个因素：控制、归属、延伸和忍耐。控制指人对逆境情景的掌控能力；归属是指逆境产生的动因和能够改善逆境的程度；延伸是对逆境影响对除个体自身以外，对其他方面的影响；忍耐是指逆境对个人的影响会持续多久。与逆商有一定共性的概念还有"抗逆力""抗挫力""挫折承受力"等。高逆商是挫折教育进行的基础，只有具备高逆商才能形成强大的抗逆力。

抗逆力是指面对困难、挫折、失败等逆境时个体的心理协调能力和适应能力，简单说就是抗击逆境的能力。从抗逆力的表现形式上区分，抗逆力分为正向抗逆力和负向抗逆力。国家提倡的抗挫折教育鼓励将负向抗逆力转化为正向抗逆力。正向的抗逆力指个体在家庭、学校、同伴、社会的正确引导和影响下，通过积极正确的方式表现出来的适应力或耐挫力。负向的抗逆力是指个体没有得到家庭、学校、社会的正确引导和影响，通过消极的方式应对危机或创伤。挫折教育理念不鼓励发展负向抗逆力，挫折教育的理想目标之一就是培育具有强大正向抗逆力的人。抗逆力强大的人不会将不幸事件看作人生的阻碍，而是会将其看作生命的转折点，接受挑战抓住机遇，实现飞跃。真正具有强大抗逆力的人当其陷入逆境时，能够冷静作出理性判断，正确选择应对策略。

第三节　警察院校学生压力和挫折特点

一、压力与挫折之间的关系

（一）挫折引起的压力

挫折本身能够引起压力。压力与挫折难以完全区分开，因此往往被放在一起来谈论，挫折是引起压力的一种因素。警察院校的学生除了有与普通院校学生一样的压力之外，还要做好对警察职业特性压力的抗压预备性训练。警察的心理压力既有认知和评价在压力产生中的作用，又有生理上产生的变化与反应，这是指由于警察的职业特性，在其所处的环境中，出现威胁性情境或不良事件时，警察所表现出的生理或自理上的紧张状态。公安民警是一项高风险、高负荷、高强度的职业，长年累月在与违法犯罪斗争的最前线，承受着巨大的心理压力。戴晓飞2019年的研究发现，在高强度的工作节奏下，基层公安民警的精神必须长期保持高度紧张，如果身心无法休息、家庭生活缺失、无法交流沟通，就会承受着来自家庭、工作和生活等多方面的压力。派出所民警目前面临的职业压力主要体现在工作任务指标过重，精力难以适应工作需要等。部分民警存在着工作与家庭产生冲突的困扰，此外知识结构不能满足工作需要，精神和身体健康状况不佳以及考核机制不合理也是造成民警心理压力过大的重要因素。①

（二）压力对抗挫折能力的影响

过大的压力会出现认知偏差，身心反应，使得人们失去理性的判断，做出不合理的选择的应对策略。张世晶、李春婷2015年的研究表明，压力与抗挫折心理能力之间相关显著，工作压力对抗挫折心理能力有正向预测作用。因此，放松压力，正确地看待压力，增强应对资源也是提升抗挫折能力的一种方法。

二、大学生挫折及压力类型

魏俊美通过对1013份调研数据的分析发现，大学生的挫折类型从多到少排序依次是学业困难挫折、情感困扰挫折、就业选择挫折、环境适应挫折、人际交往挫折、经济压力挫折。

（一）学习型挫折及压力

在诸多日常学习训练中，不同任务和内容带给学生的压力是不一样的。学习型挫折是大学生最为常见的挫折，特别是在竞争激烈的社会环境中，大学生往往因为学习与择业压力以及社会外界的各种影响而对学习力不从心，从而产生厌学，最终导致了学习型的挫折。调查发现，新生入校伊始，适应严格的警务化管理，需要一定的适应过程，而公务员考试是高年级警察院校学生学习中的主要压力源。

（二）交往型挫折及压力。由于中国传统教学模式导致了家长和学校仅仅注重提高学生的各科考试成绩，而忽略社会交往重要性，这就导致了大学生离开父母踏入大学后往往在处理同学之间关系上无从入手，无法融入集体，无法进行正常的人际交流和沟通，这种情况就导致了学生之间矛盾频发，学生更是因为这种挫折感导致性格的变化，出现一些人格问题。

（三）就业型挫折及压力。这种挫折是发生在大学生临近毕业时或毕业后，面对就业竞争日益激烈的社会环境，以及自己专业就业环境的不利因素，而产生的挫折心理。

（四）情感型挫折及压力。大学生群体无论生理还是心理上都逐渐步入成熟，爱情、友情也处于萌动的状态。由于缺乏情感交流经验和社会交往经验，他们往往在处理情感问题上表现出激进的心态，面对与对象发生的各种矛盾有时会极难消除，甚至走向极端。

（五）经济型挫折及压力。市场经济社会中，物质需求日益旺盛，经济利益也同样渗透到高校，大学生之间相互攀比现象屡见不鲜，但是由于大多数大学生没有经济能力，只能依靠父母来保障生活，这就使得很多大学生因无法实现物欲满足而产生挫折感。

三、影响大学生抗挫折能力的因素

根据扎根理论系统研究，大学生抗挫折能力的影响因素有：(1)自身素质禀赋因素，包含性格特质、人际交往能力和知识技能三个要素；(2)社会环境系统因素，包含经济环

①戴晓飞.厦门市基层警察心理压力特点和应对方式研究[D].厦门大学,2019.

境和融媒体资源两个要素;(3)家庭支持系统因素,包含家庭帮扶和教养模式两个要素;(4)成长经历体验因素,包含生活磨砺和学校成长经历两个要素;(5)学校培养模式因素,包含学校挫折教育模式和校园氛围营造两个要素。以上10个要素对大学生抗挫折能力有显著影响,而经济环境这一要素对大学生抗挫折能力无显著影响。

针对大学生抗挫折能力影响因素,我们提出大学生抗挫折能力提升的策略建议。这些策略建议主要包含五个方面:(1)培养有助于抗挫折能力提升的素质禀赋;(2)营造适宜于抗挫折能力提升的社会环境;(3)完善家庭对抗挫折能力提升的支持系统;(4)丰富有益于抗挫折能力提升的成长经历;(5)构建提升抗挫折能力的学校新培养模式。

第四节　压力管理与挫折应对

一、培养心理韧性

警察院校不同于普通院校,严格的警务化管理对学生的心理韧性是一道不小的考验,心理韧性又称心理复原力,心理韧性是一种可开发的且能使人从逆境等负性事件中快速回弹或回复过来的能力。心理韧性能使个体较好的应对压力环境,即便处于逆境也能健康发展。同样的条件下,心理韧性越好意味着能够更快从高压环境下恢复过来,投入正常学习生活。积极情绪即我们所说的正积极情绪即我们所说的正性情绪或具有正效价的情绪,这一情绪能够提高人们的积极性和活动能力。已有研究表明心理韧性与积极情绪显著正相关,高心理弹性组在积极情绪的总分、强度和频率这几个方面都显著高于低弹性组。积极情绪对创造性有显著影响,学生的创造性思维可以被其积极的情绪所激发。纵观以往研究,结果表明:心理韧性、创造性与积极情绪互为显著正相关。段水莲,雷韵琳等人2021年的研究选取湖南警察学院2019—2020级共315名大学生为调查对象,选用了阳毅大学生心理复原力量表、正负情绪量表和威廉姆斯创造性倾向量表考察公安院校大学生心理韧性、创造性和积极情绪的关系。结果表明:公安院校大学生的心理韧性、积极情绪和创造性存在显著正相关。

二、积极的应对方式

(一)现代心理学的应对方式

应对(coping)是心理应激过程的重要中介因素,与应激事件性质以及应激结果均有关系。但目前的应对概念是多维度的,有非常丰富而又不统一的内涵,例如从应对活动的主体角度看,应对涉及个体的心理活动(如再评价)、行为操作(如回避)和躯体变化(如放松);从应对活动与应激过程的关系看,应对涉及应激各个环节,包括生活事件(如面对、回避、问题解决)、认知评价(如自责、幻想、淡化)、社会支持(如求助、倾诉、隔离)和心身反应(如放松、烟酒、服药);从应对活动的指向性看,有针对问题的应对和针对情绪的应对等等。因此,应对的分类和测定绝非易事。

由于应对方式的多样性和复杂性，目前对其尚无统一的认识，应对方式主要有：对抗、避开、自我控制和寻求支持、分散注意力、重新评价环境、宣泄、放松、选择性忽视，改变价值观念体系，蛮干或铤而走险等。从不同研究者的观点和研究结果可以看出，虽然应对方式确实多种多样，但进一步分析发现，不同研究者提出的应对方式都有其共同特点，即某些应对方式积极的成分较多，如寻求支持、力图改变，而有的则以消极成分为主，如回避、发泄。

个体应对方式的使用一般都在一种以上，有些人甚至在同一应激事件上所使用的应对方式也是多种多样的。但每个人的应对行为类型仍具有一定的倾向性，这种倾向性构成了六种应对方式在个体身上的不同组合形式。这些不同形式的组合为：

（1）解决问题——求助，成熟型：这类受试者在面对应激事件或环境时，常能采取“解决问题”和“求助”等成熟的应对方式，而较少使用“退避”、“自责”和“幻想”等不成熟的应对方式，在生活中表现出一种成熟稳定的人格特征和行为方式。

（2）退避——自责，不成熟型：这类受试者在生活中常以“退避”、“自责”和“幻想”等应对方式应对困难和挫折，而较少使用“解决问题”这类积极的应对方式，表现出一种退责症性的人格特点，其情绪和行为均缺乏稳定性。

（3）合理化，混合型：“合理化”应对因子既与“解决问题”“求助”等成熟应对因子呈正相关，也与“退避”“幻想”等不成熟应对因子呈正相关，反映出这类受试者的应对行为集成熟与不成熟的应对方式于一体，在应对行为上表现出一种矛盾的心态和两面性的人格特点。

积极应对方式是指个体在面对压力情境时，为了适应内外部环境要求，个体积极调整自身的认知和行为，努力适应环境的一种特质或行为方式。现代心理学常说的积极的应对方式主要通过《简易应对方式问卷》和《特质应对方式问卷》来进行测试，主要包括主动解决问题、调整认知方式、自我控制、寻求支持、分散注意力、重新评价环境等几种方式。具体来看，包括但不限于以下的一些方式：（1）可以通过工作学习获得成就感；（2）能找到人交谈，倾诉内心烦恼；（3）能看到事物好的一面；（4）能改变自己的想法，重新发现生活中重要的事情；（5）能找出几种不同的解决问题的方法；（6）能向亲戚朋友或同学寻求建议；（7）愿意改变原来的一些做法或自己的一些问题；（8）能借鉴他人处理类似困难情景的办法；（9）注重培养业余爱好，积极参加文体活动；（10）能较好地克制自己的失望、悔恨、悲伤和愤怒；（11）能向好的方面想、想得开；（12）能较快地将消极因素化为积极因素；（13）能在旁人的鼓励下使自己重新高兴起来；（14）相信困难和挫折可以锻炼人；（15）能通过幽默的方式化解尴尬局面。

（二）中华优秀传统文化的应对方式

中华文明和中国传统文化源远流长，自然不乏意志磨炼和挫折教育的思想。儒家、道家、墨家各家均有一些应对压力的论述，表明诸子各家对挫折或挫折教育的重视。儒家学派的孟子认为：“天将降大任于斯人也，必先苦其心志，劳其筋骨，饿其体肤，空乏其身，行拂乱其所为，所以动心忍性，曾益其所不能。”这是用积极心态看待压力挫折带来困苦的益处。《论语·子罕》认为，“仁者不忧，智者不惑，勇者不惧。”意在教导人们用仁爱的心对待压力挫折的忧愁，用聪明才智分析、解决压力问题，用勇敢面对压力挫折的挑战。

道家学派中的“顺应自然”“无为而治”的思想，一方面引导人顺应自然发展规律，将压力挫折正常化；另一方面充分发挥人的主观能动性，将挫折教育内容内化于自身，才能克服困难。道家的“千里之行始于足下”是告诫人们应对压力挫折从点滴积累开始才会一步步战胜困难挑战。

墨家学派的“志不强者智不达，言不信者行不果”（《墨子·修身》），强调人在遇到挫折和困境时不能退缩，要意志坚强，才能智慧通达；要言出必行，才能实践成功。

古典诗词文章中也不乏挫折教育思想的名句，苏轼在《定风波》写道，“竹杖芒鞋轻胜马，谁怕？一蓑烟雨任平生”“回首向来萧瑟处，归去，也无风雨也无晴。”传递了人生总有风风雨雨、磨难困境的压力挫折，人只要坦然接受，不畏坎坷，便可化困苦为坦途，成为心灵的圣者。陆游在《游山西村》道出，“山重水复疑无路，柳暗花明又一村。”告诫人们遇到困难或者挫折瓶颈之时，换个方向或许有崭新的收获。郑燮创作出千古名句，“千磨万击还坚劲，任尔东西南北风。”意在教导人们培养像竹子一样面对压力时顽强不息的生命力。

三、释放压力的10个方法

1.一次只担心一件事情

女性的焦虑往往超过男性。哈佛大学的研究人员对166名已婚夫妇进行了6个星期的研究，发现了因为女性更爱方方面面地考虑问题，所以女性比男性经常感到压力。她会考虑自己的工作、体重，还有每个家庭成员的健康等等。

2.每天集中精力几分钟

比如现在的工作就是把这份报告打好，其他的事情一概抛在脑后，不去想。在工作的间隙，你也可以花上20分钟的时间放松一下，仅仅是散步而不考虑你的工作，仅仅专注于你周围的一切，比如你看见什么，听见什么，感觉到什么，闻到什么气味等等。

3.说出或写出你的担忧

记日记，或与朋友一起谈一谈，至少你不会感觉孤独而且无助。医学专家曾经对一些患有风湿性关节炎或气喘的人进行分组，一组人用敷衍塞责的方式记录他们每天做了的事情。另外的一组被要求每天认真地写日记，包括他们的恐惧和疼痛。结果研究人员发现：后一组的人很少因为自己的病而感到担忧和焦虑。

4.不管你有多忙碌，一定要锻炼

研究人员发现在经过30分钟的踏脚踏车的锻炼后，被测试者的压力水平下降了25%。上健身房，快走30分钟，或者在起床时进行一些伸展练习都行。

5.享受按摩的乐趣

不只是传统的全身按摩，还包括足底按摩，修指甲或美容，这些都能让你的精神松弛下来。

6.放慢说话的速度

也许你每天的桌上摆满了要看的文件，你的右手在接听电话，左手还要翻看资料。你要应付形形色色的人，说各种各样的话。那么你一定要记住，尽量保持乐观的态度，放慢你的速度。

7.不要太严肃

不妨和朋友一起说个小笑话，大家哈哈一笑，气氛活跃了，自己也放松了。事实上，笑不仅能减轻紧张，还有增进人体的免疫力的功能。

8.不要让否定的声音围绕自己，而把自己逼疯

领导也许会说你这不行那不行，实际上自己也是有许多优点的，只是领导没发现而已。

9.让自己彻底放松一天

读一篇小说、唱歌、喝茶，或者干脆什么也不干，坐在窗前发呆。这时候关键是你内心的感受，一种宁静，一种放松。

10.至少记住今天发生的一件好事情

不管你今天多辛苦，多不高兴，回到家里，都应该把今天的一件好事情同家人分享。

◆课程实训

实训一：压力觉知测试

这份量表是在询问最近一个月来您的感受和想法，请您于每一个题项上作答时，指出您感受或想到某一特定想法的频率。虽然有些问题看上去相似，实则有所差异，所以每一题均需作答。请尽量快速、不假思索地回答，不要考虑每一题分数背后之含义，从而真实地反映您的压力知觉状况。每一题项皆有下列五种选择：0—从不，1—偶尔，2—有时，3—时常，4—总是。

请回想最近一个月来，发生下列各状况的频率。	从不	偶尔	有时	时常	总是
1.因一些无法预期的事情发生而感到心烦意乱					
2.感觉无法控制自己生活中重要的事情					
3.感到紧张不安和压力					
4.感到可以成功地处理恼人的生活麻烦					
5.感到能够有效地处理生活中所发生的重要改变					
6.对于处理自己私人的问题感到很有信心					
7.感到事情顺心如意					
8.发现自己无法处理所有自己必须做的事情					

9.有办法控制生活中恼人的事情					
10.常觉得自己是驾驭事情的主人					
11.常生气,因为很多事情的发生是超出自己控制的					
12.经常想到有些事情是自己必须完成的					
13.常能掌握时间安排方式					
14.常感到困难的事情堆积如山,令自己无法应付					

1、2、3、8、11、12、14这7个项目正向计分,从不=0,偶尔=1,有时=2,常常=3,总是=4;4、5、6、7、9、10、13这7个项目反向计分,从不=4,偶尔=3,有时=2,常常=1,总是=0;总分25分以上,表明有一定程度心理压力,需适当关注;31分以上,表明有中等程度压力,需引起重视;36分以上,表明有极大压力,将严重影响工作生活,建议寻求专业人士的帮助。(此量表由中国科学院心理研究所提供)

实训二:社会支持评定量表自测

指导语:下面的问题用于反映您在社会中所获得的支持,请按各个问题的具体要求,根据您的实际情况填写。

1.您有多少关系密切可以得到支持和帮助的朋友?(只选一项)

A.一个也没有　　B.1～2个　　C.3～5个　　D.6个或6个以上

2.近一年来您:(只选一项)

(1)远离家人,且独居一室

(2)住处经常变动,多数时间和陌生人住在一起

(3)和同学、同事或朋友住在一起

(4)和家人住在一起

3.您与邻居:(只选一项)

(1)相互之间从不关心,只是点头之交

(2)遇到困难可能稍微关心

(3)有些邻居都很关心您

(4)大多数邻居都很关心您

4.您与同事:(只选一项)

(1)相互之间从不关心,只是点头之交

(2)遇到困难可能稍微关心

(3)有些同事很关心您

(4)大多数同事都很关心您

5.从家庭成员得到的支持和照顾(在无、极少、一般、全力支持四个选项中,选择合适选项)

I. 夫妻(恋人)

A.无　　B.极少　　C.一般　　D.全力支持

II. 父母

A.无　　B.极少　　C.一般　　D.全力支持

III. 儿女

A.无　　B.极少　　C.一般　　D.全力支持

IV. 兄弟姐妹

A.无　　B.极少　　C.一般　　D.全力支持

V.其他成员(如嫂子)

A.无　　B.极少　　C.一般　　D.全力支持

6.过去,在您遇到急难情况时,曾经得到的经济支持和解决实际问题的帮助的来源有:

(1)无任何来源。

(2)下列来源:(可选多项)

A.配偶;B.其他家人;C.亲戚;D.朋友;E.同事;F.工作单位;G.党团工会等官方或半官方组织;H.宗教、社会团体等非官方组织;I.其他(请列出)

7.过去,在您遇到急难情况时,曾经得到的安慰和关心的来源有:

(1)无任何来源。

(2)下列来源(可选多项)

A.配偶;B.其他家人;C.朋友;D.亲戚;E.同事;F.工作单位;G.党团工会等官方或半官方组织;H.宗教、社会团体等非官方组织;I.其他(请列出)

8.您遇到烦恼时的倾诉方式:(只选一项)

(1)从不向任何人诉述

(2)只向关系极为密切的1~2个人诉述

(3)如果朋友主动询问您会说出来

(4)主动诉说自己的烦恼,以获得支持和理解

9.您遇到烦恼时的求助方式:(只选一项)

(1)只靠自己,不接受别人帮助

(2)很少请求别人帮助

(3)有时请求别人帮助

(4)有困难时经常向家人、亲友、组织求援

10.对于团体(如党团组织、宗教组织、工会、学生会等)组织活动,您:(只选一项)

(1)从不参加

(2)偶尔参加

(3)经常参加

(4)主动参加并积极活动。

计分方法

(一)社会支持评定量表条目计分方法

1. 第1-4,8-10条:每条只选一项,选择1,2,3,4项分别计1,2,3,4分。

2. 第5条分A,B,C,D四项计总分,每项从无到全力支持分别计1~4分。

3. 第6、7条如回答“无任何来源”则计0分,回答“下列来源”者,有几个来源就计几分。

(二)社会支持评定量表分析方法

1. 总分:即十个条目计分之和。

2. 客观支持分:2,6,7条评分之和。

3. 主观支持分:1,3,4,5,条评分之和。

4. 对支持的利用度第8,9,10条。

实训三:正念减压练习

(一)身体扫描练习

准备工作:在身体扫描练习之前,你需要做一些准备,松开那些你觉得紧绷的衣服扣子,特别是你的袖口、领口。你可以以你觉得舒服的方式坐着,也可以脱掉鞋子,躺在床上或垫子上,在膝盖下面放一个枕头,或者干脆把膝盖抬起来。你可以给自己盖上一个毯子,就从这样一些小小的细节开始学着关爱自己。

(1)当你坐着或者躺着时,感受一下自己身体的重量,注意一下你的身体与椅子或者床的接触点。每次当你呼出气息时,让自己往地面、椅子上或床上多沉入一点点。

(2)关注你的呼吸。你会感觉到气息从自己的鼻孔钻入钻出,或者穿过你喉咙的后部,或者你会感觉到你的胸部和腹部挺起又落下。接下来,我会邀请你,带着你的呼吸去扫描你的身体,当你的呼吸感觉到身体舒适或者难受的地方时,你要停下来,把呼吸带到这里,如果可以,把双手放在你感到难受的地方,让自己和这种感觉待一会儿。

(3)当你呼吸时,想象一下呼吸向下穿越你的身体,直达你脚底的涌泉穴,将呼吸带到这里,想象一下,你把这里充满了营养充足的氧气。感受到它正源源不断地给你提供身体的能量。感受你脚心的温度,将这种温度随着你的呼吸带到你的每一个脚指头:大拇指、食指、中指、无名指、小指。动一动脚指头,感受一下它们会带给你怎样的感觉?如果你难以产生什么感觉,那也没有关系,只需要意识到自己“没有感觉”这样的状态就好。将注意力专注于你的脚掌和脚后跟,感受一下脚后跟的重量,然后,将注意力转移到脚的侧部和上部,脚踝、脚的小腿部位、膝盖和脚的大腿部位,感受一下它们有什么样的感觉?怀着柔和、仁爱、好奇的心态,全心接受你身体的所有感觉。现在,注意一下右脚和左脚的感觉有何不同。当你准备好了,将双脚的感觉全部释放掉。

(4)感知到自己的骨盆、臀部、髋部和所有周围的精细器官,将这些部位呼入气息,想象一下,你把这些部位充满了营养充足的氧气。记住,当你的呼吸感觉到身体舒适或者难受的地方时,你要停下来,把呼吸带到这里,如果可以,把双手放在你感到难受的地方,让自己和这种感觉待一会儿。将气息向上移动,到达躯干的下部、肚子的下部和尾椎、腰部。当你呼入和呼出气息时,注意一下腹部下方的运动状态。注意一下你感受到的这里的任何情绪。看看你是否能够探索和接受你顺其自然产生的所有感受。

(5)将你的注意力集中到胸部和背部。当你呼入和呼出气息时,感受一下你背部的温度,如果你觉得凉,那么,请你停下来,让你的呼吸和它待一会儿,把能量带到这里,直到你的背部产生温热的感觉。继续轻柔地将你的注意力转移到胸部,感受你的胸腔挺起又收缩的状态。如果可以的话,用心去感受你的心跳。对所有这些当前正运行着的使你维系生命、保持觉醒的重要器官,投入感激之情。对你心脏部位所升腾起的任何情绪,都怀着柔和、仁爱、好奇的心态,投入全心地接受和承认之感,给予充分的关注。为你的情绪表达留出足够的空间。

(6)现在将你的注意力温柔地转向你的双手,你可以用你的拇指按压你的合谷穴,当你呼出气息时,感受一下它释放的能量带走了你的疲劳和紧张。用好奇之心去感受你的大拇指、食指、中指、无名指、小指,它们会带给你什么样的感觉?将呼吸带给它们。然后将注意力转移到你的手心,感受它们的温暖,然后是手背、手肘、小臂、大臂,然后渐渐上移至肩部。将这些部位呼入气息,想象一下,你把这些部位充满了营养充足的氧气。你可以从双臂之间开始去感受,从身体的一侧开始,然后渐渐转向另一侧,感受左手和右手的感觉有什么不同,当你准备好了,将双手的感觉全部释放掉。

(7)让自己的注意力聚焦到你的大椎穴,给它带来温暖,沿着风池穴进入你的头部,观察一下你的颈部、头皮是否处于紧张状态,然后是你的下颚、嘴唇、牙齿、面颊、鼻子、眼睛周围的肌肉,前额、太阳穴,看看它是否皱纹紧蹙,最后到达头顶的百会穴。拿出充足的时间,用正念的方法专注于头部的每一个部位,以开放的心态、好奇心和温暖的情感,去感受身体激发的每一种感觉。

(8)想象一下,在你的头顶到脚底之间,存在一个奇妙的空间;当你呼入呼出气息时,你的呼吸在身体的上上下下之间来回从容自如地流动穿行。感受一下这种气息的穿梭往来,感受一下在你身体里游动的每一个细胞、血液,它们充满了充沛的能量和富足的氧气。

尾声:现在,将所在正念训练的努力情绪释放掉。感知到自己的整个身体,它们已融为一体,正如它原来所处的状态。你归于平静,正如你原本的状态。记住,无论何时当你需要这种状态时,它永远都可以随时获得。让自己处于静止和安宁的状态,放松自己。当你专门拿出时间去滋养你的身体和思维时,投入全心地接受和承认之感。以柔和、松弛的感觉,进入冥想状态,然后,无论你下一步要做什么,你要意识和感受到这种切换的过程,并将这种专注的意识全力投入下一步将要做的事。

(二)自我安抚"蝴蝶抱"练习

早晚各给自己一个蝴蝶抱,具体步骤如下:

(1)交叉双臂放在胸前,双手指尖可以触到锁骨和肩膀之间的区域。双眼可以闭上或部分闭上,看着鼻尖。

(2)将你的双手想象成蝴蝶的翅膀,像蝴蝶扇动翅膀一样,缓慢地、有节奏地交替摆动你的手,比如先左手,后右手,再一起挥动双手,模仿蝴蝶的双翼,温柔而令人舒适地拍打自己的肩膀。

(3)缓慢地深呼吸,配合着如同朋友般的对话,如:今天真是辛苦啊！这个世界需要我,我的工作是有价值的,感谢自己,感谢生活中的小确幸,现在,我要对自己好一些,犒劳一下自己,辛苦了,XXX(自己的名字)！重复6-8次"蝴蝶抱",当你身体感觉到了温暖后停止。

(三)腹式呼吸练习

腹式深呼吸简单易学,站、立、坐、卧皆可,随时可行,它能够改善心肺功能,使我们的心情平和愉悦。

(1)吸气、屏气、呼气均默数5秒,吸气时通过由鼻腔缓慢而充分地将空气吸到身体最深处,呼气时通过鼻腔或口腔缓慢呼出,完全呼出气体后可正常呼吸2次,可以将双手放于腹部感受腹部的鼓起与收缩。

(2)吸气的时候想象把美好事物的能量吸入身体,感受美好事物的支持,感受阳光的能量,新鲜的空气,美好的食物,休闲的时光,与朋友们在一起的美好心情等,呼气的时候想象把废气、紧张、糟糕的感受呼出身体,放松身体。

(3)腹式呼吸可以通过将双手交叉放在脑后或者跨立等姿势来打开胸腔增加肺活量。做腹式深呼吸时间长短由个人掌握,每次练习3~5分钟。

(四)三分钟呼吸空间练习

准备步骤:

调整自己的姿态,使自己舒适并保持清醒。如果可能的话,请闭上眼睛。以下每一个步骤持续一分钟左右。

第一步,觉察当下自己的脑海与身体的状况。你有什么想法?有什么情绪?有什么身体感觉?不要试图做任何改变,只是保持开放观察的态度。

第二步,将你的注意力转移到呼吸上。将关注的焦点收窄,聚集于呼吸时腹部的感觉。在吸气的整个过程、呼气的整个过程中,对身体感受的变化保持觉察。

如果你跑神了,就看看你的思绪去了哪里,然后轻柔地陪伴你的思绪回到呼吸上。

第三步,将注意力的焦点放大,从呼吸扩张到全身,就像你的全身都在呼吸。体会你的姿势、你的面部表情、从身体内部到皮肤表面的感觉。保持对全身感觉的觉察——就在当下,以它们真实的样貌。

如果你觉察到任何的不舒服、紧张或阻抗的感觉,请通过深度呼吸将它们消融在每一次轻柔而开放性的吸气和呼气之中。

结束，最后，回到你的身体上，回到此刻。然后，尽量将这种觉察扩展到接下来一整天的每一个时刻中去。

课后作业

1. 根据长征故事谈谈自己在生活中常常使用哪些压力管理的方法。

2. 做一做、想一想怎样的挫折应对会让自己的生活变得更加美好。

第十二章　警察院校学生生命教育及危机干预

◆思维导图

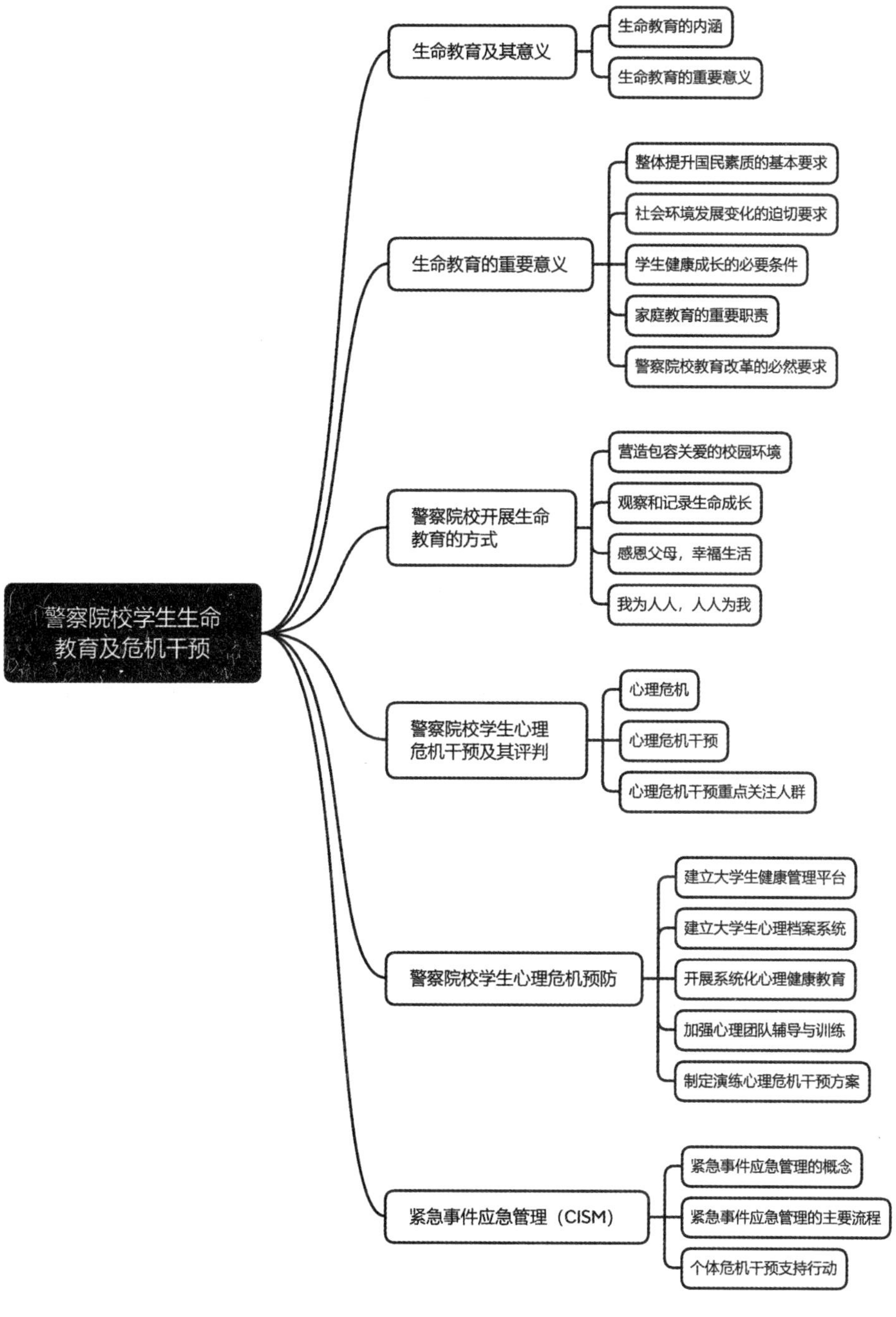

◆**课程思政**

坚持人民至上、生命至上,这是中国精神的深刻彰显。“爱人利物之谓仁。”人的生命是最宝贵的,对生命权的重视,这是人命关天的道德观念、敬仰生命的人文精神的赓续传承,也是中国共产党领导下的社会主义国家始终秉持的价值伦理。中国之所以能做到“人民至上、生命至上”,说到底在于中国共产党始终代表最广大人民根本利益,人民的生命安全和身体健康高于一切,正是中国制度最根本的价值取向、最深层的政治伦理。①

◆**课前测量**

创伤后应激障碍自评量表

下表中的问题和症状是人们通常对一些紧张生活经历的反应。请仔细阅读并回忆1个月内打扰您的程度,在右框选择打分。

1=一点也不　2=有一点　3=中度的　4=相当程度的　5=极度的

1.过去的一段压力性事件的经历引起的反复发生令人不安的记忆、想法或形象?
1　2　3　4　5

2.过去的一段压力性事件的经历引起的反复发生令人不安的梦境?
1　2　3　4　5

3.过去的一段压力事件的经历仿佛突然间又发生了、又感觉到了(象再次体验)?
1　2　3　4　5

4.当有些事情让您想起过去的一段压力性事件的经历时,你会非常局促不安?
1　2　3　4　5

5.当有些事情让您想起过去的一段压力性事件的经历时,有身体反应(如心悸、呼吸困难、出汗)?　1　2　3　4　5

6.避免想起或谈论过去的那段压力性事件经历或避免产生与之相关的感觉?
1　2　3　4　5

7.避免那些能使您想起那段压力性事件经历的活动和局面?　1　2　3　4　5

8.记不起压力性经历的重要内容?　1　2　3　4　5

9.对您过去喜欢的活动失去兴趣?　1　2　3　4　5

10.感觉与其他人疏远或脱离?　1　2　3　4　5

11.感觉到感情麻木或不能对与您亲近的人有爱的感觉?　1　2　3　4　5

12.感觉好像您的将来由于某种原因将被突然中断?　1　2　3　4　5

13.入睡困难或易醒?　1　2　3　4　5

---

①学习强国网站:宣言:大战大考炼真金.https://www.xuexi.cn/lgpage/detail/index. html?id=11757228240313275883&item_id=11757228240313275883.

14.易怒或怒气爆发?	1	2	3	4	5
15.注意力很难集中?	1	2	3	4	5
16.处于过度机警或警戒状态?	1	2	3	4	5
17.感觉神经质或易受惊?	1	2	3	4	5

PTSD检查表平时版(PCL-C)

参考值范围为38~47

17-37分:无明显PTSD症状

38-49分:有一定程度的PTSD症状

50-85分:有较明显PTSD症状,可能被诊断为PTSD

介绍:PTSD检查表平时版是创伤后应激障碍研究中心行为科学分部于1994年11月根据"疾病分类标准"DSM-Ⅳ制定的,由17项条目组成的PTSD症状调查表。中文译文是由姜潮教授、纽约州立大学布法罗学院张杰教授和PTSD研究中心经过多次中英文双译于2003年7月完成。PCL-C量表是专为评价普通人在平时生活(与战争相对而言)中遭遇创伤后的体验而设计的。它要求被试根据自己在过去的一个月被问题和抱怨打扰程度打分,分5个等级,1"一点也不"、2"有一点"、3"中度的"、4"相当程度的"、5"极度的"。可分为4个因素,分别为:警觉增高反应;回避反应;创伤经历反复重现反应;社会功能缺失反应。累计各项的总分(17一85),分数越高,代表PTSD发生的可能性越大。此表基于症状的数量和严重程度而提供一个连续的评分,是一个多纬度观察PTSD的工具,可以对临床治疗护理提供对PTSD主要症状更详尽的描述,还可在临床研究中作为评价心理干预效果的工具。PCL-C量表常作为PTSD症状诊断和干预或治疗PTSD的效果评价量表。

迄今为止,人类是已知宇宙中唯一的高等智慧生物,正如世界上没有一片相同的树叶,每一个人从母亲的子宫里呱呱坠地,他(她)的第一声啼哭宣誓着一个全新的生命诞生在世界上。他(她)的诞生是父母生命心血的光荣延续,他(她)的养育成长倾注了家庭、学校、社会的关爱,当他(她)考入警察类大学,更意味着他(她)作为独一无二的人要为这个世界、这个国家、这个社会奉献出他(她)的精彩人生。生命极其珍贵,人生会遇到挫折,作为新时代警察院校大学生,需要学会珍爱生命、关爱父母,勇对危机、奉献社会。

第一节　生命教育及其意义

一、生命教育的内涵

生命教育,即是直面生命和人的生死问题的教育。生命教育目标在于使人们学会尊重生命、理解生命的意义以及生命与天人物我之间的关系,学会积极的生存、健康的生活与独立的发展,并通过彼此间对生命的呵护、记录、感恩和分享,由此获得身心和谐、事业成功、生活幸福，从而实现自我生命的最大价值。

伴随经济快速发展，社会加剧内卷，人们普遍的焦虑心态不可避免地传递给了下一代。智能手机的普及，导致越来越多的人沉醉于手机屏幕而缺少交流，部分大学生追求物质、精神迷失、虚度光阴。层出不穷的校园贷和普遍厌学让我们看到：如果大学生缺乏对生命最基本的敬畏和正确的是非观的话，不仅容易轻视他人的生命，更会轻易结束自己的生命。

印度诗人泰戈尔说过："教育的目的应当是向人类传送生命的气息。"1968年，美国人杰·唐纳·华特士首次提出了生命教育的思想，后来，逐步扩展到全世界。生命教育既是一切教育的前提，同时还是教育的最高追求。"生命教育不仅只是教会青少年珍爱生命，更要启发青少年完整理解生命的意义，积极创造生命的价值；生命教育不仅只是告诉青少年关注自身生命，更要帮助青少年关注、尊重、热爱他人的生命；生命教育不仅只是惠泽人类的教育，还应该让青少年明白让生命的其他物种和谐地同在一片蓝天下；生命教育不仅只是关心今日生命之享用，还应该关怀明日生命之发展。"

日本幼儿园和小学的院子里，都会种一些蔬菜和花卉，教室里会养一些小动物，希望让孩子们在接触生命、感受生命的过程中，学会去尊重生命。高中要上类似的课程：用鸡蛋孵化小鸡养育小鸡，最后食用它。初看残忍，但目的是希望"通过养育、终结并吃掉生命这一连串的过程，是希望学生能认识到生命的可贵"。学生慢慢会明白，哪怕微小如小鸡，它的生命也值得尊敬，更何况人自己！

芬兰儿童教育中，老师带领着学生们到森林里上课，找到与试纸颜色相对应的植物，感受不同味道，不同形状的植物，通过视、听、触、嗅等方式与自然亲密接触，这种自由开放的课堂，也把学习提到了一个更高的层次，学生在自由探索中感受思考人与自然的关系。老师认为：学习是为了回到生活，回到环境，更好地看待人与自然的关系，人与人的关系。

中国的医学教育中，每当做尸体解剖实验时，老师们都引导学生向捐赠的尸体鞠躬行礼，开设了殡葬专业的高校都要让学生模拟临终关怀，实施生命教育。因此，生命既是教育的逻辑起点，又是教育的最高目的。顾明远先生曾说，从生命发展的视角来看，教育的本质可以概括为提高生命的质量和提升生命的价值。因此生命教育就是让教育回归，让每个生命成为最好的自己。生命教育不是一门具体的课程，也非一种教育模式，而是教育的一种存在形态，体现了教育的价值追求，是"以人为本"教育理念的体现与深化。

在"以人为本、视人为人"的教育理念之下，教育者致力于打造这样的生命教育——关注学生的生命存在，引导学生珍爱自然生命；完善学生的社会生命，使之具有丰富的社会属性；滋养学生的精神生命，启迪学生思考生命的真谛，为度过完整而有意义的生命之旅奠基。从自然生命、社会生命、精神生命三个维度延展生命，培养集自然生命之长、社会生命之宽、精神生命之高的完整而立体的人。

二、生命教育的重要意义

1.开展生命教育是整体提升国民素质的基本要求

警察院校大学生是社会主义事业未来的建设者、保卫者和接班人，警察院校大学生的生命质量决定着国家和民族的前途与命运。在警察院校大力开展生命教育，有利于提高警察院校大学生的生存技能和生命质量，激发警察院校大学生树立为祖国的繁荣富强而努力学习、奋发成才的志向；有利于将中华民族坚韧不拔的意志熔铸在警察院校大学生的精神中，培养警察院校大学生勇敢、自信、坚强的品格；有利于提高警察院校大学生的国际竞争意识，增强他们在国际化开放性环境中的应对能力。

2.开展生命教育是社会环境发展变化的迫切要求

经济全球化和文化多元化的发展趋势，现代科技和信息技术的飞速发展，为不同民族、不同文化的交流与合作提供了有利条件，为广大学生获取信息、开阔视野、培养技能提供了宽广的平台，但随之而来的消极因素也在一定程度上影响了部分警察院校大学生的道德观念和行为习惯，享乐主义、拜金主义、极端个人主义等的负面影响，导致部分学生道德观念模糊与道德自律能力下降。此外，恋爱失败、意外事故、就业压力等危害警察院校大学生人身安全的各种因素，也一定程度上影响了警察院校大学生的身心健康。因此，迫切需要培养警察院校大学生形成科学的生命观，进而巩固警察院校大学生正确的世界观、人生观和价值观。

3.开展生命教育是促进警察院校大学生身心健康成长的必要条件

现代社会物质生活的日益丰富和社会环境的纷繁复杂，警察院校大学生的生理已经成熟，较容易产生生理、心理和道德发展不平衡现象。长期以来，由于生理发展过程中出现的困惑常常得不到及时指导，对无法预料且时有发生的隐性伤害往往难于应对，导致一些学生产生心理脆弱、思想困惑、行为失控等现象。也有许多警察院校大学生在恋爱期间遭遇失败，进而引发自伤自杀。因此，需要积极引导警察院校大学生科学理解生理、心理发展的规律，正确认识生命现象和生命的意义。

4.开展生命教育是家庭教育的重要职责

家庭教育是生命教育必不可少的环节和重要组成部分。当前，现代化进程的迅速推进，使家庭教育面临着新的挑战，家庭教育还存在和警察院校大学生成长需要不相适应的方面，相当一部分家长不了解警察院校大学生身心发展的规律，忽视警察院校大学生渴望得到理解与尊重的需求，缺乏科学的家庭教育理念和方法，对警察院校大学生或者期望值过高，或者漠不关心，或者过分包揽，或者放任自流，加剧了部分警察院校大学生心理问题的出现，如厌学、叛逆、自杀等，有的甚至走上违法犯罪的道路。因此，迫切需要引导家庭开展科学、正确的生命教育。

5.开展生命教育是警察院校教育改革的必然要求

警察院校大学生现有课程教材中的生命教育内容比较单一，对警察院校大学生身心发展的针对性、指导性尚不明确;对警察院校大学生生存能力的培养缺乏有效的操作性指导;部分教师受传统观念影响,对青少年性生理、性心理、性道德、恋爱乃至婚姻发展的理解和指导存在观念上的误区;对校内外丰富的生命教育资源缺乏系统有机地整合。因此,必须加快警察院校教育教学改革,从生理、心理和伦理等方面对学生进行全面、系统、科学的生命教育,引导警察院校大学生善待生命,开展全人教育,帮助警察院校大学生完善人格、健康成长。

三、警察院校开展生命教育的方式

(一)营造包容关爱的生活环境

调查发现,践行生命教育,生活充满关爱家庭的幸福感较强。这种家庭的家长都有一个共同的观点:能够突破常规习惯认知,敞开心扉接纳生命的所有可能性,尊重子女的“特殊”;沉静包容,不先入为主地观察子女,用心倾听子女每一个心声,对子女内心真实的想法给予回应;共情陪伴,尊重每个生命的可能性,不会将子女培养成为社会标准下的相同的“别人家的孩子”。在学习和成长的过程中,警察院校应当引导学生关注自己的内在需要,追求内心的平和喜乐,只与过去的自己比较;而不是追求外在老师或家长的认可,或进行横向比较。每一个警院学生都是独一无二的,永远让学生保持自己独特的“优越感”,关注自己内心的感觉,做自己真正感兴趣的事情。

(二)观察和记录生命成长

美好的生命值得记录,记录是最简单地自我观察和成长、与自己内在交流的方式,是每个人都要学会的一项基本技能。警察院校应当倡导学生写日记的习惯,不用拘泥于形式,文字也好,语音或图片也罢,当学生在回忆和整理的过程中,就是一次自我梳理与成长的过程。一切皆可记录,从生活琐事、情绪想法,到观念态度或愿景目标。大学生活是美好的,每一天都是与众不同、值得铭记。记录的好处是,当学生回望来时路,不会觉得生命没有意义,会在记录中发现自己的成长和改变,会提醒自己拥有的美好体验,也会让学生对比发现人生低谷是种常态,换个视角,睡一觉,明天又是美好的一天。每个人都有上天赋予自己特定的人生使命,当警察院校学生发自内心地认可自己的价值,不断体验各种各样的生活,就能感受到生命的美好和可贵。从哲学上看,所有生命的终点都是死亡,但最重要的是这个过程中的感受和成长!

(三)感恩父母,幸福生活

“活着就是最美好的存在”,感恩如同神奇开关,它决定着你的生命是悲观痛苦还是光彩亮丽。你是否会打开这个神奇开关?每当我们情绪不好的时候就试试感恩。想一想,生命如此宝贵,身体健康环境舒适和最爱的父母家人们待在一起,分数真有那么重要吗?别人的看法和评价有那么重要吗?是不是亲情友情的美好时光更令人陶醉呢?社会阅历告诉人们,要想得到什么,必须先付出什么。在人际关系里,你希望对方怎么爱你,你就先去怎么爱对方。试着去感恩一下,感恩父母,感恩亲人,感恩师友,感恩同学,感恩自己度过的美好时光。感恩这么多美好的人和事出现在我的生命里,让我的人生有这样丰富的体验。

当我们真心去感恩,就会真心爱上自己。如果不真心爱自己,那么父母祖先,自然万物,宇宙时间对我们的期望,就被我们辜负了。所以,关爱自己,拥抱关爱这个不完美的你自己,你会发现,我们的存在本身是多么神奇!人类是社会性群体动物,不光是人和人有关系,我们和自然也有关系,我们不仅要感恩他人,也要感恩大自然。大自然赐予我们一切,当我们进食的时候,用正念的方式去感恩那些动物和植物,发自内心地去感恩宇宙万物。

(四)我为人人,人人为我

人在地球上的一生,其实就是和各种各样事物的联系,和自己联系、和他人联系、和自然万物联系、和各种各样客观规律联系……然后通过联系去发现真正的自我。当人们找到真正的自我,找到内心的力量,就会发现:这个世界上和你交往的每一个人、每一个动物、甚至一部分植物上都有你的一部分。所以,利己就是利他,利他也是利己,我为人人,人人为我。

人工智能时代即将到来,与其只是担心什么行业什么职位将会被取代,不如真正地关注人类有什么东西是智能机器不能取代的。早些年,我们总认为人的情绪是一个坏东西,是不被人待见的。但其实在人工智能时代,情感是我们最大的武器,情感就是能量,而心的能量可以改变我们的世界。人这种生命体的特殊性就在于心灵的沟通,心和心联系在一起时就会有人工智能永远无法超越的能量。我们都要去学习和观察自我,不断打开自己的隐藏区,勇于分享和表达,因为只有以心换心,才能感受到越来越多的关心和爱护,才能体会到人和人之间爱的流动,才会体验到生命力流淌的喜悦感,才会更加珍惜生命。

第二节　警察院校学生心理危机干预及其评估

一、心理危机

心理危机一般是指个体面临具有重大影响的生活事件,出现情绪剧烈波动或认知、躯体以及行为方面有较大改变,且用平常解决问题的方法暂时不能应对或无法应对眼前的危机。

心理危机是一种认识,主要是个体面临丧失亲人、生活的变故、失去工作、遇到危险、患重病等突发性、重大性困难和境遇,这些困难是靠个人的资源和应付机制所无法解决的,除非及时缓解,否则会导致情感、认知和行动的功能失调。

任何人对严重事件都会有所反应,但不同个性的人对同一性质事件的反应强度及持续时间不同。常见反应过程可分为三阶段:第一阶段是以惊慌否认为主的即时反应,当事者表现麻木、恐慌、否认或不相信;第二阶段是以痛苦哀伤为主的整体反应,感到激动、焦虑、痛苦和愤怒,也可能出现罪恶感、退缩或抑郁;第三阶段是以逐步接受现实为主的回归反应,也是负性反应消除阶段,接受事实并为将来作好计划。危机过程持续不会太久,如亲人或朋友突然死亡的居丧反应一般在6个月左右。

二、心理危机干预

心理危机干预是指采取紧急应对的方法帮助危机者从心理上解除迫在眉睫的危机,使其症状得到立刻缓解和持久消失,心理功能恢复到危机前的水平,并获得新的应对技能,以预防将来心理危机的发生。

心理危机干预也称心理危机管理、危机介入,就是通过"快刀斩乱麻"的方式,调动危机中当事人的自身潜能,克服危机,避免自伤和伤人,重新建立或恢复心理平衡状态的帮助和支持。"心理危机干预"概念最早由林德曼(Lindemann)针对1942年波士顿郊外火灾幸存者的丧亲悲伤反应研究于1944年提出。美国心理学家卡普兰(G.CaPlan,1954)对这一概念进行了系统研究。他认为,当一个人面临困难情境,他以往处理危机的方式和惯常的支持系统不足以应对眼前的处境,即他必须面对的困难情境超过了他的能力时,该人就会产生暂时性心理困扰,这种暂时性心理失衡状态就是心理危机。格拉斯(Glass)认为"危机"是心理上受到外部刺激或打击而引起的伤害、他主张心理危机有"问题的困难性、重要性和立即进行处理所能利用资源的不均衡性。"Punukohu提出,心理危机是个体运用通常应对危机应激的方法或机制仍不能处理当前所遇的外部或内部应激时所出现的一种反应。20世纪70年代,世界卫生组织(WHO)正式开始研究心理危机干预问题。20世纪80年代,"心理危机干预"逐渐引入中国;1992年,在南京召开了第一届全国自杀预防和危机干预讨论会;1994年,中国心理卫生协会危机干预专业委员会成立,国内"心理危机干预"研究逐步增多并开始在高校等单位推广,汶川地震是国内有意识系统运用心理危机干预的一次大规模应用实践。

危机成功解决在个体对现状的把握、对经历的危机事件重新认识,以及学到对未来可能遇到的危机有更好的应付策略与手段等方面有着重要的意义。目前国内众多高校相继建立了危机预警和干预机制,成立了心理危机干预中心,主动地开展了预防与干预工作。

三、心理危机干预重点关注人群

对存在下列因素之一的警察院校大学生,应将其作为危机干预的高危个体予以特别关注:

1.在心理健康测评中筛查出来的有心理障碍或心理疾病或自杀倾向的学生;

2.突然受到打击和受到意外刺激后出现心理或行为异常的学生;家庭发生重大变故(亲人伤亡、父母离异或分居、父母失业、家庭暴力等)、身体发现严重疾病(传染性的疾病,如:肝炎、肺结核等;费用很高又难以治愈的疾病等)、遭遇性危机(性伤害、性暴力、性侵犯、意外怀孕等)、感情受挫(失恋、单相思情绪失控等)、受辱(当众受到羞辱;受到严重惊吓,如看恐怖片情绪失控等)、受惊吓、与他人发生严重人际关系冲突(被多人排斥,受到歧视、误解等)后出现心理或行为异常的学生;

3.学习、环境等方面严重适应不良以及因就业压力特别大出现心理或行为异常的学生(如出现严重适应不良导致心理或行为异常的新生、第一次出现不及格科目的优秀生、需要重修多门功课的学生、将被退学的学生、完成毕业论文或设计有严重困难的学生、高分低录的学生等、就业严重困难的学生);

4.因严重网络成瘾行为而影响其学习及社会功能的学生;

5.性格内向、经济严重贫困且出现心理或行为异常的学生(如性格内向、不善交往且交不起学费的学生,需要经常向亲友借贷且缺乏社会支持系统的学生等);

6.有严重心理疾病(抑郁症、恐怖症、强迫症、癔症、焦虑症、精神分裂症、情感性精神病等)且出现心理或行为异常的学生;

7.对近期发出下列警示讯号的学生,应作为心理危机干预的重点对象及时进行危机评估与干预:

(1)谈论过自杀并考虑过自杀方法,包括在信件、日记、图画或乱涂乱画的只言片语中流露死亡的念头者;

(2)不明原因突然给同学、朋友或家人送礼物、请客、赔礼道歉、无端致以祝福、述说告别的话等行为明显改变者;

(3)情绪突然明显异常者,如特别烦躁,高度焦虑、恐惧,易感情冲动,或情绪异常低落,或情绪突然从低落变为平静,或饮食睡眠受到严重影响等。

第三节　警察院校学生心理危机的预防与干预

一、心理危机预防策略

核心是引导大学生重视健康管理,强化自身锻炼和保健,当面对危机时能认识危机中蕴含着新的生机,引导大学生正确应对危机,学会面对危机,及时把握转机,促进其身心健康发展。可以说,走出危机的关键还是大学生自己。因此,维护身心健康,重视健康管理,包括重视预防心理危机是帮助大学生快乐学习和健康生活的重要方式。在关注大学生自身身心健康目标引导下,警察院校应当强化大学生健康管理,大学生也要做好学习和生活的自我调节。具体如下:

(一)建立警察院校大学生健康管理平台

警察院校大学生健康管理平台主要包括大学生身心健康工作的管理机构、实施机构、职责分工和工作机制的系统。本系统是要把握警察院校大学生身心健康工作的目标、方向和力度，保持大学生健康管理工作的连续性和稳定性，区别对待、分类指导，有针对性地解决健康管理体系运行过程中出现的各类问题，及时做出调整，并处理危机干预和日常心理健康作之间的关系，以心理危机干预为切入点推动各项心理健康工作，解决体系运行中的机构设置、制度和规范建设等问题，促进大学生健康工作全面发展；另外，警察院校则需要主动组织、协调并联系家庭、社会以及所在系统内部各方面的力量，使之密切合作、相互补充、互相配合、步调一致地做好干预工作，形成对大学生身心健康进行综合维护的网络。

（二）建立警察院校大学生心理档案系统

大学生心理档案系统是基于参与测量的警察院校大学生建立的系统数据库，包括安全窗口的量表、数据和图像信息和基本人口学信息、心理测量原始数据，大学生常模和分析数据。该数据库有助于充分了解警察院校大学生身心健康状况，必要时，第一时间全面准确了解干预对象，帮助心理危机干预专业人员迅速做出准确判断。

（三）开展系统化心理健康教育

普及健康教育是维护大学生身心健康的有效途径。经过多年的努力，警察院校心理健康教育制度逐步建立起来。在此基础上，为了使警察院校大学生的心理健康教育覆盖生活的各个方面，包括自我意识评价，学习适应和发展，人际关系，情绪管理，职业生涯规划和准备，心理挫折和问题，需要定期开展心理健康教育和心理素质培训，增加危机预防知识的普及传播，提高大学生心理自我修复能力和抵抗不良因素的意识和能力。

（四）加强警察院校大学生心理团体辅导与训练

大学生心理健康问题主要是由于早期创伤和不良情绪小问题没有得到适当的妥善处理，逐渐积累形成的心理障碍。心理素质训练可以为大学生提供有效的帮助，提高心理耐力和冲突处理能力。具体来说，心理素质训练主要是进行心理团体辅导，帮助大学生认识到自己是主体的灵魂，通过团体之间的各种关系，超越自身的界限来学习认识自己的内在力量；学会表达自己的感受和想象力；学习消除偏见时自己的问题和帮助别人发展自我。训练主动想象学习如何处理学习的冲突，建设性行动计划。培训过程中，进行一系列预热破冰活动，帮助大学生相互熟悉，缩短彼此的距离；通过一系列自我探索活动，帮助大学生反思和理解，尊重不同家庭和生活史给大学生带来的个性差异；通过讨论和游戏训练练习学习冲突管理，提高沟通技巧；注意在心理戏剧角色扮演和其他形式的冲突情境和比较概念的选择，有效体验解决想象的冲突，并通过语言表达和身体“行动”学习表达身心感受，逐步养成新的行为。

（五）制定演练各级心理危机干预方案

制定大学生心理危机干预方案时，要有目的地提高心理干预的及时性和有效性，提高紧急心理危机的应急能力，尽量减少突发性心理危机和不良后果造成的损害，维护大学生的身体和心理健康。为了应对突发危机事件，需要演练紧急心理危机干预应急预案,并且需要及时总结经验以提高心理危机干预的效能。

二、紧急事件应激管理

(一)紧急事件应激管理(CISM)的概念

紧急事件应激管理是涵盖了相互联系、混合在一起的多种危机干预技术,目的是减轻被干预者对创伤性事件的反应。其主要特点是综合性、整合性、系统性。紧急事件应激管理(CISM)的六大核心组成部分如下图:

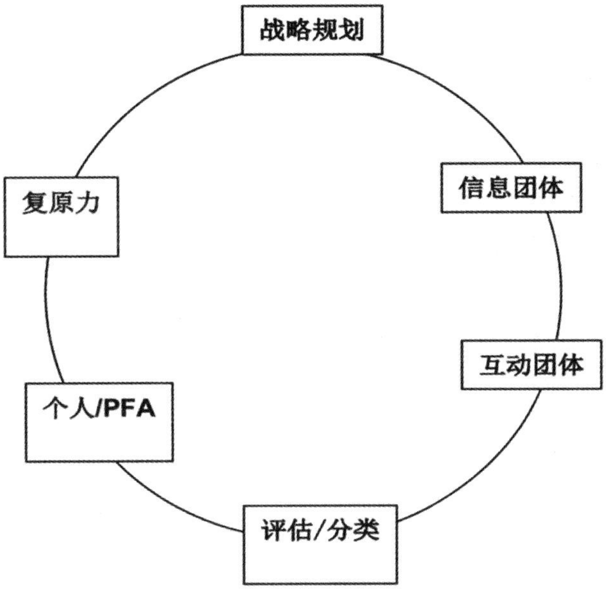

(二)紧急事件应激管理的主要流程

1. 事前准备,教育、培训、训练和预案制定
2. 危机评估
3. 具体计划策略
4. 个体危机干预支持行动
5. 现场急救(向负责人提供建议、咨询,提供帮助,等待支援)
6. 休息—信息—过渡性干预
7. 危机干预简报
8. 对同质团体的消融干预
9. 危机事件应激晤谈(心理晤谈)
10. 其他重要支持性干预(家庭、学校、团体)
11. 随访(电话、定点)
12. 转介

(三)个体危机干预支持行动(SAFER-R 模型)

S——Stabilize 稳定化的具体运用(介绍;建立关系;阐述限制);

A——Acknowledge the crisis 承认危机(事件;反应);

F——Facilitate understanding 增进对危机反应的理解(反应正常化);

E——Encourage effective coping 鼓励有效的应对危机;

满足基本需求(饮水和简单饮食);联络/支持;宣泄、疏泄;社会支持;提供信息;应激管理;解决问题;冲突化解;认知重建;心灵和信仰方面启发;给予希望。

R——Recovery of Referral 转介;

如果当事人明显无法正常进行生活所需的基本活动时,就需要将其转介到能够得到持续照顾的医疗机构等单位。

◆课程实训

实训一:感恩父母

活动名称:“给父母写一封信”“给父母的生日发一条感恩信息”“给父母写一段温馨话语”

活动目的:每个学生找出自己最想改变的最不健康的行为或心理,最渴望培养的健康心理和行为,并制定相应方案。

活动器材:纸、笔

活动步骤:

(1)老师布置任务。

(2)学生在纸上用表格形式(如下)写出最想改变的最不健康的行为或心理、最渴望培养的健康心理和行为。

	最想改变的最不健康的行为或心理	最渴望培养的健康心理和行为	行动方案
1			
2			
3			
4			
5			

(3)选取学生反映最普遍的三到五种最不健康的行为或心理,引导同学们讨论如何克服,并指导学生制订相应的行动方案。

(4)指导学生各自完成自己的行动方案的制定。

(5)交流各自心得。

实训二:身心健康关系辩论

活动名称:身心健康大辩论

活动目的:通过辩论,让学生进一步理解身体健康与心理健康的内涵及其相互关系,理解心理健康的重要性。

活动器材:无

活动步骤:

(1)宣布辩题:身体健康与心理健康哪个更重要?

(2)将学生分成正反两队:正方(身体健康更重要)与反方(心理健康更重要)。分队方式可根据学生自己赞同的观点来分正反两队。但如果两队人数相差悬殊,则可指定某些学生为正方,其他学生为反方。

(3)给学生提供10~20分钟的准备时间,用于收集资料和内部商议讨论。(也可提前几天告知学生,让学生提前收集资料)

(4)正式辩论。

(5)教师总结。

实训三:心理委员我来服务

团辅名称:"心理委员我来服务"团体辅导

团辅目标:引导新生正确认识心理委员担负的职责与使命,学会识别常见的心理健康问题,熟悉心理危机报送流程。

团辅领导者:心理健康课程教师、辅导员

团辅的对象:大一新生

团辅的规模:30~60人

团辅的时间:90~120分钟

团辅的次数:1次

团辅的场地:教室、学校团体辅导室

所需器材:白纸若干、签字笔若干

(一)团辅方案设计(见下表)

"心理委员我来服务"团体辅导计划书(总方案)

活动名称	活动目标	活动主要内容	预计时间
一、聚首心理委员	帮助成员间彼此熟悉,建立和谐人际氛围	1.我的名片 2.微笑握手 3.分组	10分钟
二、了解心理委员	帮助成员了解彼此成为心理委员的初衷,明确心理委员的职责	1.我为什么当心理委员 2.心理委员职责我来说	20分钟
三、我是心理委员	帮助成员认识自己在担任心理委员上可能存在的优势与不足,鼓励成员充分发挥优势,不断完善自我	1.写一写——我的优势 2.谈一谈——我的小困惑 3.想一想——我的小妙招	20分钟
四、公益心理委员	帮助成员识别大学生常见的心理问题,学会及时辨别与上报	1.开启心理信箱 2.心理气象预报	40分钟

五、心理委员联盟	帮助成员熟悉学校的心理健康教育活动及组织形式，树立职责使命感	1.预防联盟 2.心理委员宣誓	15分钟

（二）内容与流程

活动名称	活动内容及流程	操作提示
一、聚首心理委员（10分钟）	1.我的名片 给每位成员发一张工作证大小的卡片，成员们在卡片上画上最能表现自己的人体形象或一样事物，并写上希望别人称呼你什么。 2.微笑握手 成员在室内随意走动，与自己不熟悉的成员相互握手并给予微笑，并向对方展示自己的名片，看完对方的名片后，归还名片，再次微笑握手以示结束。每位成员至少要与十名成员进行微笑握手和交换名片。 3.分组 全体成员围成一个大圈，根据6～8人为一小组选择小组数，成员轮流报数，念到相同数字的为一个小组。小组成员聚齐后围成一个小圈，并用几分钟的时间熟悉组内成员。	
二、了解心理委员（20分钟）	1.我为什么当心理委员 小组成员围坐在一起，轮流分享自己为什么要选择心理委员的职位，谈谈自己成为心理委员的初衷，然后小组讨论总结，结束后由小组代表进行分享。 2.心理委员职责我来说 小组成员围坐在一起，先用1分钟的时间让成员在心理默想心理委员的三项职责，之后由团辅老师发给每个成员写有我校关于心理委员职责要求的列表（见附表1）。 总结点评：同其他班委一样，心理委员也是班委中的一员，是心理健康教育的实践者、同学和老师之间的桥梁以及心理危机事件的前沿哨兵。我们也可以亲切地称之为“心理气象员”。这就要求我们要在日常生活中经常观察同学的心理动态，多和寝室长及其他班委沟通，为班级同学的心理健康做好基础保障工作。	

活动名称	活动内容及流程	操作提示
三、我是心理委员（25分钟）	1.写一写——我的优势 给成员每人发一支笔，要求成员认真阅读我校关于心理委员的职责要求，想想自己目前能在哪些职责上做得很好，并将其写在附表1相应的位置，结束后在小组内进行分享与讨论。 2.谈一谈——我的小困惑 同样根据附表1想一想这些职责中哪一些我可能不会做得很好。并将其写在附表1对应的位置。同时，写下自己在这一过程中存在的困惑，或自己不能解决的问题。结束后在组内进行讨论和分享。 3.想一想——我的小妙招 小组成员围坐成一圈，成员依次将自己填写的表格传递给自己左手边的成员，每个成员在拿到其他成员的表格后，仔细地观看，并针对成员存在的困惑或者其优缺点的发挥与不足方面，给出自己的一条小建议或鼓励，并将其写在表格对应的位置。注意自己的建议要真诚且正能量。结束后接着将手上的表格传给自己左手边的成员，依次进行，直到表格回到自己手中。 三个活动结束后，请成员都认真阅读其他成员写给自己的建议，并请有特别收获的成员进行分享。 领导者总结点评：我们每个人都有自己的气质和性格特点，我们可能在某些方面能应对自如，在另一些方面就显得局促。这都是很正常的，人无完人，我们每个人并不能在各个方面都做得很好，但这并不表明我们不适合做心理委员。相反，正是因为我们做了心理委员，我们更加了解了自己，知道了自己的不足，然后我们才能不断地充实和改善，进而成为更好的自己。	

活动名称	活动内容及流程	操作提示
四、公益心理委员（40分钟）	1.开启心理信箱 先让成员讨论大学生可能会存在的心理问题或者自己周围观察到的心理问题案例。然后准备若干写有大学生常见心理问题的卡片（见附表2），每个小组派代表上台抽取一张卡片，小组成员得到卡片后，根据卡片上的问题类型，小组成员根据自己或周围同学可能会存在的表现进行编写。之后主持人呈现附表3，讲解目前大学生常见的心理问题及表现，加强成员对常见心理问题的识别能力。 2.心理气象预报 先让小组就自己抽到的案例进行讨论该如何对这个问题进行处理，然后小组派代表进行分享。最后主持人选择其中的一到两个案例（或者与此相似的真实案例）来讲解规范的报送流程和方式。并提醒成员分享要做到：不评价、不比较、不建议。 总结和点评：作为心理委员，我们可以从以下几点推进我们的工作：一是在发现同学出现心理问题之后及时地上报给自己的辅导员；二是协助辅导员深入了解同学的具体情况；三是时刻关注学生的动态，主动为同学提供力所能及的支持。	
五、心理委员联盟（15分钟）	1.预防联盟 先让成员分享一下自己了解或参与过的有关心理健康活动，然后讲解我校提供的心理健康服务，以及心理委员可以从哪些方面来做好学生心理健康预防工作（附表4）。 2.心理委员宣誓 全体成员起身，面对电脑屏幕，由团辅老师带领成员宣读宣誓词（附件5）。	

附表1　心理委员的职责

1.宣传普及大学生心理知识，传播心理健康理念；

2.宣传介绍学校心理健康教育工作的进展和心理援助设施的建设；

3.收集本班同学的心理健康信息，每月填写《心理月报表》；

4.努力学习有关心理知识，用相关知识帮助同学，用乐观心态引导同学；

5.加强与其他班干部尤其是寝室长的联系，及时发现问题；

6.工作遵循保密原则，维护同学的权益；

7.配合学生心理辅导中心的工作，不断提高自己的工作能力。

附表2　常见心理问题案例卡片

卡片1：（宿舍矛盾问题）

张某，大一新生，家中独子，因和寝室其他同学的生活作息严重不和，而导致自己每天失眠、精神不振，经常因为小事与其他室友发生口角，学习也一落千丈，近一周还时常出现莫名的哭泣。

卡片2:(学习适应问题)

李某大学以前一直是一个品学兼优的三好学生,性格活泼开朗,自从进入大学以后,由于大学学习方式的巨大变化,让她觉得自己失去了奋斗的方向,相对宽松的学习时间安排让她无所适从。她感到非常焦虑,半夜常常失眠,上课精力也不集中,以各种理由拒绝参加班上组织的各种活动,记忆力也大大减退,这些现象又进一步加大了她的焦虑。

卡片3:(恋爱问题)

王某高中的时候就和班上的一位男生谈恋爱了,两人相约一起进名牌大学,但她因为高考失利进入了本校,而男朋友顺利进入了名牌大学。不久后,男朋友提出了分手,深受失恋困扰的她每天郁郁寡欢,无心学习,经常一个人偷偷哭泣,夜夜失眠。

卡片4:(不喜欢自己的专业)

赵某从小喜欢数学这种富有逻辑性的科目,理科成绩也一直不错,立志当一名数学家。但由于高考失利,在录取时被调配到了历史专业,她认为自己记忆力不好,对历史完全不感兴趣。天天和家人、同伴抱怨讨厌历史,感觉学习没有意思,不想去上专业课,后悔到这个专业。

卡片5:(网络成瘾问题)

钱某,大二学生,自从上大学后,没有父母监督管教,又有大量的空闲时间可以自由支配,一下子就散漫起来,无所事事。在室友的邀请下,开始接触网络游戏,并对此着迷,多次旷课在寝室打游戏,一打就打到半夜,人际关系受到影响,学习成绩急速下降,精神萎靡,辅导员怎么劝都不听。

卡片6:(环境适应困难)

周某自幼生长在偏僻的农村,经过多年艰苦的学习终于考上了某重点大学。进入大学后由于生活、学习环境的急剧变化,感到极不适应。衣着朴素的她常被室友吐槽“土”,因此感到自卑、孤独、失落,学习成绩受到影响,害怕与人相处。

卡片7:(考试焦虑问题)

刘某在大一上期期末考试前夕患上重感冒,影响了第二天的考试,并挂了科,她对此感到深深的自责,认为自己没用,连个考试都过不了。自此以后,她每次考试前总是格外焦虑,不是担心自己发挥不好就是担心自己又感冒,总是感到紧张,一到考试就心慌气短、冒冷汗,害怕又挂科。

卡片8:(重大变故)

郑某本是一个有活力、爱运动的阳光型男生,大二的一次车祸使他失去了一条腿,对于生活感到极不适应。常常自怨自艾,感到自卑,情绪极不稳定,最近总会莫名的对父母、朋友生气,总是把自己关在家里或寝室,不愿出门,害怕见人。

卡片9:(抑郁症)

孙某以高分成绩考入重庆某重点大学,第一学期时,参加了英语四级考试,未能通过。期末考试前立志考专业第一,获得一等奖学金,结果成绩平平,未能如愿。连续两次打击让她的情绪一落千丈,变得郁郁寡欢,无心学习,也无法处理好和其他人的关系,夜夜失眠。最后不得不去医院精神科检查,结果诊断患了抑郁症。

附表3　一般心理问题与严重心理问题表现(结合刺激因素、情绪反应强度、反应时长、行为社会功能评估)

一般心理问题:

1. 经常表达不喜欢自己的专业和学校,对现状不满
2. 经常不上课,也不自主学习
3. 饮食或生活节律上极度不适应
4. 连续几天都显得情绪压抑、苦闷
5. 常觉得他不如别人,一无是处
6. 经常与别人发生激烈冲突
7. 行为孤僻,极不合群,几乎没有朋友
8. 情感上易受挫,并引起强烈的情绪冲突
9. 控制不住的上网或服用药物等
10. 因家庭经济问题而有异常表现
11. 遭遇重大生活变故,情绪波动很大
12. 因违纪、挂科等受到处理而无法接受

严重心理问题:

1. 持续的情绪亢奋,说话夸大其词意在抬高自己
2. 持续的情绪消沉、抑郁,不与人交往
3. 遇到突然的打击,情绪失控,似有自杀倾向
4. 对生活失去兴趣,找不到自己存在的意义和价值
5. 无端自言自语,独自哭笑,表现怪异
6. 说自己看到(听到)别人没有看到(听到)的东西,并因此采取异常行为
7. 说有人在监视他,准备迫害他,思维不合逻辑
8. 对周围人充满敌意,表达或暗示要严重伤害他人
9. 常独自呆坐或无目的的漫游,对他人的关心无动于衷
10. 实施服药、割腕等自杀或类自杀性行为
11. 一段时间内常提起自己会自杀
12. 总强调自己失眠、头痛、易疲劳。以此为理由长期回避社交和学习,但安于现状,不积极求治

附表4　学生心理健康预防工作

1. 在班级组织开展心理健康知识教育宣传活动(如主题班会、心理健康知识教育宣传片等),普及心理健康知识

2.号召班级同学积极参加学校组织的心理健康教育活动(5.25心理健康日现场体验活动、三级心理之家、宿舍沙盘体验活动、心理微课大赛、班级团体辅导、10.10世界精神卫生日、12.1世界预防艾滋病日)

3.向班级同学介绍我校的心理健康教育设施、心理咨询服务,带领班级同学参观心理健康教育基地

4.对出现轻微情绪困扰的同学给予及时的关心,并鼓励其到心理咨询中心进行心理排解

5.主动提升自身的心理健康知识水平和心理问题识别能力,更好地为班级的心理健康发展服务(积极参加心理委员培训活动)

附件5 心理委员宣誓词

我志愿加入**大学心理委员的队伍,认真履行心理委员工作职责,积极关注同学心理健康状况,及时预报班级心理动态,坚持保密原则,认真参加岗位培训,主动学习心理健康相关知识,配合老师为同学提供更好的心理服务,乐观向上,用积极阳光的心态感染周围的同学,为学校的心理健康工作贡献自己的一份力量!

宣誓人:***

课后作业

1.警院学生如何开展生命教育活动?你有哪些新方法?

2.请谈一谈警察院校心理危机干预应当重点关注哪类学生。

第十三章　警用枪支射击心理调适

◆**思维导图**

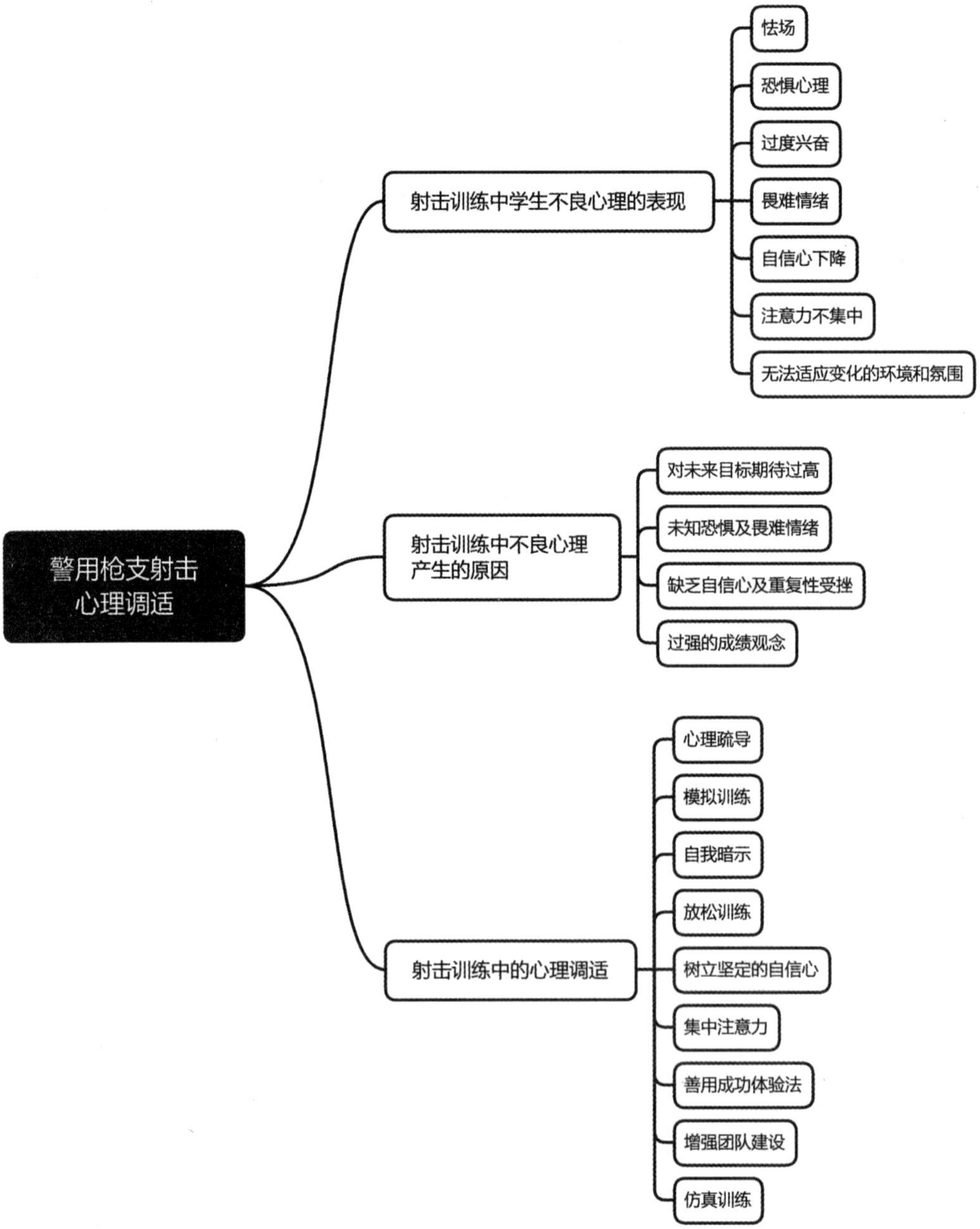

◆**课程思政**

习近平总书记在中国人民警察警旗授旗仪式上强调:"要聚焦实战、强化训练,着力锤炼铁一般的理想信念、铁一般的责任担当、铁一般的过硬本领、铁一般的纪律作风,充分展现党领导的社会主义国家人民警察克己奉公、无私奉献的良好形象。"[①]警察依法使用武器是法律赋予的权力,是警察所有权限中最高的一种权限,也是最为严厉的一种强制手段。依法、高效使用武器,是警察在面对严重暴力犯罪行为时,维护公共安全和社会秩序,保护公民的人身安全和合法财产安全的强有力举措。

射击是一项以静力性为主的运动项目,它要求射手应具备较高的稳定性、持久性、协调性和一致性。国内外大量研究表明,由于学生在学习过程中动机和态度不同、性格和气质不同、知识和经验不同、意志力强弱不同等等,即使学生学习的客观条件完全相同,学生的心理状态也会不尽相同,其获得的成绩也就毫无疑问存在着差别。技能的形成分别经历四个阶段:泛化阶段——分化阶段——巩固提高阶段——自动化阶段。由于枪支的高危性特点,警察院校学生在射击训练中常常会表现出一系列的不良心理反应,直接影响射击技术的形成和射击水平的正常发挥。针对学生的不同心理特征,适度的心理调节和适时的心态调整就显得尤为重要。

一、射击训练中学生不良心理的表现

(一)怯场

怯场是一种情绪波动异常,无法自我控制,无法集中精神,导致无法正常发挥出自身所具备的能力的一种状态。怯场是复杂环境中一种极为特殊的心理现象,大致可分为两种类型。一是消极应对,对射击训练抱消极、逃避态度,没有参训的意愿,对训练打不起精神,注意力分散,外部特征表现为无精打采,反应迟钝,动作呆板[②];二是心理负面波动过大,忐忑不安,时常感到担心、害怕、紧张、思绪混乱、头脑昏沉、情绪急躁、两脚轻浮等,外部特征表现为身体发抖,常有尿意,身体一使劲就发僵,动作不协调、不准确。

(二)恐惧心理

恐惧是一种自我保全的心理反应,也是生存本能的反应。射击中恐惧心理主要来源于对枪声和后坐力的恐惧。在射击初训中,许多学生可能会连续一段时间内经常感觉有枪声在耳边飘荡,会对枪支的致命性特点感到恐惧;会联想到实战,害怕在射击中受伤或伤及无辜等严重事件的发生。这种恐惧心理一般表现为心跳加剧、身体颤抖、冒冷汗、焦躁、惊慌、肌肉僵硬,防御性反射错觉等,导致射击中失误较多。部分学生担心击发时枪

---

①学习强国网站:习近平向中国人民警察队伍授旗并致训词.https://www.xuexi.cn/lgpage/detail/index.html?id=864338231 2727331 68&item_id=864338231 2727331 68.

②刘大明,吴月琴.射击比赛时的心理准备和自我调控[J].北京体育大学学报,2007.

支的后坐会伤到自己的身体，容易出现击发前偏头、僵硬、伸臂等躲避动作，击发时闭眼、猛扣扳机等不规范击发动作；部分学生会出现被第一枪的声响带来的巨大冲击吓住的情况，导致身心波动较大，严重影响后续的射击训练。这种现象一般在初次训练阶段时出现较多，其中在女学生中更为突出。

（三）过度兴奋

适度的兴奋，能使射手的注意力高度集中，促使射击动作协调稳定，在心理上和动作上表现出良好状态，促进技术的稳定甚至超水平发挥。然而兴奋程度的控制并非易事，对于入学前几乎从未接触过枪弹的警察院校学生来说，在初次进行射击训练时，尤其是实弹射击时，部分学生由于长期以来对射击的极度渴望，当真真切切接触到枪支时，会表现出兴奋过度，难以控制自己的情绪。在射击时表现出呼吸节律紊乱、心跳加快、力量不足、手臂发抖、手枪晃动没有规律、眼睛发花、耳朵产生轻微耳鸣等现象。这些身体心理发生的变化，会影响学员据枪和击发的动作，导致无法准确命中目标，更严重的可能出现射击安全事故。如食指对扳机灵敏度的感受降低，导致用力过猛；或在扣扳机的过程中同时增加握力，增加抖动程，失去动作的协调性。①

（四）畏难情绪

畏难情绪是以估计自身能力不足以完成某项任务所表现的一种不良心理反应，是一种缺乏自信、意志力不足的不良心理现象。具体表现是：遇到困难采取退缩、躲避、迂回的态度，缺乏面对困难的勇气，没有解决困难的信心，不采取积极主动的行为解决问题。学生在射击训练中，影响其射击技能形成的因素很多，一旦出现如握枪动作不准确、瞄准线和瞄准点晃动难控制、击发力量不适当，导致实弹射击效果不佳等，都可能使学生产生畏难情绪，认为射击训练难度大，缺乏战胜困难的勇气，这无疑严重影响对射击技能的熟练掌握。

（五）自信心下降

实弹射击训练中，有的学生由于以前有过射击不准或者失误的情况，一接触到枪支就会感到担忧、害怕，担心自己技术水平不行，无法准确射击；担心自己的射击水平无法达到标准或者与其他学生相比差距较大，被别人看低或是嘲笑。这种心理就会产生紧张、注意力不集中、兴奋度不足、草率应对等心理行为，从而引发动作失调，成绩下降。

（六）注意力不集中

有的学生在实弹射击训练中紧张感强烈，因担心击发后果或者害怕枪响，憋气过久，导致注意力不能长时间集中；有的学生会感到大脑一片空白、心情烦躁，忘记自己正在靶场中实弹射击；有的学生思维混乱、身体发抖、手脚无力、握枪动作失常，无法回忆起正确的动作要领，如扣扳机乏力或猛扣扳机，瞄准时，忘记三点一线法则，只盯目标，忽略准星和照门。射击后，看到成绩不理想，而心灰意冷、垂头丧气。

---

①高博，秦长江，胡锦昊，黄彭奇子．心理训练在军校轻武器射击教学中的运用[J]．军事体育进修学院学报，2012.

(七)无法适应变化的环境和氛围

在教学中常会发现这样一种现象:很多学生在日常训练中表现优异,但在重大考试或者实战时其射击技术水平与平时反差巨大。这主要是因为在平时的训练中可以保持放松的心理状态,情绪稳定,射击动作准确,但在重大考试或实战中,氛围会变得严肃庄重、紧张激烈,学生心理调适不佳就会导致情绪紧张,无所适从,对周围变化了的环境和氛围表现出不适应,甚至排斥,不断的自我心理暗示又进一步强化了这种不适感,严重制约了学生正常射击技术水平的发挥。

二、射击训练中不良心理产生的原因

(一)对未来目标期待过高

武器使用对于普通人有非常高的吸引力,特别是由于现代科技的高速发展,各类型智能手机、功能丰富的电脑等高科技电子产品的大量涌现,伴随着各式各样的武器使用类型的游戏的诞生,导致部分学生出现对游戏虚拟世界的认知与现实世界进行混淆甚至于代替的现象,这种现象一旦出现会使学生在训练期间给自己过高的定位,这种过高的定位导致学生给自己定下过高的目标,会使学生在训练中产生压力。

1.自我期待过高

因为对武器使用错误的认知导致过高地评估自己的能力,在训练中给自己定下超越自身能力的目标,而现实中由于无法完成预定目标而产生强烈的挫败感。

2.无法完成训练目标而产生挫败感

在训练期间,即使是难度系数一般的训练目标,也会存在部分学生由于各种原因而无法完成或者完成情况较差的状况,这属于正常现象。但由于大部分学生都能完成训练目标的现实,导致未完成的学生因为强烈的自尊心而产生挫败感,会出现自信心受挫的现象,具体表现为情绪低落,沮丧,严重者会出现哭泣,甚至于对自我能力产生怀疑的现象,进而影响下一步训练的顺利实施。

(二)对未知事物的恐惧心理以及畏难情绪

人类对于未知的事物总会伴随着好奇与恐惧的心理,武器使用对于受训的学生来说属于全新的事物,所以在训练初期,学生在训练中往往会出现因为对其了解不足,包括武器发射时产生的火光、声响、后坐力等,特别是一些关于武器错误使用引起的伤人事件的过度宣传,而使学生产生对武器恐惧甚至畏难情绪。

(三)缺乏自信心及重复性受挫

缺乏自信心是以估计自身能力不足去完成某项任务所表现的一种反应,是意志方面的不良心理现象。在射击训练中的一般波动是:

1.射击前准备不充分,对自己可能取得什么成绩心里没把握;

2.当射击成绩不理想时,有“破罐子破摔”的消极思想情绪,无法始终坚持“打好这一发”的射击思维;

3.过分强调困难因素,在射击时优柔寡断、缺乏坚定性。

重复性受挫主要是情绪方面的心理状态。在射击中常表现为:

1.以往多次射击成绩不理想,享受成功喜悦的次数少;

2.对每次失败没有准确找到根本原因和解决问题的方法,对本次射击准备不足;

3.多次重复的挫折与失败加重了思想包袱,从而产生了动摇心理。

(四)过强的成绩观念

这主要是认识方面的不良心理状态。射击中过度关注射击成绩会严重影响射击专注力,从而影响射击水平的正常发挥。过强的成绩观念常表现为:一是过多考虑个人得失和荣誉,单纯追求环数和名次,如教学比赛中,有的学生满脑子都是“我打不好怎么办”,“这发子弹是否使我的成绩功亏一篑”等,心理负担过重,分散了注意力。二是因教师的方法不当,给学生施加了过分的压力,如射击前教师规定过高的指标和不正确的惩罚手段等,导致学生在射击时总是担心在比赛中会出现差错,也会给学生造成过重的思想负担而影响了正常水平的发挥。

三、射击训练中的心理调适

警用枪支射击过程中的心理调适是指学生在射击过程中,通过调整呼吸、自我暗示、控制情绪、增强自信心,保持注意力集中等调适方式,达到身心和谐,动作感知觉一致,养成处变不惊的心理品质,为射击训练营造良好的心理状态,从而保证射击技能正确形成和射击水平正常发挥。要调整好学生射击训练时所需要的心理状态,最关键的是教师应具有高度的责任心、同情心、细心和耐心,能针对学生的各种心理状态适时给予安慰、关怀、启发、诱导、鼓励,以调动学生学习的积极性,保证高质量完成学习任务。教师可以通过语言、表情、态度和行为,帮助和指导射击训练中心理有障碍的学生,改变和消除他们的心理障碍以及由此引起的其他症状,从而达到治疗与预防目的,帮助学生始终保持以“平常心”对待紧张激烈的射击训练,使动作要领在射击中运用自如,从而取得良好的射击效果。射击训练心理调适方法主要有以下几种:

(一)心理疏导

教师做好学生实弹射击前的心理准备,充分估计实弹射击训练中可能遇到的困难,帮助学生调整好最佳的心理状态。训练中,引导学生善于管控不良情绪,努力克服紧张、害怕的情绪,放下包袱,轻装上阵;激发斗志,保持“平常心”,放开束缚,发挥出自己应有的水平;提高自信心,稳定情绪,多考虑实弹射击中如何发挥技战术,不要过多考虑实弹射击成绩的结果;善用典型案例,用案例说明成败不在一时一地,引导学生对“成败”始终保持一颗“平常心”,做到实弹射击“胜”不骄,“败”不馁。这是一种常用的心理疗法,其特点在于使学生认识所存在的心理障碍,调动自我治疗的能动性和自信心,恢复乐观情绪,保持稳定心态，使动作协调、高效。

（二）模拟训练

模拟训练是通过人为制造或模拟射手在实弹射击中将遇到的各种现象，让学生在模拟的环境中去感知，使之逐步适应实弹射击环境，并产生抗干扰能力，以克服学生在实弹射击或实战时可能产生的过分激动、紧张、兴奋等情绪，使学生适应实弹射击或实战时的特殊环境和条件的训练方法。模拟训练主要用于实弹射击前的心理训练，它可以增强神经活动的耐力，为学生提供心理上的准备。模拟训练常采用的方法有：让学生在实弹射击场地进行训练体验，营造实弹射击的场面和紧张氛围；利用空包弹，模拟射击中的声、光等效果来渲染气氛和环境，增加对学生的心理压力，提高各感觉器官的承受能力，通过视觉、听觉、嗅觉全方位的感受，使学生在训练中就能体验到实弹射击的紧张氛围。

（三）自我暗示

心理调适可以通过自我暗示对自身心理施加正向影响，来调整自己的心境、情绪、意志。有针对性的诱导式暗示，已成为自我心理调适的有效方法。暗示就是通过多次重复词句或口诀来安慰鼓舞自己，抑制紧张情绪。暗示语不应采用否定的语气，如不能说“不要怕”“不要慌”，更不能考虑失误的后果。如果有“我没准备好，可能会脱靶”“我身体状态不好”“今天心情不好”等想法，务必会降低自信心，影响技术水平的发挥。因此，最好采用肯定性的暗示语，如默念“我感觉很棒，一定打得好”“这一枪我准备很充分”“我能做好下面的动作”等肯定性暗示语来增强自己的情绪稳定性和意志力。在长时间的射击训练过程中，受训学生的大脑皮层高度兴奋，消耗能量过多，可能会出现保护性抑制。学生此时可能会出现浑身无力、两腿发软、有“身体在空中漂浮”的感觉。对此，可采用“吸入能量”的心理暗示方法。即有意识地放慢呼吸节奏，将意识引向吸气过程，每次吸气时，想象自己全身汗毛孔张开，并通过全身汗毛孔将外界的能量吸入。这样，每次吸气时都有一种“充电”的感觉，顿时会感到力量倍增。运用肯定性心理暗示能有效提高射手大脑皮质的兴奋性，使其产生积极的心理定势，有助于体力恢复甚至超过原有水平。

（四）放松训练

放松训练就是有意识、有系统地训练肌肉动作，使之逐步达到松弛，并使呼吸节奏减缓，从而使身体、心理均处于平衡状态的训练。呼吸放松法，是通过深呼吸可使血液中二氧化碳重新恢复动态平衡。学生在实弹射击前为了克服紧张情绪，要有意识地放慢呼吸节奏，进行呼吸调节。具体方式是，先用鼻子慢慢地吸气，边吸边数数，从1数到6为止；再屏住呼吸2秒；然后边用嘴呼气边计数，从1计到6时再停止呼气①。呼气时，想象全身的杂念和紧张情绪随呼气离开身体，感觉如释重负，把思想引向身体内部的感觉可阻断外界信息的干扰，使情绪逐渐趋于平静。通过反复几次练习，呼吸变得轻松自如，副交感神经紧张度下降，心率减缓，技能恢复加快，紧张情绪迅速消除，情绪趋于稳定。

---

①赵鹏．警察射击心理素质的训练方法[J]．辽宁公安司法管理干部学院学报，2013．

(五)树立坚定的自信心

信心是发挥能力的重要条件之一。树立坚定的自信心对学生熟练掌握和运用射击技术有着重大的推动作用。具有良好信心的射手,在射击场上就能全神贯注、形神合一,处于一种“唯我独尊”的状态。只有充满信心,才能避免产生焦虑,始终保持情绪稳定,最大限度挖掘自己潜能。

在射击训练中,教师要善于运用科学的训练方法帮助学生树立自信心。在训练和比赛中有意地引导学生树立“只有战胜自我,才能最终战胜对手”的信念;肯定学生的每一次进步和每一个突出的技能,鼓励学生坚信自己的技术战术水平;积极引导学生客观地评价自己的能力和表现,清晰地认识到自己的优势与劣势,注重维持心理平衡,不要受他人表现的影响让自己产生挫败感,应从自身着手,努力提高自己的实战技术;有意识地培养学生对不断变换的环境的适应力以及对挫折的承受力,尤其要教育学生正确地对待挫折,战胜挫折。

(六)集中注意力

当人的注意高度集中在某件事或某个动作上时,大脑皮层的相应区域即产生一个优势兴奋中心,随即引起周围区域的抑制。当人们集中注意力做某件事时,对周围发生的其他事情就会“视而不见,听而不闻”;反之,如果学生不能及时排除外界条件及自身杂念的干扰,就会分散对射击动作的注意。为了使学生的注意力能根据需要调整,而且保持长久集中在动作上,或在注意力已经分散的情况下,重新集中于动作上,需要从以下几方面入手。

1.有人观看射击训练时,尤其是在教师监控下射击时,控制自己不去注意别人,注意力集中在自己每一个射击动作上。

2.利用意念(语言)来集中注意力。重复一些关于关键动作的意念,如“保持重心稳定”“双臂内旋,三点一线”,以及一些你想要集中的焦点,可以起到集中注意的作用。

3.学会转移注意力。在训练中碰到许多意外的或令人不快的事情很容易使人产生消极心理。例如,学生在射击训练中因一时发挥不好,若过多自责、郁闷,就会造成注意力分散,信心不足,最终影响训练效果。在比赛过程中如果过多注意自己内心的想法,就会失去心理的平衡与和谐,造成注意力分散,无法专注于射击动作。因此,射击中需要学会转移注意力,把注意力从内心的想法转移到射击情景或有关射击训练的事物上去,从而重新集中注意力。比如:一发没打好,立即转到下一发的准备上,只考虑当前,而不管过去,方能克服困难,战胜自己。

(七)善用成功体验法

追求“成功”是每一个学生的一种现实体验和强烈动机,也是激发学生兴趣的催化剂。学生在训练中不断体验“成功”,可以获得获取知识的满足感、技能提高的喜悦感、战胜困难的超越感,以及自我实现的成就感,这种“成功”的感觉越多,越能激发学生对学习的热情。针对射击训练中“后进”的学生,根据技能掌握的规律将动作技能分解成若干单个动作，降低技能掌握的难度，使学生在学习过程中把注意力集中在动作技能上体验成功的感觉。通过不断重复着“分解-结合”“环节-部分-整体”等难易适中的递进式训练方式，让学生在不断的“成功”体验中取得一个又一个真正的成功。

（八）增强团队建设

增强团队建设的核心是培养一个团结、和睦、友爱、互享互助的学习环境。由于引起射击心理障碍的部分因素来自于同学之间的不良评价，对于心理不成熟易为他人评价所左右的这一类型学生在学习射击时更需要团队的支持。此外，学生在射击中存在的紧张、恐惧、自信心不足等不良心理反应通过有针对性的团队建设，可以得到有效改善。

开展团队训练，是应用心理行为训练的方法，借助行为训练来提高受训学生的心理素质和心理健康水平，改变不合理认知和矫正不良行为习惯。根据射击训练的需要，团队建设目标及方法有：

1. 组建团队。组织学生快速形成10人左右的活动团队，20分钟完成队名、队歌、队旗、队训的任务，并依次展示，增强学生团队意识。

2. 破冰行动。通过开展趣味性游戏、舞蹈、故事、角色扮演等项目，使学生消除顾虑、打破猜忌与怀疑，形成人际关系融洽、乐于交往和互享互助的团队氛围。

3. 建立信任。如开展信任背摔项目，要求学生轮流站在1.6米左右高的背摔台上，背对大家，笔直倒下，小组其他成员在其背后用双手做保护，接住倒下的学生。通过此类项目的开展，建立团队内部的信任感，理解信任和承诺的重要性和力量，学会换位思考，更好地理解他人。

4. 团队合作。如开展毕业墙项目，每组学生不借助外力，集体翻越4米高墙。通过该项目，让学生懂得个人目标与团队目标的关系，提高学生集体协作和克服困难的能力，体验成功登顶的喜悦和自信。

5. 克服恐惧。有条件的情况下，可适度开展高空拓展项目，如勇攀天梯、空中断桥、空中单杠等项目，建立临危不惧的自信心，克服恐惧，同时培养学生心理调节能力，增强自我控制能力和自我管理能力，充分挖掘自身的潜力。

（九）仿真训练

仿真训练是根据心理学原理和规律，在尽可能酷似民警实战的环境中进行心理训练，让学生在身临其境的感受中丰富临战经验，提高学生心理超负荷工作的能力。仿真训练主要用于实弹射击考核前的心理训练。在射击仿真训练中，要突出“练为战”的思想，始终把“实”字作为突破口，强调训练的真实性和可操作性。否则，当遇上真正的“对手”时，就可能束手无策，甚至付出血的代价。仿真程度越高，越接近实战，训练效果就越好。利用各类仿真靶进行射击训练，是心理训练的重点，如影像靶、部位靶、识别靶、实景靶等①，也是进一步强化射击技能和检验训练效能的一种重要训练方式。

---

①刘东鸿，曹竞．射击技能的提高应注重射手的心理训练[J]．武警西安指挥学院教研部，2011.

◆课程实训

实训一：自信心训练

团辅名称："军训自信心"团体心理辅导

团辅目标：增强区队成员的自信心，培养学生的自信意识，提升积极心理

团辅领导者：心理健康课程教师、辅导员

团辅的对象：大一新生

团辅的规模：自然班或专业班60～100人

团辅的时间：结合心理健康课程或班会

团辅的次数：1次，2课时

团辅的场地：教室、学校团体辅导室

（一）团辅方案设计（见下表）

"我的区队我的家——区队建设"团体心理辅导计划书（总方案）

活动名称	活动目标	活动主要内容	预计时间
一、自信呐喊	帮助成员认清恐惧的心理，通过暴露刺激升级、社会支持、自我激励等心理训练提高自信心。	1. 为了国家我不怕 2. 战友同在我不怕 3. 我很优秀我不怕	30分钟 30分钟 30分钟
二、自信总结	帮助成员通过团体心理动力，运用心理群体感染原理提升自信心。	自信分享和总结	30分钟

（二）内容与流程

自信呐喊 1. 为了国家我不怕 （30分钟）	指导语：现在我们即将面临一场战争，我们面对的是来自非常擅长运用心理战术的某国的敌人。他们能轻易地把握到对手的心理弱点，并且展开针对性极强的心理攻击。为了面对这场艰苦的现代化战争，上级要求我们即刻展开相应的心理调查。 （1）给每个战士发放一张A4纸，给大家念一份"恐惧清单"（*），之后让他们写下自己恐惧的事和物。 （2）组织大家交流害怕的事物，找出大家普遍害怕的东西并让助手记录。让大家思考有没有曾经恐惧的事物，后来是如何克服了对其的恐惧，写下这些事或物。 （3）选择一些同学分享克服某些恐惧的办法，推广到其他方面，思考克服恐惧的方法。 恐惧清单： 在公众面前讲话；金钱困扰；黑暗；登高；蛇和虫子；疾病；人身安全缺乏保障；死亡；孤独；狗。 衔接语：同学们，为了国家、为了能更充分地准备好迎接这场战役，上级要求我们立即针对"恐惧清单"上的条目展开训练。我们已经了解到，敌人的空中侦察系统存在漏洞，我们将采取空降技术进入敌军腹地展开打击。所以首先我们将针对恐高心理展开克服训练。	

2. 战友同在我不怕（50分钟）	(1)热身:分为两组。每组选出一名战士,其余人紧密站在这个人周围围成一圈。中心的人双手放在胸前,闭上眼睛。其余人员保持安静,围绕中心的人绕圈走,十秒后停下。中心的战士大喊“我的战友”,大家回答“我们在”。中心的战士脚不许移动,挺直身体朝后倒下,身后的人一起伸出手从背部将他接住,换中间的战士重复进行多次。应注意尽量选择恐高的战士站在中间体验。 主训:好,大家在这个环节都表现得很棒。接下来,我们将开始正式的训练。 (2)八名战士在高台下面站成两路,以弓步姿势相对站立。相对两人四只手成“井”字抓牢。一名战士站在高台上,背对台下八名战士,双手放在胸前,闭上眼睛,问:“你们准备好了吗?”大家回答:“准备好了!”台上战士喊:“我来了!”大家回答:“来吧!”台上战士腰用力挺直身体向后倒下,台下战士接住背摔的战士。所有战士上台体验。应注意台下战士的身体素质并适时给予休息。 (3)分享过程中的体验,交流对克服恐惧的启示。 衔接语:现在你们即将上战场了,可是战友们却突然感到不安。经过询问,你知道他们是因为从未上过战场,害怕自己没办法完成上级布置的任务。作为一起上学、一起成长的战友,你知道他们有很多的优点。现在你要做的,就是鼓励他们,赞扬他们的优点,帮助他们缓解心理上的压力。	
3. 我很优秀我不怕（40分钟）	(1)所有同学围坐成一个圆圈,助手发放A3纸、夹子和彩笔,同学彼此帮助把纸夹在对方衣服后面。 (2)助手放音乐,同学们开始在别的同学的纸上写下赞美的话。 (3)助手给每张纸照相,同学们分享看到自己纸上的赞美的话之后的感受。	
结束活动	结束语:时间总是短暂的,不知不觉我们这次团辅活动已经接近了尾声。我们希望通过今天的活动,大家能够学会从多方面寻找自信,培养积极的心态。同时,这次团辅也是我们一整套心理素质训练的最后一次,看着大家从最初的“军训相识”一直到今天的“自信呐喊”,我深刻地感觉到大家在变化。同时,你们身上有着很多闪光点值得我们去学习。我想说,虽然我们的活动暂告一段落了,但是我们大家的大学生活才刚刚开始。我希望大家能记住这六次活动中的思考和感悟,在今后的学习生活过程中能像在团辅中表现出来的一样,发扬团结协作精神,发挥集体的力量。我们也在这里祝愿大家在大学的四年和未来的十几年、几十年里,带着这份战友情,带着老师们和学长们的关心,越走越远!	

实训二:军训射击冥想训练

活动名称: 我的射击我做主

活动目的:每个学生提前在靶场完成现场体验及现场想象,形成射击完整流程体验记忆,找出自己最想做到的重点行为或心理;在教室进行射击完整流程及重点行为或心理实景想象和内视冥想,并共同交流分享。

活动器材:纸、笔

活动步骤:

(1)老师布置任务。

(2)现场想象:学生提前到射击靶场体验,在每次瞄准后,脑海中虚拟想象子弹的飞行轨迹和击中目标的位置,然后才实际开枪。将每次观察到的实际击中位置与脑海中虚拟想象的情形进行对比,能帮助学生更快地实现动作调整和身体控制,提高准确性。

(3)实景想象:学生坐在教室,随机选取一个视线内的目标(一块白板、一颗树、一扇窗户),盯着目标看的同时身体不要做任何射击动作,只是在脑海里想象自己:站姿、握把、呼吸、瞄准、扳机控制、子弹飞出、击中目标。这种训练方式对场地、时间没有任何限制。学生可以用任何零碎的十几秒钟时间,完成一次射击完整流程及重点行为或心理的开枪射击想象训练,可以在想象中变换场景,增加乐趣。

(4)内视冥想:学生在教室找个自己舒服的姿势坐着,然后闭上眼睛,完全在脑海中想象自己开枪射击的全部过程,每个动作、每个细节、每个感觉。当学生真正进入"冥想"状态时,就会进入一个心无杂念的空灵状态,除了心中那个"我"在射击,周边的一切都好像与自己隔离了,学生甚至可以像在观赏3D模型一样,从各个角度观察、分析自己的动作和姿态,并不断地优化、调整自己重点行为或心理的技术动作细节,然后"感知"自己在一点点提高。这种感觉类似于禅修的"内视"。

(5)指导学生各自完成自己想象和冥想。

(6)相互交流各自心得。

课后作业:

1.请结合军训体验,谈一谈射击训练中不良心理产生的原因有哪些?

2.如何在军训射击过程中做好自我心理调适?

参考文献

[1]陈飞．大学生职业生涯规划(课程思政版)[M]．厦门:厦门大学出版社，2021.

[2]王光森．警察职业生涯规划与管理[M]．北京:中国法制出版社,2017.

[3]伍阿陆．公安院校大学生心理健康[M]. 北京:中国人民公安大学出版社，2021.

[4]刘志宏,王淑合．公安院校大学生心理健康教程[M]．北京:中国人民公安大学出版社,2014.

[5]钟思嘉,金树人．大学生职业生涯规划:自主与自助手册[M]．北京:高等教育出版社,2017.

[6]郑日昌．大学生心理健康:自主与自助手册[M].2版．北京:高等教育出版社，2013.

[7]安德烈．生活中的心理学[M]．北京:北京联合出版有限公司,2019.

[8]卡塔拉诺,卡明．情绪管理[M]．北京:中国青年出版社,2020.

[9]丛非从．理解愤怒[M]．桂林:广西师范大学出版社,2021.

[10]傅小兰．情绪心理学[M]．上海:华东师范大学出版社,2011.

[11]辛自强,辛素飞,张梅．1993至2009年大学生焦虑的变迁:一项横断历史研究[J]．心理发展与教育,2011,27(6):648-653.

[12]刘琳．心理健康教育在警察院校大学生中的必要性[J]. 法制博览,2019(21):283-285.

[13]周少贤,窦东徽 ．社会变革下大学生情绪特点新趋势及应对——以北京市某高校为例[J]．中国青年社会科学,2019,38(4):59-66.

[14]陈卓,叶好,赵汉杰,等．警察院校大学生心理压力问题研究[J]．公安教育，2010(6):68-72.

[15]段水莲,雷韵琳．警察院校大学生心理韧性与创造性的关系:积极情绪的中介作用——以湖南警察学院为例[J]．武汉公安干部学院学报,2021,35(2):30-35.

[16]赵璇,任思锦,石茜睿,等．艺术疗法对改善大学生情绪的积极作用[J]．山西青年,2022(2):190-192.

[17]姚海娟,王琦,李兆卿．情绪调节中的认知重评创造力[J]．心理科学进展，2022,30(3):601-612.

[18]赛李阳．青少年采用认知重评策略调节积极情绪的行为及神经机制[D]．上海:华东师范大学,2016.

[19]张明明．愤怒情绪调节——喜克怒的作用及其与认知重评的对比研究[D]．南京:南京师范大学,2021.

[20]郝慧颖．绘画疗法在大学生团体心理咨询中的应用[J]．太原大学教育学院学报,2014,32(3):19-21.

[21]郭志峰,于文正．绘画心理投射技术改善NCP疫情期间大学生焦虑情绪的个案研究[J]．辽宁科技学院学报,2021,23(1):101-103.

[22]程颢,程颐．二程集[M]．北京:中华书局,2004.

[23]陈卓,叶好,赵汉杰,等．警察院校大学生心理压力问题研究[J]．公安教育,2010(6):68-72.

[24]赵欣．大学生挫折教育现状及对策研究[D]．沈阳:沈阳农业大学,2020.

[25]魏俊美．积极心理学视域下大学生抗挫折能力提升研究[D]．徐州:中国矿业大学,2021.

[26]李磊．高校大学生抗挫折能力问题研究[D]．长春:长春工业大学,2019.

[27]解亚宁．简易应对方式量表信度和效度的初步研究[J]．中国临床心理学杂志,1998(2):53-54.

[28]吴敏茹,曾淑仪,杨婧婧,等．理工科大学生核心素养对学业挫折感的影响[J]．中国健康心理学杂志,2021,29(11):1718-1727.

[29]魏俊美．积极心理学视域下大学生抗挫折能力提升研究[D]． 徐州:中国矿业大学,2021.

[30]马红霞,刘晓玲,高月春,等．“三位一体”的大学生心理健康教育教学模式的改革与实践——以压力管理与挫折应对为例[J]．华北理工大学学报(社会科学版),2018,18(1):86-89.

[31]张世晶,李春婷．农村中小学教师工作压力现状及其与抗挫折心理能力的关系研究[J]．肇庆学院学报,2015,36(6):91-95.

[32]于俊杰．苏州地区警察心理压力研究[D]．苏州:苏州大学,2004.

[33]威廉姆斯,蒂斯代尔,塞戈．改善情绪的正念疗法[M]．谭洁清,译．北京:中国人民大学出版社,2009.

[34]樊富珉,何瑾．团体心理辅导[M]．上海:华东师范大学出版社,2010.

[35]刘妍君,李昀．团体辅导在加大高校心理委员工作主动性中的运用[J]．教育教学论坛,2011(29):29-30.

[36]亢金刚,杨威．大学生朋辈心理辅导支持系统研究[J]．课程教育研究,2014.

[37]卢远,潘杰宁.基于同伴教育理论的高校心理委员培训机制探索[J].柳州师专学报,2011.

[38]刘东鸿,曹竞.射击技能的提高应注重射手的心理训练[J].武警工程学院学报,2011,27(2):66-69.

[39]傅小兰,张侃,陈雪峰.中国国民心理健康发展报告(2019-2020)[M].北京:社会科学文献出版社,2021.

[40]朱卫嘉,陈敏.大学生团体辅导方案与评析[M].重庆:西南师范大学出版社,2019.

[41]郭子贤,郑荔.大学生心理健康教程(修订版)[M].上海:上海交通大学出版社,2021.